Kay Hoff

Gesammelte Werke in Einzelausgaben

Herausgegeben von Jürgen H. Petersen

Band 2

Kay Hoff

Ein ehrlicher Mensch

Kay Hoff

Ein ehrlicher Mensch

Roman

Mit einem Nachwort des Herausgebers

Gesammelte Werke in Einzelausgaben
Band 2

Carl Böschen Verlag

Hoff, Kay:
Werke: In zehn Bänden. Hrsg. von Jürgen H. Petersen.
Band 2: Ein ehrlicher Mensch : Roman / Kay Hoff.
Mit einem Nachwort von Jürgen H. Petersen
1. Aufl. - Siegen : Böschen Verl., 2003
ISBN 3-932212-45-2

ISBN 3-932212-45-2

Birlenbacher Str. 199, 57078 Siegen
Tel. : 0271 / 8909485
Fax.: 0271 / 8909486
Internet: http://www.carl-boeschen-verlag.de
Textverarbeitung: Rüdiger Göddemeyer, Sankt Augustin
Gesamtherstellung: BoD™ – Books on Demand GmbH, Norderstedt

Inhalt

7. Juli

Am besten sage ich gleich, wie es ist. Weshalb Fassaden, Spannungen aufbauen, weshalb erst so tun, als ginge es um mehr, um Wichtigeres als um diesen Menschen, um mich? Damals, als ich anfing, vor dreißig, vor vierzig Jahren, als ich jung war, meinetwegen auch noch vor fünfzehn, sogar noch vor zehn Jahren: Da konnte ich mich noch täuschen. Als ich zum erstenmal fühlte, was das war, wie das war: etwas schreiben – oder auch: etwas lieben – oder auch nur: etwas besitzen, etwas mir untertan machen, ein Mädchen, einen Traum, ein Stück weißes Papier: Damals und lange noch habe ich wirklich geglaubt, daß ich mehr könnte und mehr wollte als nur dieses Ich leben. Heute mache ich mir nichts mehr vor.

Bei uns zu Hause – das alte Schulhaus am Kamp, gebaut im Jahre nach dem großen Stadtbrand, im Fachwerk fanden wir Brandstellen, die Balken waren aus dem Schutt geborgen und wieder verwendet worden –, über den Hof, der abgetrennt war vom Schulhof, ein bescheidener Ort zum Wäscheaufhängen, quirlender Pausenlärm hinter der Planke: Mitten über unseren Hof führte ein Weg aus grobem Kopfsteinpflaster, der sich zwischen den Stauden und Büschen des Gartens, zwischen Gladiolen und Küchenkräutern, unter borkigen Obstbäumen verlor. Irgendwann damals entdeckte ich, daß quer zu dem Pflasterweg ein anderer, älterer Weg lag, ein Ziegelpfad, halb von Erde bedeckt, von Moos überwachsen, dessen rote, orangefarbene Steine zertreten, zerbröckelt, zerfallen waren, eine undeutliche Spur schräg über den Hofplatz, sinnlos, ohne Woher und Wohin – was weiß ich, was wollte ich sagen? Dies ist nicht so einfach zu schreiben wie das, was ich täglich in die Maschine tippe, in die Maschine diktiere. Es handelt von mir, ich muß ehrlich sein.

Ich muß genau sein. Der alte Ziegelweg, rechts verschwand er unter einem dichten Hortensiengebüsch, Silberhochzeitsblumen von irgendwem, ausgewaschene Blüten zur Ferienzeit, blau, bläulich, ins Grüne verwischt. Damals war ich ein Kind, ich sah die zertretene Spur, nahm sie wahr: alt, alt, vergessen – der

Tod beunruhigte mich nicht, ich lief in den Garten über den Pflasterweg, Himmel und Birnen und Spilken, süß – was wollte ich sagen? Ich war froh, ein Kind, und war traurig, ein Kind, ich lachte und weinte wie alle Kinder. Später lernte ich, daß Weinen unmännlich sei, und ich gab mir Mühe, es zu verlernen. Jetzt will ich mich nicht mehr täuschen. Ich will sagen, was ist.

STILÜBUNG

Was sehe ich?

Landschaft, grüne Hügel, Wälderschatten links und rechts; ein Haus, in die Wiesen geduckt.

Aber ich sehe nichts. Ich erkenne nicht, was ich sehe. Das Bekannte verbirgt sich hinter der Blende Gewohnheit.

Was sehe ich?

Einen Rahmen, mein Fenster, glatt, weiß, ohne Sprossen. Trete ich an die Fensterbank, öffnet die Landschaft sich in die Breite, der Himmel wird hoch, vorn zeichnet der Jägerzaun seine Schrägen gegen die Wiese. Vom Schreibtischsessel her wieder das andere, das gewohnte Bild, Linienspiele in den steten Veränderungen des Lichts: Morgens, jetzt, ist die Grenze des Tannenwaldes dunkel unterstrichen, gegen Mittag hellt das Gegenlicht die Farben auf, vertieft die Schatten, die Nachmittagssonne gliedert die Hügel hintereinander, gibt ihnen sanfte Kontur.

Aber das sehe ich nicht, nicht wirklich. Die Worte laufen mir fort, unbedacht: ‚sanft' stimmt nicht, lullt ein, besänftigt, ist ungenau wie allzu lange geglaubte Gefühle, unscharf, Provinzfeuilleton, nicht überprüfbar, das Wort zum Sonntag.

Was sehe ich?

Den Fensterausschnitt, die gewohnten Maße: ein breites Fenster, der Architekt kämpfte so lange darum, bis ich nachgab, also bitte, meinetwegen, wenn es sein muß. Ein schmales Fensterloch wäre mir lieber gewesen, ein Zellenfenster, nicht der üppige Ausblick in die zu schöne Landschaft, schwingendes Hügelauf Hügelab, weißschwarzes Fachwerk halblinks im Tal, ärgerlich genau nach dem Goldenen Schnitt in das Bild getupft, das leichte Blätterwerk der Pappelreihe, die den Bach begleitet, bis die

Hügelkulisse ihn aufnimmt. Ich höre Helma sagen: Wie schön – oh wie wunderschön! Ich höre sie: Ist das nicht herrlich?! Hier mußt du doch arbeiten können – wenn du hier nicht arbeiten kannst!

Wenn ich nichts sehe, wenn die Gewohnheit das Bild einebnet, einfärbt, Linienspiele ohne Bedeutung, Landschaft, Gegend: Dann kann ich sehen. Dann weiß ich, vielleicht, was ist, was wirklich ist, was war, was mit mir ist.

Dieses Tal, Landschaftsschutzgebiet, in dem keine Baugruben mehr ausgehoben, keine Lock-, keine Warnschilder aufgestellt werden, ein liebliches Tal, das fast nur noch zum Ansehen da ist, schwarzweiße Kuhpunkte anmutig über das Grün verteilt, die Sonne flirrend in Pappelwipfeln, tändelnd der Wiesenpfad neben dem Bach, ein weißes Crescendo-Zeichen weist ihn als Wanderweg aus, am Wochenende wird er von Rucksack-, Spazierstockmenschen belebt – dieses ruhige, malerische Tal vor meinem Fenster, in meinem Fenster beunruhigt mich, stört mich, es ist mir lästig.

Plötzlich ist es still. Frau Hückerath ist gegangen. Vorher, eben noch, die Schritte über den Flur, Tassengeklirr, die Treppe hinauf und wieder herunter, wieder hinauf, Türenschlagen, das Rauschen der Wasserleitung, Staubsaugersummen, Eimerklappern – niemals nimmt sie den Kunststoffeimer –, die kurzen, geschäftigen Schritte, deren Stakkato verrät, welche Bedeutung Frau Hückerath ihrem Wirken beimißt, und: Was schreibt denn Frau Doktor, Herr Doktor?

Das graugelbe Staubtuch. Die Kittelschürze, lilarosagrün. Der Haarknoten altmodisch, mit schwarzen Nadelbögen zusammengesteckt.

Na ja, danke, Frau Hückerath – gut, ganz gut soweit, denke ich. Sie wissen ja.

Und der Junge? Wie geht es dem Jungen? Mag er da wirklich sein, so weit weg?

Aber natürlich, Frau Hückerath, in dem Alter. Ich war damals doch auch –. (Das geht sie nichts an) Das ist schon was für einen Jungen!

Also ich weiß nicht – . Das Staubtuch, graugelbgrau. Die roten Hände. Soll ich noch – ?

Nein, danke, ich mach mir schon selbst – danke, wirklich. Bis morgen.

Jetzt ist es still. Ob die Post schon gekommen ist?

Herrn Dr. Sigurd Scherf. Familie Dr. Sigurd Scherf. Drucksache. Eilige Pressesache.

Was will ich? Was will ich wissen? Was erwarte ich? Von wem was? Wer soll mir schreiben? Wer kann mir schreiben?

Ich will nicht gestört werden. Das Telefon abbestellt, sechs Wochen lang kein Telefon, keine Verführung: eben mal – der Anschluß gesperrt, Wunsch-Sperre, gebührenfrei.

Am liebsten hätte ich auch den Postboten abbestellt. Worauf warten? Alle drei, vier Tage eine Karte von Helma. Was sonst noch? Ich muß selber tun, was zu tun ist. Wenn ich jetzt nicht schreibe, nicht schreiben kann: jetzt, die letzte Möglichkeit vielleicht, wahrscheinlich – sicher die letzte Möglichkeit, wenn man erst fünfzig ist: Das ist doch Unsinn, wenn man die Fünfzig hinter sich hat, hast du das nötig, in deiner Stellung – was soll das noch?

Was soll das. Zweiundfünfzig Jahre alt, dick, grau, müde geschrieben, Dr. Sigurd Scherf, Glosse und Leitartikel und Spitze, Zeichen ‚Si'. Und nicht vergessen, daß gestern im ‚Volksblatt' – und daran denken, daß nach dem Konzil – und die Landesregierung legt Wert darauf: Schließlich, in einem Jahr haben wir Landtagswahlen, du willst dann doch auch, oder nicht? Schreiben, schreiben, erwägen, bedenken, berücksichtigen, zweiundfünfzig Jahre alt, Si, dreizehn Jahre noch bis zur Rente, wenn ich das noch erlebe, die meisten sterben vorher, Schröder und Buckwitz und Heltz, mit sechzig, zweiundsechzig sind sie fertig, Herz, Kreislauf, dann kommt nichts mehr, dann schreiben sie nur noch weiter, vier Jahre, drei Jahre, zwei Jahre noch – danke, danke, es geht, was willst du machen, ein bißchen müde, immer dasselbe, die Herzkranzgefäße, und überhaupt, heute, was meinst du, damals, das war noch was, der Ruhrstreik, damals, als Adenauer, als Brüning – der mit den Notverordnungen, als der, das waren noch Zeiten, da konnte man noch, und die Bombenangriffe, du hast das ja hier nicht erlebt, aber damals gingen wir noch in die Vollen, obwohl wir natürlich, schließlich war Krieg, und dann nach 45, das war nicht so einfach, da fang mal wieder von vorne an, in der Partei war man doch auch gewesen, da bist du fertig zuletzt, die Rente vom Versorgungswerk abgewertet, lumpige zweitausenddreihundert Mark, was fängst du heute mit zweitausenddreihundert Mark an, und meine Frau hat Krampfadern und muß zur Kur, da machst du eben weiter, die Erfahrungen hat man ja, den Brillenbengels mach ich noch dreimal was vor – jawohl, zweitausenddreihundert Mark hab ich bekommen, ich kann dir sagen, das macht dich fertig.

Ausgeschrieben. Verschrieben. Vertan. Das will ich nicht, nur das nicht. Ich will mehr, immer noch.

Mittwoch, den 7. Juli 1965, 10 Uhr 16. Es ist still. Die Sonne kommt wieder nicht durch, das Tal bleibt dunstig, matt, unbeteiligt. Ich könnte vielleicht: Jetzt könnte ich anfangen. Ich muß es versuchen.

Ich bin allein.

Ich bin. Ich sehe:

Ein Loch. Ein Auge. Glas. Licht. Himmel. Das Fenster.

Worte genug, so viele Wörter, Töne, Bedeutungen: Glas, Spiegelglas, Spiegelungen, Reflex: Ich bin, mir gegenüber, bin hinter mir, neben mir, Auge, Augen, bin offen. Offen wofür? Ich weiß es nicht, kann es nicht sagen: Die Sprache gehorcht mir nicht, nicht wirklich, sie hintergeht mich, rächt sich an mir, weil ich sie immer wieder achtlos gebraucht habe, gleichgültig, flüchtig: Si.

Was das ist: ein Fenster.

Ein Loch. Ein Leck. Ein Trichter. Wer wer versinkt? Wohin? Ich weiß es nicht, weiß nichts. Ich bin nicht sicher. Ich kann es nicht sagen.

Die Post, endlich – danke, danke schön! Beachten Sie unser Sonderangebot. Schurwolle. Sensationell. Erlauben wir uns, Sie gern begrüßen.

Von Helma nichts, wieder nichts, seit einer Woche nichts. Unesco-Kurier. Piesporter Michelsberg. Nichts sonst.

Zuerst die Karte: Geht es mir gut, besser, der Arzt meint, die Liegekur, aber auch, und was machst Du? Sage Frau Hückerath doch, sie soll –.

Seitdem nichts. Viele Grüße. Was soll sie auch schreiben? Deine Helma. Grüße und nichts.

Seit zwei Wochen bin ich allein. Ich will es versuchen, verstehst du, noch einmal versuchen. Wörter und Worte. Zeilen und Zeilen und Zeilen. Einmal noch. Ich muß versuchen, einen Anfang zu finden. Verstehst du? Wenn man erst fünfzig ist. Papier, Papierkorb. Kleine Etüden, jeden Tag, Ansätze, Versuche, erdacht, zerdacht. Aber keine Möglichkeit, noch einmal wie damals: Neunzehn war ich, zwanzig war ich und wußte nichts, nichts – und schrieb, schrieb. Und konnte schreiben: Drei Reiter zogen durchs Tor hinaus, der graue hieß Bernhard, der auf dem Schimmel Manfred, und der Große mit dem blitzenden Degen –. Ja, damals blitzten die Degen, die Welt leuchtete unter der Sonne, und das genügte mir, das war es: Die Welt war hell und weit und bunt vor dem Tor, wir wollen zu Land ausfahren, und meine drei Reiter glaubten daran, ich glaubte es selbst und sah die Degen blitzen, die Sonne leuchten, sah das Leben groß und herrlich und abenteuerfroh – Bernhard, Manfred und Michael, Freunde waren sie, Freunde mir. Jetzt reiten sie immer noch, Fremde, das bekannte Jugendbuch in achter Auflage, sogar in einem niederländischen Schullesebuch reiten sie, ein Musterbeispiel neuerer deutscher Erzählkunst.

Aber nicht sagen können, was das ist: ein Fenster. Nicht sicher sein. Zu viele Wörter wissen – zu wenige, die wirklich gelten.

Die Frage ist, wie ich anfangen soll, womit ich anfangen soll. Was war wichtig?

Verschlossene Türen. Nicht hinein, nicht hinaus: abgeschlossen. Fünfzehn war ich, ich zitterte, als ich sie sah, sie so sah – aber schließ ab! –, Gerda hieß sie, sie lachte, zwei oder drei Jahre älter als ich, sie war nackt, streckte sich – daß dein Vater nichts merkt! –, das Dunkle zwischen den Brüsten. Gerda. Die Scham.

Aber es hat viel früher begonnen.

Sie haben mir einen Katalog ins Haus geschickt, dänische Marken, fünfzig Öre rot, achtzig Öre blau. Wer schreibt mir aus Dänemark? Wie kommen die Leute an meine Adresse (wenn Helma den Umschlag geöffnet hätte): Fotos, Filmkataloge, Nacktes, briefmarkengroß. Alle Fotos sind neun mal zwölf. Alle Serien enthalten unretuschierte Aktfotos, falls nicht anders angegeben.

Wer weiß das von mir?

Diese Bilder sind in allen Lagen, in den stärksten Positionen dargestellt. Gerda. Du kannst mich ruhig. Positionen.

Wer hat das gewußt?

Mit einem Wort, so etwas wurde noch nie geboten. Wir liefern sofort, vorausgesetzt, Sie sind erwachsen und fühlen sich in Ihrem sittlichen Empfinden nicht verletzt.

Das kleine Rinnsal Rot. Du tust mir weh, du – nein! Februar 45. Bitte, du tust mir, du tust mir. Im Frühling 1945.

Ich sage es nicht. Ich kann es nicht sagen.

Das hier ist einfach, zu einfach: Elisa, rasiert/shaved, ein Gesicht, das kein Gesicht ist, aber Brüste, Fleisch, Elisa, ein Name, der kein Name ist. Daneben Rita, der schwarze Schurz der Scham, gespreizte Beine, für wen. Und Susan, Erni, Grit, Brüste, Schenkel, keine Namen für mich, nur Fleisch, nackt, und Helen, ein kindlicher Körper, fast noch ein Kind, du tust mir weh du – wer hat sie fotografiert, die schmalen Schenkel, die spitzen Brüste, weiße Bikinistreifen über dem Körper, und sie lacht dazu, ein Kind, wie ein Kind: Wer war es, wer hat es getan?

Sie haben mir das ins Haus geschickt – wer? –, eine Serie für fünfzehn Mark – Im Großformat sehen Sie, was man sehen soll und was Sie sehen wollen.

Mein sittliches Empfinden. Im Großformat. Vorausgesetzt, ich bin erwachsen. Aber ich will das nicht, will das nicht mehr. Fragen: Ich will fragen, nach mir fragen, mich selbst fragen, Worte suchen, Namen.

Ich habe es aufzuschreiben versucht, immer wieder, immer noch einmal, in immer neuen Formen, Verkleidungen – habe zu schreiben versucht, was war, was ich war, was ich bin. Das liegt da, ungedruckt, ungelesen, links im mittleren Schreibtischfach: ich. Nicht Dr. Sigurd Scherf, zweiundfünfzig, stellvertretender Chefredakteur, verheiratet, ein Kind, evangelisch, nicht vorbestraft (der letzte Unfall verjährt, gelöscht, vergessen). Sondern ich selbst, ich unter anderen Namen, anderen Gesichtern, ich in anderen Schicksalen: Versuche, etwas von mir zu sagen, etwas zu bekennen, in Aktendeckeln übereinander gestapelt links im mittleren Fach. Kurze Notizen, Zettel, blau überkritzelt: Flucht, Flucht über die Grenze, einmal und immer wieder die Flucht, ganz genau beschrieben, ganz sachlich, aber jedesmal anders, jedesmal andere Möglichkeiten, und keiner erfährt, wer da flieht, warum er flieht: Der das erzählt, hat alles geträumt oder alles erlebt, er sagt es nicht, ich sage es nicht, ich sage nicht, wer ich bin: Ich fliehe. Oder Geschichten, in denen fast nichts passiert, getippt auf graues Konzeptpapier, abgelegt zwischen blauen Pappen, roten Pappen, gelben, grauen, grünen Deckeln, schon älter, schon alt, schon verfärbt, und darauf die Jahreszahl:

1959

Die Wohnungstür war nur angelehnt. Die Diele war eng, grau in der Dämmerung, leer. An der Garderobe hingen drei Bügel. Die erste Tür rechts stand halb offen. Auf dem Küchentisch lag ein Brotmesser, Krumen an der gezackten Schneide, Krumen auf dem Wachstuch, eine aufgehackte Konservendose daneben, ein halb geleertes Einmachglas mit Pflaumen. Die Küchenuhr tickte nicht, die Zeiger standen auf halb eins. In dem Regal über dem Kachelherd war der Platz neben den steif beschrifteten Töpfen Salz, Zucker, Mehl leer. Aus dem aufgesperrten Küchenschrank schimmerte Emailleblau, Gerät war wirr gehäuft, auseinandergezerrt; ein Steinguttopf lag zerscherbt auf den Fliesen.

Dann kam das Schlafzimmer, ein Bettenpaar mit aufgeworfenen Inletts, auch der Winternachmittag konnte das brandige Rot nicht dämpfen, Ehebetten, von wem zerwühlt. Das Bad kachelgelb, Spuren schmutziger Stiefel. Die letzte Tür war verschlossen, kein Schlüssel, kein Mensch. Das Holz splitterte, Metall ächzte, als das Schloß aufsprang.

Die Luft war alt, abgestanden, vom Atem der dunkel polierten Möbel verbraucht: Tage alt, Wochen alt, lange verlassen, im Stich gelassen. Die Fenster waren mit gebauchten Übergardinen verhängt, weiße Stores darunter mit langen Fransen. Ähnliche Fransen, dünn, wie immer noch einmal ausgekämmt und immer noch einmal gerichtet, hingen von der Häkeldecke herab, die den Vierecktisch in der Mitte des Zimmers mit ihrem Netzmuster überzog, ein Aneinander und Ineinander von Sternen, die auf den Mittelpunkt des Tisches hin geordnet waren. Über dem Tisch, das Sternzentrum der Häkeldecke umzirkelnd, hing an vier roten Seidenbändern der Adventskranz. Die Bänder waren am Schaft der Schirmlampe verknotet; die Kerzendochte standen weiß in die Höhe, sie schienen sich gegen die Feuerzeugflamme zu wehren.

Es war kalt. Es war sehr still. Die Tannennadeln begannen abzufallen, ohne Laut. Wenn die Kerzenflammen sich bewegten, warfen die gebauchten Türen des Büfetts das Flackern vervielfältigt zurück, und in den Kristallschalen blinkte es unruhig. Ein Lastwagen erschütterte das Haus; hinter den geschliffenen Scheiben, im Aufsatz des Büfetts, klirrten Kelchränder. Ab und zu kam von sehr fern, beinahe schon abgestorben, das unruhige, unsichere, unheimliche Geräusch der Front, die keine Front mehr war.

Das Büfett war abgeschlossen. Nur auf der rechten Schublade steckte ein Schlüssel. Die Schublade war ausgeräumt. In der Obstschale, unter Trauben, Birnen, Äpfeln, gelben Bananen aus kühlem Porzellan, war ein anderer Schlüssel versteckt. Aber er paßte nicht auf die Türschlösser des Büfetts. Er war für ein anderes Schloß bestimmt, vielleicht für ein verlorenes Schloß, das nie mehr geöffnet werden würde.

Der Koffer stand in der linken Zimmerecke, unter dem Fenster, hinter dem Ohrensessel, halb verdeckt von der gerafften Übergardine. Es war ein klobiger Plattenkoffer, dessen Braun von Jahrzehnten gedunkelt war, ohne daß die Haut Spuren von Reisen und Fahrten und Dienstmanntransport aufwies: ein ungebrauchter Koffer, unhandlich und unbrauchbar sieben oder sechs Kilometer hinter einer Front, die keine Front mehr war. Der Schlüssel aus der Obstschale paßte.

Der Koffer war schwer wie ein Fels. Er war beladen wie eine Arche; kein Fingerbreit Raum war ungenutzt. Unter einer Wolldecke war das Silber ausgebreitet. 24 Eßlöffel, gestempelt 800, gezeichnet mit einem dünnen, altmodisch geschwungenen F. W.; 24 Dessertlöffel, F. W., 24 Tischmesser, F. W., 24 Frühstücksmesser, 24 große Gabeln, 24 Frühstücksgabeln, dazu Bowlenlöffel, F. W., Suppenlöffel, Soßenlöffel, Gemüselöffel, Fleischgabeln, auch ein Fischheber, F. W., aber keine Fischbestecke - blankes, mit dunklen Ätzungen überreich verziertes Silber mit dem dünn gravierten Buchstabenpaar, blank wie nie gebraucht und immer geputzt, immer besessen, immer geschont.

Darunter lagen kleine, schwere Kartons, umhüllt von Cellophan: Rasierklingen, Packungen zu tausend Stück, zehn-, zwanzig-, fünfzigmal tausend Stück, fünfzigtausend Rasierklingen, extra dünn, Schwedenstahl blau, Klingen für hunderttausend Morgende oder mehr. Daneben eine Kassette, randvoll von Silbermünzen, Adler, Gott mit uns, Hindenburg, Adler, Krone, drei Reichsmark. Darunter Bücher. Die Bücher waren von ungewöhnlichem Umfang, dicke, schwere, fast quadratische Bücherblöcke, Bücherklötze, die in den Plattenkoffer eingelassen waren wie in eine Mauer, ein Verlies.

Plötzlich waren Schritte auf der Straße, Stimmen, die vor dem Haus laut wurden, Stiefel polterten im Treppenhaus, brachen ein in die Diele. Die hohe Sessellehne bot Schutz. Nicht atmen. Der Duft der ausgelöschten Kerzen. Der andere verhielt einen Augenblick vor der Tür, brummte etwas, machte kehrt, nahm die Lärmspur seiner Stiefel mit sich fort.

Es waren Briefmarkenalben. Unter den Alben, auf dem Grund des Koffers, fest eingepackt zwischen neunmal tausend Rasierklingen, extra dünn, Schwedenstahl blau, lag der Katalog. Die Albumblätter waren reich und kostbar gefleckt. Die Katalogseiten wiesen Striche auf, Haken, Anmerkungen: Kabinett. Samoa (Ozeanien), II. Deutsche Kolonie, 3 Pfennige braun, angestrichen, 4 Mark. 5 Pfennige grün, angestrichen, 4 Mark. Auch die 25er orange war unterstrichen, 12 Mark, sogar die schokoladenfarbene 50 Pfennig, 20 Mark.

Der hatte viele Marken, wertvolle Marken. Deutsche Post in China, Marken der Ausgabe 1889/90 mit schrägem Aufdruck China, die braune 3 Pfennig, einwandfrei, Aufdruck steil, ungebraucht, tatsächlich, 40 Mark. Der war reich. Deutsch-Neuguinea vollständig, auch Deutsch-Südwestafrika, nur die schwarz-rote 5 Mark fehlte. Der war sehr reich, F. W., oder er war sehr reich gewesen bis zum Advent, vielleicht auch später noch, ein paar Tage, Wochen.

Es brannte nur noch eine Kerze. Ruhig ergriff das Licht Besitz von den Albumseiten, nur nach dem Umblättern dauerte es eine Weile, bis die Flamme wieder still wurde. Deutsches Reich

(Kaiserreich), Deutsches Reichspostgebiet (ohne Bayern und Württemberg), die Adlerserie mit kleinem Brustschild, vollständig, auch die Zifferwerte zu 10 und 30 Groschen, entwertet durch Federzug. Der war sehr reich gewesen, oder er war noch reich, wäre reich, wenn er hier wäre, reich mit diesem Koffer, arm ohne den Koffer, arm spätestens morgen nachmittag, morgen abend, endgültig arm, weil die Front keine Front mehr war, weil nichts so sicher war wie das Ende. Der war nicht hier, seit dem Advent war er nicht hier gewesen, er nicht und niemand. Irgendwo mochte er sein jetzt oder tot, verschüttet, begraben, vergessen; er würde nie wieder hier sein, oder später vielleicht, viel später, wenn niemand mehr etwas wissen würde von dem Koffer, dem Silber, F. W., den Bücherblöcken. Aber das Später war nicht zu denken sieben oder sechs oder fünf Kilometer hinter einer gedachten Linie, die vielleicht noch auf irgendwelchen Karten als Front galt.

Die Kerze flackerte. Kein Geräusch außer den unsicheren Lauten von dort her, fern, wo keine Front mehr war. Lübeck (Altdeutschland), 16 Schilling = 1 Mark Kurant, Wappenzeichnung von 1859, Wasserzeichen Blumen, angehakt ½ Schilling, trübviolett, 450 Mark. So reich war der, der nicht hier war, war er gewesen, als die Front eine sicher geglaubte Linie war, sehr sicher, sehr fern, der deutsche Soldat schützt die Heimat – so reich wäre er jetzt noch, fünf oder vier Kilometer hinter den Abschüssen, den Einschlägen, wenn er hier wäre, hier und nicht irgendwo oder tot. 2 ½ Schilling rosa, 300 Mark, angehakt. Auch der Fehldruck 2 ½ Schilling, rotbraun, ungebraucht, 150 Mark. Sachsen (Altdeutschland), Königreich (der sächsische Postbezirk umfaßte auch das Herzogtum Sachsen-Altenburg), die erste Marke, der Dreier von 1850, der rote Dreier, Wert 1800 Mark, gestern 1800 Mark, unvordenkbar gestern, und wieviel morgen, übermorgen, später, nachher: eine Kostbarkeit, da, wirklich: lupenrein, rotorange und unbezweifelbar echt, der sächsische Dreier (ich fand die Marke zufällig beim Aufräumen, auf dem Hausboden, wissen Sie, unter dem Nachlaß meines Großonkels, wir hatten Verwandtschaft in Sachsen, damals in Altenburg). 1800 Mark, leuchtend im Kerzenlicht, der sächsische Dreier, und niemand weiß, niemand kann wissen, niemand wird wissen –

irgendwer nimmt sie doch. Seit zweieinhalb Monaten trocknet der Adventskranz, staubbraun die Nadeln, nur noch diese Nacht brennen die Kerzen, diese Stunde noch, sie werfen ihr Licht auf das winzige Rot, Orange, eintausendachthundert Mark oder mehr, viel mehr: orangerot, leuchtend, und wer weiß schon, was morgen ist.

Der Schatten sprang an die Decke, bedrohte die Wände.

Die Kerze ging zu Ende, drei oder vier Minuten noch, das war nur noch eine physikalische Rechnung. Der Schatten schwankte. Der war reich gewesen, F. W. oder wer, gestern noch, eben noch, jetzt noch, solange die Kerze brannte, solange es Nacht war und drüben ein vorsichtiger Kommandeur an die Linie glaubte, die keine Front mehr war. 3 Pfennige rot, 1800 Mark, Blätter mit bunten Kostbarkeiten von gestern, vorgestern, lange her, und der Wind oder das Feuer oder die Gleichgültigkeit des Regens würde sie leichthin zerstören, morgen schon oder bald, irgendwann, irgendwer.

Der Schatten schlug unruhiger hin und her. Die Flamme leckte an dem glühenden, glimmenden Docht, der sich langsam zur Seite neigte. Dann brach, nach einem letzten bläulichen Zögern, das Dunkel herein.

Es war kalt. Die Stille war noch tiefer geworden. Die Front, die keine Front mehr war, hielt den Atem an.

Die Taschenlampe schnitt einen Streifen aus dem Dunkel. Die Kristallschale sprühte. In der gefleckten Albumseite brannte der rote Dreier. Rot. Weiß.

Das zerbrochene Türschloß. Die Diele weitete sich unter dem blassen Lichtschein. Drei leere Bügel. Das Schlafzimmer, die zerwühlten Inletts. Die offene Küchentür. Das Brotmesser.

Die Wohnungstür war noch immer angelehnt. Ich wollte sie hinter mir zuziehen. Aber der Riegel war ausgebrochen, die Tür schloß nicht mehr.

Niedergeschrieben vor sechs Jahren, 1959, Versuch zu sagen, was war, damals, was ich war, damals. Ich bin nicht weitergekommen, damals. Ich komme nicht weiter, so.

Der Nachmittag grau vor dem Fenster. Regen. Ich habe wieder gekritzelt, der Kugelschreiber zerkritzelt die Zeit, ein Kranz erst,

Zackenkranz, ein zweiter Zackenkranz, unregelmäßig darüber, Dornen, gezackt und immer wieder gezackt, ein dunkles Oval. Scham.

Zwei Wochen jetzt schon allein und nichts als Anfänge, Übungen, Versuche, unzulänglich. Papier, Papierkorb. Das meiste zerrissen, am gleichen Tag, weniges aufbewahrt, wozu denn, grobes Konzeptpapier, vielleicht doch, links im Schreibtisch, im mittleren Fach.

Ich habe mich nicht gefunden, nicht meine Sprache. Einmal habe ich versucht, von mir abzusehen, eine Hoffnung, so könnte es sein: habe im Stil meines Vaters geschrieben, von mir, über mich, habe Ironie hinzugetan, Sarkasmus, alle die kleinen Auswege, die Übel des Schreibers, der unsicher geworden ist, der im täglichen Geschreibe das Schreiben verlernt hat:

Den Tatsachen klar, offen und aufrichtig ins Auge zu sehen, ist eine bewährte Lebensmaxime, welche allein auf die Dauer Erfolg und innere Befriedigung verspricht. Das gilt ganz zweifellos um so mehr, wenn man wie ich die Fünfzig überschritten hat und schon im immer lichteren Grau der Haupthaare jenen Lebensabschnitt sich nahen fühlt, den man nur zu treffend das Alter nennt. So sehr auch jugendliche Vitalkräfte von bisweilen erstaunlicher Intensität mein Dasein gegenwärtig noch prägen und bestimmen – und gewiß will ich nicht undankbar sein, daß dem so ist –, ich bin nicht einfältig genug, mich darüber hinwegtäuschen zu wollen, daß die Kurve meines Lebens jetzt schon und künftig unzweifelhaft in immer stärkerem Maße abwärts zeigt und daß am Ende auch von meinem so reich gelebten und gewirkten Leben nicht mehr bleiben wird als das, was ich wirklich geleistet, was ich unter diesem Himmel geschaffen habe. Vielleicht ist es vergebens, ja, gleichsam vermessen, daß ich in diesem fortgeschrittenen Lebensabschnitt noch einmal versuche, gewissermaßen das Steuer herumzuwerfen und entschlossen auf Gegenkurs zu gehen: daß ich noch einmal und mit aller mir verbliebenen Kraft bemüht sein will, jene Linien wieder aufzunehmen, die mir in meiner glücklichen Jugend als die bestimmenden und zukunftsträchtigen erschienen.

Keine Hoffnung: So geht es nicht. Ironie muß mehr sein als die Ausrede eines Zweifelnden, und ich kann nichts gewinnen, wenn ich in die Figur meines Vaters zu schlüpfen versuche. Ich muß ehrlich sein. Es geht nicht um kurial versteckte Altersweisheiten oder Altersdummheiten, so wenig, wie es damals um Briefmarken ging, um Werte: Es war der nächste Tag, zwei oder drei Tage später, morgens, als ich das Mädchen traf, auf dem Hof saß sie und spielte mit ihrer Puppe, obwohl sie schon sechzehn war oder fünfzehn vielleicht, wirklich erst fünfzehn: ein schmales schmächtiges Ding, ein Kind, du tust mir weh du – mein Vater hätte sie gar nicht angesehen: Ein Kind, Junge, ein Gör, was willst du? Mein Vater war anders als ich, er sah die Welt anders, die Menschen, sprach eine andere Sprache. Das war mein Vater, das bin nicht ich.

Mein Vater war Lehrer. Er starb vor einem halben Jahr, achtundsiebzig Jahre alt. Vielleicht hat sein Tod mich dazu gebracht, daß ich noch einmal einen Anfang versuche. Mein Vater war ein großer, schlanker Mann mit einem Kopf, der noch in seinen letzten Lebensjahren Aufsehen, Bewunderung erregte: Er nahm sich aus wie die klassizistische Porträtbüste eines Dichters oder großen Gelehrten. Einen Hauch von Zeitlosigkeit meinten die Leute in ihm zu spüren, Überlegenheit, Kraft, Genie, und wenn ich auch wußte, daß seine Haare gefärbt waren, daß er ein Stützkorsett tragen mußte und Haftschalen (er scheute keine Mittel und keine Ausgaben, dem Alter und dem Altern zu entkommen): Auch auf mich wirkte er noch irgendwie jung, jugendlich, von stetiger Frische, und Frauen und Mädchen, die mich mit einem halben Blick als älteren Herrn abzutun pflegen, erlagen immer noch und immer wieder seinem Strahlen, und sie erlagen ihm gern. Als der Sarg noch einmal geöffnet wurde – in Rotterdam war er an Land gebracht worden; gestorben war mein Vater auf See, zwischen Jamaica und Barbados, eine Tiefkühlkammer hatte ihn uns für die Beerdigung aufbewahrt –, schien mir sein erstarrtes Antlitz auf eine eigene Art befriedigt, ja, so seltsam das klingt: gelöst zu sein, und die vertrauliche Mitteilung des Schiffsarztes, der Kollaps habe meinen Vater in einem Augenblick ereilt, als er keineswegs allein in seiner Einzelkabine gewesen sei – im Gegenteil, bemerkte der Arzt und ließ unter der Maske amtlicher Trauer ein ganz kleines Grinsen erkennen, von Mann zu Mann –, sie überraschte mich nicht. Er war gestorben, wie er gelebt hatte. Meine Schwestern weinten, rote Augen, zerknüllte Taschentücher, Hände, die sich wie im Kinderreigen zu halten versuchten, die plumpen schwarzen Kleider, Krampfaderschimmer unter dunklen Seidenstrümpfen. Er sah uns alle nicht an, er schien zufrieden.

Mein Vater erzählte gern, vor allem in seinen letzten Lebensjahren, als keine Schüler mehr auf ihn hörten. Er kam und bewunderte das neue Haus – Was für ein Ausblick, Junge, das ist ja phantastisch! –, und abends, wenn ich aus der Redaktion heimkam, hörte ich seine dröhnende Stimme schon am Garagentor. Es waren warme Abende, wie dieser Sommer sie uns nicht bescheren will, er lag im Sessel auf der Terrasse, trank und erzählte, erzählte, und Helma hatte genug zu tun, ihn immer wieder daran zu erinnern, daß Johannes erst fünfzehn sei – nun nimm doch mal Rücksicht, Vater! Sie nörgelte oft mit ihm, zankte mit ihm, und es ärgerte sie, daß ihn ihr Zanken nicht rührte, gar nicht. Sie war nicht sein Typ – Wie du so was bloß heiraten konntest, Junge! –, er war nicht ihr Typ. Mit Johannes dagegen verstand er sich, und ich bin sicher, daß er dem Jungen alles erzählt hat, ohne pädagogischen Rest, was ihm erzählenswert schien, ohne Bedenken, wenn Helma im Haus zu tun hatte oder im Dorf ihre Einkäufe machte oder auch nachmittags, manchmal gingen die beiden zusammen durch unser Wiesental, zwei schlanke, große Gestalten, den Wanderweg bis nach Hürten hinaus und über die kurvige Straße zum Haus zurück.

Aber ich komme nicht weiter. Ich rede darum herum, um mich herum. Ich weiche aus. Man gewöhnt sich daran, auszuweichen.

Vielleicht hätte ich das Haus nicht bauen sollen. Vielleicht wäre es besser gewesen, für jeden von uns, wir wären in der Wildenbruchstraße wohnen geblieben, der Junge war jetzt sowieso groß, ihn zog es nicht hinaus in diese stille, geschützte Landschaft, und wenn er im nächsten Frühjahr aus den Staaten zurückkommt, wird er den eigenen Wagen verlangen, der Schulweg ist lästig, fast zwei Stunden jeden Tag. Und Helma war es von Anfang an zu einsam hier, außer Frau Hückerath hatte sie niemanden, mit dem sie sich unterhalten konnte – und: Du liebe Zeit, Frau Hückerath! –, außerdem mag sie das Klima nicht, es regnet viel, über 900 mm im Jahr, atlantische Tiefdruckgebiete: Sie fühlte sich hier nicht wohl, auch ihre Kopfschmerzen schob sie auf das Wetter. Helma wollte immer im Süden leben, später, wenn ich nicht mehr bei der Zeitung sein würde - Dann schreib doch mal so ein Buch, was die Leute kaufen, andere schaffen das schließlich auch und haben ein Haus im Tessin! –, oder wenn ich gestorben bin: Lago maggiore, oder am Bodensee, irgendwo, wo die Sonne wärmt. Sie will nicht einsehen, daß das Haus einen beträchtlichen Wert darstellt; wir haben das Grundstück sehr billig gekauft, Onkel Johannes hat uns die Ausnahmegenehmigung zum Bauen verschafft, und wo das Geld von Jahr zu Jahr weniger wert ist: Das Haus wäre eine gute Sicherheit für Helma gewesen, und wenn sie es nur vermietet hätte, die Lage ist wirklich einzigartig schön, und andere werden die breiten Aussichtsfenster nicht stören, im Gegenteil: Der eingerahmte Talblick, ausgewogen und milde wie ein hundertjähriges Bild, lenkt ab, erleichtert, beruhigt, und es sind nur achtzehn Kilometer bis in die Stadt, genau achtzehn Komma sechs Kilometer bis zur Redaktion, ich habe das oft geprüft, keine Entfernung für Automenschen, und die Garage kann leicht für einen Zweitwagen ausgebaut werden, der Architekt hat das gleich berücksichtigt – in dieser Lage! Es wäre schon das Richtige gewesen, das Haus ist jeden Tag zu vermieten, und Helma hat immer damit gerechnet, daß sie mich überleben würde; sie rechnet vielleicht noch immer damit.

An der rechten Brust war es zuerst. Ihre Brüste. Verboten!, sagte sie damals – Nein, nein, verboten! Das schäbige Kleid mit den ausgeblichenen Farbblumen, wo mochte sie den Stoff aufgetrieben haben, von Wäsche zu Wäsche sah ich das Blaurot verbleichen. Wir hockten uns gegenüber, wieder war es ein Schulhaus, die Schulhäuser haben mich lange nicht losgelassen: ein kahler Klassenraum mit schmalen, hohen Fenstern, graugrüne Ölfarbe rundum, hier und da abgeblättert, und vorn das helle Viereck, wo die Tafel gehangen hatte. Der Raum war durch eine Holzbarriere geteilt, rechts das Liegenschaftsamt, links, in der Ecke am Ofen, saßen wir, die Volkshochschule, einander an einem Schreibtisch gegenüber. Abends blieben wir oft etwas länger als die Liegenschaftsleute, im Winter vor allem, wenn der Ofen noch nicht ganz ausgeglüht war – ich lebte damals möbliert, ziemlich am Stadtrand, und es dauerte mindestens eine Stunde, bis der Kanonenofen das Zimmer soweit erwärmt hatte, daß ich den Mantel ausziehen konnte, vorausgesetzt, ich hatte überhaupt etwas zu brennen. Außerdem gab es abends oft Veranstaltungen, in einem anderen Klassenraum, Demokratie in England, Goethe und die, Dichterlesung, Freiheit als Aufgabe, ich sprach die Begrüßungsworte, freuen wir uns, gerade heute, bewahren, heilen, helfen, die Zukunft – da lohnte es nicht, daß ich vorher nach Hause fuhr, in mein kaltes Zimmer. Wir waren allein, zehn Minuten, eine halbe Stunde, eine Stunde, manchmal noch länger. Sie sagte: Verboten – nein, das darfst du – du darfst nicht, ich will –. Sie wußte genau, was sie wollte, immer schon und damals bestimmt. Ich wußte es nicht, damals. Ihre vollen Brüste unter dem bleichenden Stoff. Wir waren allein. Ich war nicht mehr jung, ich wußte Bescheid. Sie war auch nicht mehr jung, nicht mehr so jung; aber sie tat, als wüßte sie nichts.

Natürlich war es im Grunde Unsinn, lächerlich. Ich hätte weiß Gott was für Möglichkeiten gehabt, zweiunddreißig war ich damals, dreiunddreißig, es gab nach dem Krieg nicht viele ledige Männer in meinem Alter, und eine gute Stellung hatte ich auch. Ich war nicht angewiesen auf eine Tipse, auf meine Tipse: Ich verbinde mit Herrn Doktor Scherf dann gab sie mir den Hörer über den Schreibtisch, lächelte, ihre Brüste zeichneten sich ab unter dem Kleiderstoff, blaurot, blaurosa, bläulichrosa verwaschen verwischt.

Eigentlich konnte sie mir nichts vormachen mit ihren fünfundzwanzig, sechsundzwanzig Jahren. Ich wußte, wie Mädchen in dem Alter sind. Auslachen hätte ich sie sollen – mein Gott, Liebe! –, eine andere hätte ich suchen sollen – aber Kleines! –, viele andere, ich hatte die Wahl. Aber ich saß ihr gegenüber, jeden Tag, und ich sah, wie der blaurote Blumenstoff von Woche zu Woche mehr ausblich, und nach dem Dienst waren wir allein. Sie hatte meistens noch irgend etwas zu essen, ein hartes Brötchen, bitteres Maismehl, oder sogar ein Stück Wurst, säuerlich, manchmal ein richtiges Ei – sie hatte Beziehungen zum Ernährungsamt, irgendein Angestellter, ein Jugendfreund wohl, was weiß ich, genau habe ich das nie herausbekommen, ist auch egal. Sie war gut gewachsen, aber sie war nicht anders als andere Mädchen Mitte zwanzig: Der Krieg lag gerade hinter uns, es war keine gute Zeit gewesen für Mädchen, die neunzehn waren, als die ersten Schüsse fielen, und fünfundzwanzig am Ende – was hatte sie in diesen fünf, sechs Jahren schon tun können, was hätte sie tun sollen. Ich mache ihr keine Vorwürfe, bestimmt nicht, ich habe nie ein Wort darüber verloren.

Ich fühlte die weiche Haut ihrer Brust, die rechte Brust war kleiner als die linke, ich fühlte die Spitzen hart werden, wir küßten uns, ich spürte ihre Zunge und wußte Bescheid, mein Gott, war ja egal. Wir hatten die Verdunkelungsvorhänge zugezogen, die gab es noch in diesem Schulhaus, das durch einen Zufall, durch viele Zufälle in den Ruinenquadraten stehengeblieben war. Es war halbwarm in dem Raum, die Ofentür hatte ich geöffnet, langsam versank die Glut ins Schwarze, und ich fühlte ihre weiche, warme Haut.

Damals war es natürlich schon anders. Wenn man dreißig gewesen ist, wenn man dreiunddreißig, vierunddreißig wird, dann ist schon manches Gewohnheit geworden – oder Routine, wahrscheinlich ist Routine das bessere Wort: Man weiß einfach, wie das geht. Nicht, daß mir Frauen gleichgültig geworden wären, im Gegenteil, insofern bin ich der Sohn meines Vaters, so verschieden wir sonst auch waren. Aber mit dreiunddreißig, vierunddreißig spricht man leichter, geläufiger über die Liebe, diese Erfahrung macht jeder. Man meint nicht mehr so viel mit dem Wort, man geht damit um, ohne gleich sein halbes Leben darin zu investieren (auch so ein Modeausdruck: investieren; aber solche Wörter sind praktisch, bequem zur Hand, sie kürzen ab, jeder weiß gleich, was gemeint ist – Si), und wir haben nicht mehr die Zeit und den Atem unserer Großväter – und trauen nicht mehr ihrem Oben und Unten –, um über so etwas wie die Seele sprechen zu können; wir sind nicht mehr sicher, wie wir gemeint sind.

Jedenfalls, Helma Kierspel gelang, was bis dahin keiner gelungen war. Ganz genau weiß ich eigentlich heute noch nicht, wie es dazu kam. Zuletzt gab natürlich das Kind den Ausschlag, obwohl wir schon vorher verlobt waren; die landläufige Moral übt gerade auf öffentliche Bedienstete – schließlich war ich damals Leiter einer Volkshochschule, wenn auch vorerst nur kommissarisch – einen starken Druck aus, auch ohne daß der Stadtdirektor beiläufig ein Wort fallen läßt, und irgendwie war ich es wohl auch leid, immer möbliert, immer diese Mädchengeschichten, immer wieder das Anfangen: Zeit heute abend? – bin gar nicht so – was du immer denkst – schließlich bin ich ein – hab dich doch – bin ich – warum nicht – liebe dich liebe – doch nicht so – wirklich, du mußt – du mußt nicht – du mußt doch einsehn – und immer so weiter und immer wieder, und zuletzt der Augenblick, wenn sie merkt, daß es vorbei ist, aus. Ich habe nicht die Nerven meines Vaters, ich kann das nicht so, konnte das jedenfalls nicht ein Leben lang und immer wieder, und Helma merkte das wohl, sie wußte bald, wie ich war, wer ich war, sie ist nicht dumm, und so gab es zuletzt eine richtige Hochzeit mit Weiß und Schleier und Segen – ein geliehener Schleier, anderes war damals nicht aufzutreiben –, und ich im neuen Anzug, dunkelblau mit Nadelstreifen, irgendwo hatte Helma den auch noch organisiert, wahrscheinlich über den Freund im Ernährungsamt, was weiß ich, mir war das gleich. Und die Hochzeitsaufnahme, achtzehn mal vierundzwanzig, chamois matt, strahlendes Lachen der Braut, wie geübt, wie gehabt, der Nadelstreifenstoff schon etwas zerknittert, aber der Schleiertüll vorn anmutig gebauscht, und die Hochzeitsfeier mit den erleichterten Eltern und Onkel und Tante, Kannst ruhig du zu uns sagen, mein Junge, mit Pfarrer und Bürgermeister und zwei jüngeren Herren vom Ernährungsamt und Freunden, Freundinnen, pro Kopf ein Pfund Hefekuchen, und mein Vater trank Rübenschnaps aus der Kaffeetasse und sah im Gehrock bedeutend aus, er unterhielt die ganze Gesellschaft mit seinen Geschichten, wir haben gelacht und gelacht, ich auch, obwohl ich alle Geschichten schon kannte, es war eine lustige Hochzeit, wir lachten sogar noch, als mein Vater im Badezimmer mit einer der Brautjungfern angetroffen wurde, sie hatten nicht abgeschlossen, eine Freundin von Helma, auch sechs- oder siebenundzwanzig, sein rotes heißes Gesicht, beinahe hätte es noch eine Hochzeit gegeben oder mindestens eine Verlobung, meine Mutter war damals schon vier Jahre tot; aber mein Vater wußte gleich neue Geschichten, und das Mädchen tat so, als sei nichts und nichts gewesen, sie ließ sich von einem Ernährungsamtmenschen trösten, und kurz vor Mitternacht gingen Helma und ich zum Bahnhof und stiegen in den letzten Zug nach Herrenrath, eine richtige Hochzeitsreise, nach Herrenrath im Bergischen Land, gemütliches Fachwerk mit grünen Fensterläden und regenblauem Schiefer, nirgendwo Trümmer, und der Wirt kochte uns jeden Tag ein Frühstücksei für zwanzig Mark extra, beinahe geschenkt.

Das beschreiben, schreiben, so wie es wirklich war: nicht die drei Reiter mit blitzendem Degen und heiterem Mut, ein Kabinettstück neuerer deutscher Erzählkunst, auch nicht die ernsten Bedenken, Si, die wir gerade in dieser doch wohl etwas frag-würdigen Angelegenheit nicht ganz unterdrücken können, bei aller grundsätzlichen Bejahung der konsequenten Politik unserer Regierung; nicht die gewohnten Worte und Wortreihen, die sich von selbst ergeben, die immer schon selber wissen, wie es weitergeht: zumal da noch keineswegs als bewiesen gelten kann, daß unser steiniger Weg zur Wiedervereinigung –, nicht die sauber geordneten Wortfelder, auf denen das Wortrössel hin- und herspringt im immer gleichen Rhythmus von Frieden und Freiheit zur tiefen Verantwortung in gleichem Maße in beiderseitiger gegenseitiger wechselseitiger Integration sowohl als auch andererseits nicht zu vergessen bedenken insoweit inwieweit so weiter und immer das Menschliche, Abendland. Nicht dies, Si, sondern das Wirkliche das, was wirklich war, wirklich ist:

Zwei steile Betten, schmal, kurz, hochbeinig, Großväterbetten, eingefaßt von Säulennachttischen, unten im Klappfach der Nachttopf, gelbes Steingut, abgestoßener Rand; das feuchtkühle Betttuch, geplusterte Federdecken, knarrende Matratzen – oder knarrte das alte Holz? –, das Zimmer ungeheizt seit wie lange schon, Helma zitternd, ich friere, du mußt mich – jetzt, bitte, ja. Eine richtige Hochzeitsreise: Ich bin so glücklich – glücklich? –, ja, ja. Helma hat Fettmarken, handelt, verspricht, am anderen Tag wird auch der Ofen geheizt, grüne Kacheln, glänzend, prasselndes Holzfeuer, die Bettdecken verlieren den Modergeruch, Muffgeruch - komm schon, nun hab dich nicht, komm doch, ich hab dich – ich habe – ja – weißt schon, du mußt nicht – du mußt mich so – so – ja.

Aber das Stumme dazwischen, zwischen uns. Was nicht zu sagen war, nicht zu sagen ist. Ich wußte damals schon, daß es nicht gut war mit uns, nicht gut werden würde, daß Helma nicht gut war für mich, ich nicht für sie. Ihre Brüste, nicht mehr verboten – was hast du? Weich, warm, schon etwas voller geworden, und nichts mehr verboten, komm, komm doch! Es war nicht mehr so wie in unserem Dienstzimmer, abends, niemals wieder wurde es so. Einen Augenblick war sie glücklich, vielleicht. Dann breitete das Stumme sich zwischen uns aus, nahm überhand, deckte zu, verdeckte.

Sie wußte das auch. Helma ist nicht dumm. Aber sie wußte vor allem, was sie wollte: Sechsundzwanzig war sie damals, beinahe schon siebenundzwanzig, und das Kind kam, und sie hatte mich nun, sie hielt mich, und sie wird mich behalten, was soll man sich weiter aufregen, es dauert jetzt nicht mehr lange. Jedes Leben wird nur zur Hälfte gelebt, höchstens zur Hälfte, das andere sind Wünsche und Träume und Spiegelungen. Wenn man das weiß, weiß man genug.

Gegen Abend. Die Sonne ist doch noch durchgebrochen, als ob sie etwas vergessen, etwas versäumt hätte. Nicht hinsehen!

8. Juli

Gestern abend der Gang durch das Tal, durch das Dorf, mattblaue Fernsehfenster, weiter hinaus bis nach Hürten, durch tropfende Wälder zurück, müde und halb durchnäßt, zuletzt begann es wieder zu regnen: Das war schon Flucht. Ich wußte, es würde mich einholen, ich würde mich einholen.

Heute morgen spät aufgewacht, aufgestanden, halb blind zuerst, taumelnd, der Kopf – nein, nicht schwer: aufgeblasen mit dumpfer Luft, kaum zu bewegen, in Wellen ein scharfer Schmerz.

Eigentlich ist der Abend meine Zeit. Ich bin es gewohnt, bis ziemlich spät in der Redaktion zu sitzen, die letzten Meldungen, im Grunde nicht mein Ressort, der kleine Kommentar auf Seite eins, Si, das geht mir rasch und leicht von der Hand, menschlich denken, ein kleines Lächeln, der Leser wird sicherlich, wissen wir alle. Aber zu Hause jetzt, in diesem Haus, meinem Haus allein: die Rolläden geschlossen, kein Blick nach draußen, kein Blick zu mir (freundlicher Kinderglaube Vaterlaßdieaugendein), keine Stimmen, Stille, allein, abgeschlossen, eingeschlossen: Zuletzt widerstehe ich nicht mehr, Gier, Lust, Rausch, keine Namen – ich widerstehe mir selbst nicht mehr: Elisa rasiert/shaved, Brüste, Schenkel, Scham, billig, will nicht mehr widerstehen, allein, warum denn, einen Augenblick Lust: was wächst ist ist groß, ich ich allein bin – bin nicht mehr bin nicht ich – bin nicht will nicht nicht – bin ich: einen Augenblick nichts mehr, Fleisch, blind, namenlos, eine Stunde nichts, eine Nacht Nacht, Gier nach Vergessen, Schlaf, nicht mehr denken, schlafen, nicht mehr.

Mein Vater hat mir seine Bücher vererbt. Die Halblederklassiker habe ich meinen Schwestern gegeben, Schullektüre für Neffen und Nichten. Die festen Leinenbände von Weltkrieg und Heldentum liegen auf dem Hausboden verpackt, nichts mehr für mich, nichts für Johannes, er würde nur lachen: Vaterland! Das andere steht im Bücherschrank, verschlossen: die roten Bände Aretino, Crébillon, Lukian, zerlesen, die gelbe Reihe der kleinen Casanova-Ausgabe, Das Sofa, Memoiren einer Sängerin, Bekenntnisse von wem immer, auch Paperbacks und die eingerissenen

Umschläge der Olympia Press, Ophelia Press, wo hat er das her, adult reading, Erinnerungen an seine letzte Reise vielleicht, Florida, The velvet underground, Partner's choice.

Hoffnungslos, es schreiben, beschreiben zu wollen. Es gibt nur Umschreibungen. Die Wörter treffen nicht, greifen nicht. Ich pflückte die Rose. Zwei knospende Brüste. Der Altar der Liebe. Nichts, nichts stimmt. Put your prick into my cunt, fuck me, oh, do fuck me. Wörter, Worte, nichts. Als ich ihre Lenden und den Rücken liebkoste. Schieb 'ne Nummer. Kinsey, die manuellen Techniken der Genitalmanipulation. Entkleiden wir uns, sagte Brahé. Während sie sich meines Gliedes bemächtigte. Her cunt was wet again. Membrum suum intueremur. Überall, überall, immer das gleiche, immer die gleichen Wörter, erschöpfte Wörter, unzulängliche Hinweise auf etwas, das nicht sagbar ist so wie es ist. Die Sprache verweigert sich. Ein nackter Körper, immer dasselbe, Brüste, Lippen, Schenkel, Haar, zwei nackte Körper, ein rotes Rinnsal, ich kann es nicht, kann es nicht sagen, drei Körper, vier Körper, Arme, Schenkel, Lippen, Fleisch, Pyramiden von Körpern, hilflose, hoffnungslose Versuche, Lust zu potenzieren, und die einsame Lust, dann, und die Kleine, damals, ich weiß den Namen nicht mehr, ein Morgen im Februar 45, eine Stunde, das Gehöft lag bei Sagan, hochbeladene Treckwagen auf dem Hof, Hausrat, Bettenrot, Stroh, graue Frauengesichter, sie hatten gar nicht erst abgeladen, hier war das Ende noch nicht, dampfende Kaffeetassen, und sie saß an der Scheune und spielte mit ihrer Puppe, ging mit mir, sechzehn war sie, vielleicht noch nicht einmal sechzehn, ich kann es nicht sagen, eine Stunde, du tust mir, du tust mir weh, und Helma, die versinkende Glut, rötlich, warm, weich, das nie Zuendegedachte, nie ganz Ausgesprochene, nie Auszusprechende. Verboten, sagte sie; aber sie ließ mich das Verbotene tun. Manuelle Berührung der weiblichen Genitalien findet sich regelmäßig bei 90 Prozent der Befragten. Warm und feucht und weich und – komm, komm doch, komm – ja. Aber seit der Operation – es muß sein, wir haben bis heute keine andere Möglichkeit zu helfen, die rechte zunächst, wir müssen den Herd beseitigen: Seitdem schläft Helma im Gästezimmer, unter der Dachschräge – Was soll ich dich stören, so kannst du wenigstens ausschlafen, ich muß doch immer früh aufstehen, der Junge soll schließlich pünktlich. Sie sagte nicht, was wirklich war, und ich sagte es nicht.

Mein Vater sagte alles, wußte alles, und was er nicht wußte, das kümmerte ihn nicht, er lachte darüber, er lebte und nahm sich, was er zum Leben brauchte. Gerda zum Beispiel. Sie war in seiner Klasse gewesen, manchmal kam sie nachmittags und half meiner Mutter im Garten. Etwas dick war sie, die Hüften schon damals breit, und sie hatte X-Beine, ihre fetten Oberschenkel – nein, nicht eigentlich fett: fleischig, es war zuviel Fleisch, das feucht aneinanderklebte, sie schwitzte leicht, dunkle Flecken unter den Ärmeln, und sie lachte. An dem Tage arbeitete sie nicht im Garten, fünfzig Pfennige bekam sie für den Nachmittag, ich weiß es noch: ein silbernes Fünfzigpfennigstück, das war eine Menge Geld für sie, ihr Vater war arbeitslos damals, für fünfzig Pfennige konnte sie sich ein halbes Pfund Süßigkeiten kaufen oder mehr, immer lutschte sie irgend etwas, sie lachte, sie kicherte, ihre Lippen waren zerlutscht von den billigen, roten, himbeerförmigen Himbeerbonbons, und dann kam sie aus dem Haus. Ich saß im Hof in der Laube, eine Rankrosenlaube mit Klapptisch und Klappstühlen, ich hatte ihr Lachen gehört und ihr Kichern und dann, als es still wurde: Sie trat aus der Hoftür und zog sich das Kleid zurecht, Gerda, dunkle Flecken unter den Ärmeln. Fünfzig Pfennige. Meine Mutter merkte nichts, oder sie wollte nichts merken. Gerda kam gern und half im Garten, das Unkraut zwischen den Erdbeerreihen, die Zwiebeln müssen gesteckt werden, die Stachelbeeren sind reif. Immer ihr dicklicher Körper, gebückt, ihre fleischigen Schenkel zwischen den Stauden, ihr Lachen. Später kam sie zweimal die Woche.

Man muß sich davon freimachen. Man kann sich davon freimachen. Bin ich bin – bin nicht mehr. Etwa 92 Prozent der Gesamtbevölkerung betreiben Onanie bis zum Orgasmus. Mein Vater lachte, lachte mich aus: Hast du das nötig, Junge? Irgendwie muß man natürlich das Zeug – klar, aber du, in deinem Alter: Frag doch die Mädchen, sei doch nicht schüchtern!

Er wußte alles, und das andere kümmerte ihn nicht. Er hatte den Weg in den Garten hinein pflastern lassen, gerade hindurch, der zerfallene Ziegelweg hatte es nicht mehr getan, meine Mutter bekam nasse Füße, wenn sie Petersilie und Schnittlauch und Estragon holte; aber die alte Ziegelbahn blieb, praktisch beim

Wäscheaufhängen, und ewig bleiben wir hier ja doch nicht. Mein Vater glaubte sein Leben lang – beinahe sein Leben lang –, er würde Rektor werden, bei uns in Herseburg oder irgendwo sonst. Er war ganz sicher: Eines Tages mußte der Brief vom Schulamt auf dem Tisch liegen – die brauchen doch Männer wie mich! Im ersten Weltkrieg war er Feldwebel, im zweiten Offizier geworden, Hauptmann zuletzt; er zweifelte keinen Augenblick, daß man ihn nicht wieder als schlichten Volksschullehrer einsetzen würde – kein Gedanke, mit meinen Erfahrungen! Sogar das Eiserne Kreuz I. Klasse hatte er noch bekommen, Januar 45, als seine Kompanie den Rückzug eines Korpsstabes decken mußte, irgendwo zwischen Weichsel und Oder, der General persönlich hatte ihm den Orden angeheftet. Eigentlich hatte er nur mit dem Nachschub zu tun gehabt, das Kriegsverdienstkreuz I. Klasse mit Schwertern wäre normalerweise das Höchste gewesen, was für ihn abfallen konnte. Die Kompanie, Magenkranke und Invaliden minderer Tauglichkeitsgrade, ausgerüstet mit dem Karabiner 98k, war nahezu aufgerieben worden. Aber in der Stunde der äußersten Not: Mein Vater wurde nicht müde, davon zu erzählen. Allerdings, er mußte schließlich noch froh sein, daß man ihn wieder als simplen Volksschullehrer duldete, eine Zeitlang sah es so aus, als würde er nie wieder hinter dem Pult stehen, obwohl er gewiß nichts Schlimmeres gesagt, gelehrt und getan hatte als andere auch – was sollte man damals denn machen, sag selbst, Junge, was hättest du wohl getan? Und immerhin ging es um Deutschland.

Was soll man machen. Die Zeitung, 8. Juli 1965. Lebenslänglich gefordert. Eine Philosophie der Hoffnung. Ehemaliges Mannequin nahm Überdosis Schlaftabletten. Wörter, Wörter: Hinweise auf das, was nicht sagbar ist.

Thyssens Exgattin ist tot

Paris. Nina Dyer, das ehemalige weltbekannte Mannequin aus Ceylon und Exgattin des deutschen Industriellen von Thyssen und des Prinzen Sadruddin Khan, ist tot. Wie erst jetzt bekannt wurde, beging sie in der Nacht zum Samstag in ihrer Villa in dem Pariser Vorort Garches im Alter von 35 Jahren Selbstmord durch eine Überdosis Schlafmittel.

Nina Dyer war die Tochter eines englischen Rechtsanwalts auf Ceylon. Als 24jährige heiratete sie 1954 in Colombo den schwerreichen deutschen Baron Thyssen, der ihr während der Verlobungszeit und nach der Eheschließung phantastische Geschenke machte: Eine Insel in der Karibischen See, einen schwarzen Panther, ein Flugzeug, Autos und natürlich Juwelen. Die Ehe hielt indessen nur etwa zwei Jahre. Bei der Scheidung soll Nina Dyer als Abfindung angeblich etwa 10 Millionen Mark erhalten haben. Ein Jahr später heiratete sie Prinz Sadruddin, den Bruder des inzwischen tödlich verunglückten Ali Khan. Aber auch diese Ehe war nicht von Bestand und ging nach einigen Jahren in die Brüche.

Variation: Kürzungen

Ex ist ex ist tot auf Ceylon in Villa im Alter durch Dosis ex des Prinzen im Alter von Thyssen Nina Nina die Tochter auf Ceylon Colombo den deutschen Baron auf Ceylon im Alter phantastische ex ist ex eine Insel ist tot einen Panther ist tot ein Flugzeug ist ex Juwelen Nina Juwelen natürlich Juwelen indessen tot bei der Scheidung Millionen im Alter Nina ist tot ist ex Prinz tödlich verunglückt ist tödlich ist tot Prinz ex ist ex in die Brüche Nina Nina Nina.

Variation: Längungen

Das ehemalige weltbekannte weltberühmte durch alle Spalten der Tagespresse der seriösen der bunten Presse wir sagen die Wahrheit der Boulevardpresse Nina ist glücklich ist zauberhaft strahlend Nina die traumhafte Karriere eines Mannequins Hüftweite Busen unendlich glücklich Prinzessin schön schöner ein schwarzer Panther am schönsten ein Flugzeug hoch über der Erde hoch über den Wolken hoch über den Sterblichen Bild war dabei die bunte Presse berichtet intim die Hochzeit ganz exklusiv des Jahres Juwelen Prinzessin die Braut trug Hüftweite Busen Brillanten ist zauberhaft strahlend das ehemalige weltberühmte bekannte berühmte Nina ist glücklich so glücklich.

Variation: Phantasien

Fleisch wie anderes Fleisch, schlank wie andere, Schenkel, geschmeidig, aber, aber Colombo ist heiß heiß, geschmeidig, das Fleisch, aber wer pflückte den Traum, wer ließ sie verließ sie einmal und einsam, geschmeidig, einsam in Ceylon, heiß, einsam in Garches in Paris, fünfunddreißig, schlank, schon fünfunddreißig, aber Juwelen, im Alter, Geschenke, ein Kleid aus Juwelen, Fleisch, Juwelen ein Traum, Baronin, Prinzessin, die Schönste im Land, ein Panther, einsam, eine Insel, einsam, Fleisch wie anderes Fleisch, Schenkel, geschmeidig, schon fünfunddreißig, wer pflückte die pflückte die Rose in Garches, in Paris, in Frankreich einmal und einsam, Fleisch wie anderes, Traum, nicht von Bestand.

Eigentlich hätte ich auch die Zeitung abbestellen sollen: sechs Wochen lang keine Zeitung, nichts. Aber diese sechs Wochen werden vorübergehen, ich weiß das, ich mache mir gar nichts vor: zwei Wochen schon und nichts, beinahe nichts, fünfzehn Tage morgen, sechzehn Tage übermorgen, in vier Wochen fahre ich wieder zur Redaktion, achtzehn Komma sechs Kilometer genau, dann muß ich wieder Bescheid wissen, wohl oder übel, dann muß ich wissen, was ist, was gewesen ist. Ich kann mir nicht leisten, sechs Wochen aus meinem Gedächtnis zu tilgen. Mehr Soldaten nach Südvietnam. In zwei Monaten wird gewählt. Geheimkameras gegen Verkehrsrowdys. In einem Jahr wird wieder gewählt: Dr. Scherf MdL – ich muß dann wissen, was war. Niederlage für Wilson. Ich muß das wissen, muß wenigstens etwas wissen, dann. Donnerstag, 8. Juli 1965. Thyssens Exgattin ist tot. Das Tägliche, Alltägliche. Picasso-Beschwerde abgewiesen. Donnerstag. Und Freitag dann, Samstag, die Wochenendausgabe, hundertvier Seiten, heute der große Anzeigenteil, hundertacht Seiten, die Woche im Bild, das Wort zum Sonntag, die lachende Woche, menschlich gesehen: Das läßt mich nicht los, nicht mehr.

Ich wollte schreiben, immer schon. In unserem Wohnzimmer, rechts auf dem niedrigen Bücherbord, stand ein schmaler blauer Leinenband: ‚Herseburger Geschichten', erzählt von Hermine Scherf, Vaters Tante, Tante Hermine, die Dichterin Herseburgs.

Ich wollte auch schreiben. Mein Vater lachte: Wart's ab, Junge – lachte mich aus: Kannst du wirklich nicht mehr?

Ich schrieb, kaum daß ich die ersten Wörter buchstabieren konnte. November, Dezember, grau die zurückkehrenden Truppen durch unsere Straße, Blumen am Helm, Regen, rote Armbinden, Schande, Regen, Regen – Ehre, Gewehre, das klang. Vater war wieder da, Feldwebel und gesund, er streichelte die kleinen Schwestern, kniff das Mädchen, Marlene, sie kreischte, ich sah, wie er sie kniff; meine Mutter sah es nicht, sah nichts, war froh, überfroh, daß er wieder da war, er, gesund, EK II, alles war frisch geputzt, die weißen steifen Gardinen, Geruch nach schlechtem Bohnerwachs, ich hockte mit angezogenen Knien auf dem Bohnerbesen, Marlene schob mich hin und her, Liebe Triebe, es reimte sich, sang sich, hin und her, Marlene. Ich wollte schreiben, Gedichte, Geschichten, Herseburger Geschichten. Reime hörte ich, vergaß sie, brachte sie wieder aus mir hervor: Ehr', Wehr, schwer – das klang mir, das schrieb ich auf, und meine Mutter war stolz, ihr ihr Sohn, las es und las es vor. Ich schrieb und hatte ein Publikum, ich war glücklich. Ich konnte schreiben. Ich wollte schreiben.

Drei Reiter zogen durchs Tor hinaus, geträumt, geschrieben, gedruckt, gebunden, gelobt: eine junge Hoffnung, ein neuer

Name. Krieg und Sieg, Not und Gebot, Reiter und weiter, weiter. Ich schrieb. Die sanfte Bewegung der Dünen. Die zarte Hoffnung des Frühlings. Von Sigurd Scherf. Läßt aufhorchen. Sternklare Nacht, das Geschützfeuer eingeschlafen, die Männer im Stahlhelm. Von Kriegsberichter Sigurd Scherf. Immer geschrieben, immer wieder. Lockend breitete sich die fruchtbare Ebene. Der bekannte Jugendbuchautor. Tod, Morgenrot. Bewährung. Gesicht einer Frontstadt. Bis zum Letzten. Von Sigurd Scherf. Und als das zu Ende war: Brot, schrie das Kind und reckte die abgemagerten Arme hoch, nur ein Stück Brot! Eine Story von. Trümmern, verkümmern.

Bedauern wir, Ihnen Ihr Manuskript. Mit Interesse gelesen. Aus Raumgründen. Kein Werturteil. Mit bestem Dank.

Zweiunddreißig war ich, als ich aus der Gefangenschaft heimkam. Bei Schraders saß ich in der Mansarde und schrieb, schrieb. Die Asche des Abends wabert über den alten Dächern. Scheiße, sagte der Mann. Gott, höhnte die Frau.

Ich versuchte zu schreiben, was ich gesehen, was ich erfahren hatte. Von der Puppe schrieb ich nichts, nichts von dem Gehöft bei Sagan, irgendwo zwischen Oder und Neiße, der helle Februarmorgen, beinahe schon Frühling, der schmächtige Körper, namenlos. Davon schrieb ich viel später, und als ich es schrieb, erzählte ich nicht von mir: Der da sprach, das war nicht ich, das wollte nicht ich sein.

1962 (roter Aktendeckel)

Ich bin aufgewacht, bin wieder aufgewacht.

Jemand hat geschrien, wieder geschrien, irgendwann zwischen zwei und drei in der Nacht.

Das liegt mir über den Augen, hinter der Stirn.

Halb drei, wieder halb drei.

Ich bin aufgewacht von dem Schrei. Immer halb drei, wie lange schon, immer wieder. Vier Stunden noch bis zum Aufstehn.

Ich möchte schlafen, schlafen. Das liegt mir über den Augen. Ich kann nicht mehr schlafen.

Still ist es, still. Kein Schrei. Niemand schreit nachts um halb drei. Sie schlafen alle, über mir, neben mir. Unten wohnen die beiden Alten, die schreien nicht mehr, die sind schon lange zu alt, da schreit nichts und niemand, unten.

Vier Stunden noch. Manchmal husten die Hennings-Kinder hinter der Wand. Sie haben den Keuchhusten gehabt, neulich, da haben sie manchmal geschrien. Aber nicht so. Das war es nicht. Das ist nicht der Schrei, der mich hochreißt, jede Nacht zwischen zwei und drei.

Jansenons haben das Schlafzimmer über mir, über unserem Schlafzimmer. In diesem Haus liegen alle Schlafzimmer übereinander und nebeneinander, die Wohnzimmer nach Süden, Küchen und Schlafzimmer nach Norden. Jansenons sind jung, was sollten sie schreien, die wissen von nichts, die sind es bestimmt nicht gewesen.

Müde. Über den Augen der Schlaf. Drei Stunden und fünfzig Minuten noch bis zum Aufstehn. Halb sieben rasselt der Wecker los, ihr Wecker. Halb acht aus dem Haus, um acht im Betrieb: Morgen – Morgen – Ja, guten Morgen – Der kommt nicht mehr klar seitdem. – Blaß sieht er aus, seitdem. – Nehmen Sie doch mal – oder das, das hilft bestimmt, ich konnte auch mal nicht schlafen, ganz langsam zählen, ganz langsam – Sie müssen nicht daran denken.

Aber das Bett, das andere Bett. Sie hat nicht geschrien. Sie hat nichts gesagt. Sie hat es getan und lag ganz ruhig und schlief. Sie hat es getan.

Blaß sieht er aus. – Soll er die Ablage machen. – Vielleicht mal zur Kur. – Sie sehen ein bißchen blaß aus.

Seitdem. Ich kann nicht mehr schlafen seitdem. Das reißt mich hoch nachts zwischen zwei und drei. Ein Schrei, nah, oder fern, irgendwo. Ich muß ihn hören, höre, höre ihn. Ich wache auf, nachts um halb drei, vier Stunden vor dem Wecker. Sie wachte nicht wieder auf.

Das kann sie mir doch nicht antun, schlafen und schlafen und nie mehr nie mehr ein Wort! Kein Wort, kein Brief, nur die leeren Tablettenröhren, sonst nichts mehr. Nichts. Ich habe ihr nichts getan, bestimmt nicht, das kann jeder bezeugen. Ich habe immer gespart. Sie hat mir auch nie was gesagt. Sie lag in dem anderen Bett und schlief.

Ich kann nicht mehr schlafen. Über den Augen der Schlaf, hinter der Stirn. Aber der Schrei, fern, der Schrei, nah.

Zuerst bin ich aufgestanden. Ich dachte, es ist was passiert – vielleicht ist etwas passiert: Wer schreit in der Nacht, wer schreit so? Im Treppenhaus nachts um halb drei: das stotternde Treppenhauslicht, draußen fuhr noch ein Auto vorbei, Schritte, Türen, irgendwo Tanzmusik.

Sonst nichts, gar nichts. Keine Stimme. Kein Schrei. Da war noch Winter, Schnee lag auf dem Grab, der Grabstein war noch nicht fertig – wir müssen warten, im Sommer bricht der Hügel ein, dann mache ich Ihnen eine geschmackvolle Bepflanzung, Sie werden bestimmt zufrieden sein, ich habe nur zufriedene Kunden. Kalt war es im Treppenhaus. Ich horchte, ich suchte den Schrei, der mich aufgeweckt hatte.

Dann ging ich zurück. Nichts.

Jemand hatte geschrien. Eine Frau. Oder ein Mädchen, das Mädchen. Wenn man jung ist, weiß man das nicht: Warum weint eine, was schreit sie, warum?

Vielleicht hat sie auch manchmal geweint, was weiß ich. Ich bin den ganzen Tag im Betrieb, und ich war elf Jahre älter als sie, elfeinhalb Jahre genau. Da hat man Zeit, sich zu gewöhnen, und man gewöhnt sich.

Ich kann es nicht ändern, kann nichts mehr ändern, es ist so geschehen und aus, aus. Ich möchte schlafen, schlafen können. Andere schlafen doch auch. Warum hat sie mir nichts gesagt? Niemals hat sie etwas gesagt. Oder wem, wem hat sie etwas gesagt?

Elfeinhalb Jahre stecken sich nicht in die Kleider. Dann weiß man mehr, dann weiß man Bescheid. Der Hügel ist eingebrochen, sie haben Taxus darauf gepflanzt und Ginster und Rosen, der Rosenbusch blüht zum zweitenmal. Der Stein kostet fünfhundertachtzig Mark, einschließlich Fundament. Die letzten Raten bezahl ich vom Weihnachtsgeld, dann ist das erledigt.

Ich bin immer sparsam gewesen. Ich habe mir nie was extra geleistet. Sie hatte es gut. Sie hatte alles, was man braucht. Später hätte sie die Rente gehabt, ich habe Höherversicherung geklebt, das gibt eine gute Rente. Sie konnte zufrieden sein. Sie hatte nun auch die Waschmaschine.

Ich weiß nicht, was war, wer es war. Einer muß es gewesen sein. So ist das immer. Aber sie hat nichts gesagt, hat es einfach getan. An dem Abend habe ich das Fernsehen abgestellt. Es war ein komisches Stück, ich weiß noch genau, so was behält man: Ich war ziemlich müde und wußte nicht, was das Stück bedeuten sollte, es hat mir gar nicht gefallen, da sind wir schlafen gegangen, halb zehn schon. Sie schlief gleich ein. Ich wußte nicht, weshalb sie gleich einschlief.

Einer muß es gewesen sein. Man kennt das doch. Man war auch mal jung. Mir macht keiner was vor. Aber davon wußte sie nichts. Das ist immer so: Keiner weiß was vom anderen. Man hat seinen Beruf, man macht seine Arbeit, immer mal eine Gehaltserhöhung, man kommt vorwärts. Bis dahin.

Sie sehen blaß aus. – Soll er die Ablage machen, da verdirbt er wenigstens nichts.

Ich möchte schlafen. Andere schlafen doch auch. Wer schreit denn, nachts im Traum? Andere haben auch was getan und waren mal jung und können schlafen.

Sie hat nichts davon gewußt. Was sollte ich ihr das erzählen? Ich war elfeinhalb Jahre älter als sie, das ist eine lange Zeit, das waren alte Geschichten, und erklären kann man das nicht. Man weiß das eben nicht so, wenn man jung ist, und einer tut es doch immer, irgendeiner, der es nicht weiß.

Sie hatte es gut bei mir, die schöne Wohnung, und nicht von morgens bis abends Kindergeschrei wie bei Hennings, manchmal nachts auch noch. Das andere ging sie nichts an. Man kann sowieso nichts mehr ändern, passiert ist passiert, wer denkt denn daran, wenn er jung ist. Es war eine häßliche Puppe, ein Holzkopf mit schmutzigem Wollhaar, Arme und Beine mit Holzwolle gestopft, damals gab es noch nicht die hübschen Puppen mit Kußmund.

Sie hat mich nicht geküßt, sie wußte von nichts, wußte gar nichts, und ich liebte sie nicht – was ist denn das: Liebe, und einer ist jung und weiß nicht wohin, und allein.

Allein um drei in der Nacht, Viertel nach drei. Schlaf über den Augen. Im Ohr noch der Schrei, das Schreien.

Die Puppe mit ihrem blöden Holzgesicht, die Augen gemalt und abgescheuert, zerkratzt, sie schielte, und die Beine hingen herab wie bei den Gehenkten in Glogau, an den Laternen, der Wind drehte sie hin und her. Ich nahm die Puppe weg, es war nur ein Spaß, sollte nur Spaß sein. Hab ich gelacht? Ich weiß nicht. Ich dachte gar nicht daran. Sie ging mit mir, in die Scheune. Sie wußte von nichts. Gib mir die Puppe wieder. Sie weinte, sie weinen dann alle, sie schreien dann alle, das weiß man. Aber einer ist immer der erste, sonst kommt ein anderer, und vielleicht ist man morgen tot, auf dem Felde der Ehre, das war eine Ehre, das war ein Feld.

Das ist vorbei und geschehen. Vorbei ist vorbei. Wir waren alle mal jung. Ich kann nichts mehr ändern.

Sie saß an der Scheune und hielt die Puppe, ein Holzkopf mit dreckigen Wollhaaren, baumelnde Beine aus rosa Stoff. Sie war schon lange über das Puppenalter hinaus, das sah man. Aber sie weinte doch, schrie.

Hat sie geschrien?

Still ist es. Gleich halb vier. Drei Stunden noch bis zum Aufstehn. Halb acht aus dem Haus, jeden Morgen, um acht im Betrieb, Morgen, guten Morgen, schönen guten Morgen – Gut, danke, es geht. Sie sollten vielleicht mal. Also meine Frau, als die mal – ach so, natürlich, Verzeihung.

Sie schlief gleich ein. Ich war auch müde und schlief bald ein. Der Wecker weckte mich um halb sieben. Sie schlief noch, schlief und schlief. Sie wußte von nichts. Sie hatte es gut bei mir. Kinder hatten wir nicht. Wer will schon Kinder in dieser Zeit? Ich will keine Kinder. Da setzt man Kinder in diese Welt, die schreien und schreien und haben Keuchhusten und spielen mit Puppen und spielen Soldat und alles, alles geht weiter und immer so weiter. Ich will das nicht. Ich will keine Kinder haben. Da stolpert man tiefer und tiefer die Treppe hinab, das Licht ist schon aus, die Flak schießt wie wild, die ersten Einschläge: von der Straße hinein in das Haus, irgendein Haus, irgendein Flur, mir ist das gleich, Deckung, weg von der Straße und in den Keller, tief, noch tiefer hinab, zwei Keller übereinander, an den Wänden glitzert das Wasser, die Kerze flackert, dann bläst der Einschlag die Flamme aus, Staub, Ziegelstaub, die Kinder schreien, alle schreien, wer wird uns finden, wer findet uns wieder, uns findet hier niemand, niemand mehr, niemals, sie schreien, wir schreien, irgendwo tief, irgendwo damals in Wien, wer kann die Straßen behalten, die Namen – die Sonne schien dann nicht mehr, der Himmel war dunkel von Qualm. Ich weiß Bescheid. Ich will keine Kinder haben, die schreien und müssen zittern, und nachts wacht man auf, zwischen zwei und drei.

Drei Stunden noch bis zum Aufstehn. Morgen. – Morgen! – Blaß sieht er aus. – Sie müssen nicht daran denken. – Soll er die Ablage machen.

Nicht daran denken.

Ich habe ihr nichts getan. Ich habe geschlafen, ich war müde. Was muß sie denn Kinder haben, sie hatte doch alles, was wollte sie mehr. Ich will keine Kinder. Ich kenne das Leben. Ich kann es nicht ändern. Es ist geschehen und aus. Ich möchte schlafen. Man muß doch schlafen. Wer schreit denn nachts um halb drei? Die Wände sind still. Der Flur ist still. Das Treppenhaus hat nur das stotternde Licht. Niemand schreit. Ich kann nichts mehr ändern.

Hinterher weiß man es manchmal besser. Vielleicht hat ihr gerade das komische Stück im Fernsehen gefallen, sie war so und mochte verrückte Sachen. Aber sie hat nichts gesagt. Sie hat sich niemals beklagt. Wir waren zufrieden zusammen. Sie hatte es gut bei mir. Zu Hause wurde sie oft geschlagen, wenn sie zu spät kam. Bei mir hatte sie es gut, die schöne Wohnung und alles. Letztes Jahr noch der Urlaub in Kärnten, natürlich nicht Klasse S, aber A haben wir uns geleistet, A konnten wir uns schon leisten, und es gab reichlich zu essen, jeden zweiten Tag Wiener Schnitzel oder Pariser Schnitzel, der Wirt klopfte selbst das Fleisch, wir hörten das Klopfen schon, wenn wir zum Essen gingen, das Fleisch war sehr zart, es hat uns an nichts gefehlt, im Gegenteil, ich habe drei Pfund zugenommen, sie auch ein Pfund, obwohl sie nicht zunehmen wollte – sie wollte immer so schlank sein wie damals, als ich sie kennenlernte, und sie war nicht mehr schlank. Mir war das ganz recht so, ich wollte nicht so eine Schlanke, Schmächtige.

Sie saß an der Scheune, die Sonne schien, sie hatte die Puppe auf ihrem Schoß, obwohl sie schon lange über das Puppenalter hinaus war. Ich lachte, ich nahm ihr die Puppe weg. Sie ging mit mir, ein Mädchen, schlank, aber sie war schon fünfzehn, sechzehn. Und schrie doch, schrie.

Sie hat nichts gewußt. Sie war so viele Jahre jünger als ich, das ist viel Zeit, Zeit zu vergessen. Das ging sie nichts an. Keiner weiß etwas davon. Keiner hat etwas gemerkt. Sie haben sie nicht gefunden. Das war eine böse Zeit. Wir lagen in roten Betten, die Überzüge hatten die Leute mitgenommen, wir schliefen in den bloßen Inletts, die waren prall und zu kurz, wen kümmerte das, wir wachten auf, die Sonne schien rot, beinahe wie Frühling schon, und sie saß im Hof in der Sonne, an der Scheune – woher gekommen? –, ein Kind, sie küßte mich nicht. Du tust mir weh, du.

Ich will keine Kinder haben. Die Puppe platzte, Holzwolle, braun, und sie schrie, was schrie sie, sie sollte nicht schreien, nicht so, was schreist du, und vielleicht bin ich morgen schon tot, bist du morgen tot, morgen wer weiß wo, fertigmachen, wer legt sich morgen in die roten Betten, ich weiß nicht, was schreist du. Die Puppe lag auf dem Boden, schielte.

Sie hat nichts davon gewußt. Das ging sie nichts an. Vielleicht hat sie manchmal auch an ein Kind gedacht, das wollen die meisten, sie spielen mit Puppen und wünschen sich Puppen und wissen nicht, wie das geht mit den Puppen, zuletzt, einer kommt immer. Ich weiß das, wie weiß ich das. Wir lagen auf Kohlen, ein Kohlenwaggon, ein Kohlenzug. Die Frau hatte das Kind in die Decke gerollt. Wir hatten ein Loch gewühlt in den Kohlenberg, da lag das Kind, da schrie das Kind, schrie und schrie. Dann fuhr der Zug nicht mehr weiter. Wir lagen zusammen. Die Kohlen knirschten. Der Himmel war klar und kalt. Das Kind weinte. Wir lagen zusammen, wärmten uns, es war sehr kalt. Das Kind schrie nicht mehr. Am Morgen kletterten wir von dem Waggon, die Strecke war schon gesprengt. Die Frau trug das Kind auf dem Arm, fragte nach Milch, überall, wollte nicht sehen, daß das Kind nicht mehr lebte. Ich weiß Bescheid. Ich will keine Kinder haben. Ich möchte schlafen, schlafen.

Halb vier. Das andere Bett. Dann schlief ich, dann konnte ich schlafen, damals.

Der Wecker weckte mich um halb sieben. Sie schlief noch, schlief, schlief. Einer muß es gewesen sein, daß sie das tat.

Man weiß doch, wie das ist. Ich hätte bestimmt nichts gesagt. Ich war schließlich auch einmal jung. Sie war so viele Jahre jünger als ich. So etwas gibt sich wieder, das weiß man. Aber sie hat nichts gesagt, niemals, kein Wort.

Manchmal sprach sie von Sachen, die sie gelesen hatte. Sie las eine Menge, sie war eben so, und sie hatte ja Zeit über Tag, warum auch nicht. Sie konnte lesen, soviel sie wollte, sie hatte es gut bei mir. Wir hätten in Ruhe zusammen alt werden können. Das ist nicht das Schlechteste, alt werden zusammen.

Immer der Schrei, zwischen zwei und drei in der Nacht. Und nie mehr ein Wort. Das andere wußte sie nicht, das ist lange her, und ich habe es nicht gewollt, es sollte ein Spaß sein, wegen der Puppe, was spielt so eine noch mit einer Puppe, was sieht sie mich an und weint dann und schreit, schreit, nun wein doch nicht, einer ist es doch immer, es ist schon vorbei, schrei nicht, nicht schreien, nicht –. Vorbei ist vorbei.

Viertel nach vier. Ich möchte schlafen. Sie schlafen alle im Haus, Jansenons und die Hennings-Kinder und die Alten, was sollen sie schreien?

Einmal, da hat sie rosa Sachen gehäkelt, ganz weiche Wolle. Aber es war dann nichts. Ich habe es gleich gewußt. Ich wollte keine Kinder. Das kostet alles, und man muß alles bezahlen im Leben, die Puppen, die Rosen, den Grabstein, den Schlaf. Da muß man schon sparsam sein, sparsam.

Wer schreit da? Wer schreit denn da?

Spiegel, Spiegelungen, getrübt und verzerrt: Das war nicht die Wirklichkeit, war nicht ich. Ich war damals nicht mehr jung, nicht mehr so jung, daß ich das nicht gewußt hätte. Es gibt keine Entschuldigung. Und ich kann es nicht schreiben, beschreiben, noch immer nicht.

Das sagen, was wirklich war, wirklich ist! Menschen zum Beispiel, Hempel zum Beispiel: Alois Hempel. Er war der vierte im Alphabet: Baumann, Becker, Ellermann, Hempel – Alois Hempel, und er war katholisch. Das fiel damals nicht weiter auf, wir wußten das ganz einfach, wie man so etwas weiß: Becker war dick, und Jahnke war blond, weißblond, und er tanzte gut Tango, und Niebuhr war zuverlässig. So war Hempel katholisch, ein mittlerer Schüler, zwischen drei plus und drei minus, das Auffallendste an ihm waren die dicken Brillengläser, in die noch eine besondere Linse eingeschliffen war, man sah die Augen wie durch eine Lupe, und er schielte, den ganzen Kopf hielt er schief, wenn er nach vorn sah, angespannt, als könnte von der leeren Tafel die Erleuchtung kommen, die sein Kopf ihm nicht schenkte. Mit solchen Brillengläsern wurde kein Mensch Soldat, schon gar nicht einer vom Jahrgang 13, nicht mal im Stalingradjahr, jedenfalls nicht k.v., das war ganz ausgeschlossen, obwohl Hempel sich freiwillig meldete – g. v. H., mehr war nicht drin: garnisonsverwendungsfähig Heimat, allerhöchstens g. v. Feld, dann durfte Hempel vielleicht in Polen Gefangene bewachen, auch kein Vergnügen. Aber sein Vater war Beamter gewesen, Verwaltungsbeamter, mittlere Laufbahn, gefallen 1915 an der Somme, und Hempel war auch Beamter, das wollte er, mehr wollte er nicht, und irgendwie war es ihm schließlich doch gelungen: Eines Tages kam eine Feldpostkarte aus Rußland, Dein Alois, und knapp vier Wochen später konnte man Hempel im Lazarett besuchen, wenn man Zeit oder Urlaub hatte, Reservelazarett Schönwohld, erster Stock, zweites Zimmer rechts: Da lag er, das rechte Bein halb hochgewunden und dick umwickelt und zu kurz, und er schielte mich an und grinste. Damals habe ich ihn zum letztenmal gesehen, man hatte anderes im Kopf als die paar Schulkameraden, mit denen man noch in Verbindung stand. Übrigens hatten sie Hempel das EK II angehängt, und er war sogar Offiziersanwärter, die Silberstreifen auf den Schulterklappen des Waffenrocks, wenn daraus auch nichts mehr werden konnte; der rechte Fuß war ab. Später hat es ihn noch einmal erwischt, allerdings nicht an der Front, am letzten oder vorletzten Kriegstag, glaube ich, da wurde er unter einen anfahrenden Zug gedrängt – ich habe davon nur gehört, seine Frau kannte ich nicht, was soll man auch sagen, was soll man schreiben. Wahrscheinlich hatte er eine brave Hausfrau geheiratet, drei Kinder in vier Jahren, das war schon etwas; aber er war eben katholisch. Er war überhaupt etwas seltsam, fanden wir damals, so dies und das, was man später vergißt, genau erinnere ich mich nicht mehr; nur, daß er bei Hänschen Rosner nicht mitmachen wollte, das weiß ich wie gestern, und beim Baden war er – mit seinem Wort, anders kann man das auch kaum ausdrücken: schamhaft. So war er erzogen: schamhaft und vaterlandsliebend, und daß er Hänschen nicht ‚segnen' wollte – so nannten wir damals, wenn einer von der Klasse fertiggemacht wurde –, das hatte mit beidem zu tun: Vor nacktem Fleisch zuckte Alois Hempel zurück, und der alte Rosner war Reserveoffizier gewesen und hatte einige Orden, das zählte für Alois mehr als die unbestreitbare Tatsache, daß Rosners Juden waren – dem jüdischen Glauben anhingen, wie Alois Hempel sagte; er war ein bißchen absonderlich.

Alte Geschichten. Weshalb die alten Geschichten aufwärmen? Ich weiß sie genau. Sie gehen mir nicht aus dem Gedächtnis. Nirgendwo sonst ist der Unterschied zwischen dem, was ich schreibe, was ich geschrieben habe und dem, was war, was ist, so faßbar. Die Eltern, die Freunde, Herseburg, die Wege über den Hof: Ich weiß das wie nichts aus den Jahren danach – Augenblicke, Farben, Trauer, Gerüche, das haftet für immer, an einzelnen Punkten genau überprüfbar, das bleibt mir, auch wenn es von großen blinden Flecken durchsetzt ist. Damit habe ich damals wieder begonnen, gleich nach dem Krieg: Kurzgeschichten aus Herseburg, aus meiner Stadt, genau gezeichnete Skizzen von Menschen, Häusern, Gesichtern, Stories von unserer Klasse, von Alois Hempel und Hänschen Rosner und Schrader und Zänk, geschrieben in der Art, wie man damals schrieb, knapp, hart, genau – oder besser: so kurz, trocken, frostig, wie man damals die Wirklichkeit sah. Auch damals deckten sich Bilder und Worte nicht, jedenfalls nicht bei mir, ich mache mir gar nichts vor. Gedruckt wurde von all dem nichts, die Zeitungen hatten wenig Platz für Geschichten, es gab kein Papier, und damals schrieb beinahe jeder so.

Wie das in der Erinnerung festsitzt, der Klang, der Rhythmus, unser Klassen-ABC: Baumann, Becker, Ellermann, Hempel – dann kam die erste Pause, das Sprechen erforderte den Einschnitt, und weiter dann, niemals vergessen: Jahnke, Mannemann, Niebuhr, Poll – hier mußte man wieder Luft holen, und wer die letzten acht Namen nicht in einem Atemzug auf- und heruntersagen konnte: Rosner, Rosner – wir hatten nämlich zwei Rosner, obwohl sie nicht miteinander verwandt waren, und Jakob Rosner behauptete bis zuletzt, er sei kein Jude, kein Tropfen jüdisches Blut in seinen Adern, mit Hänschen habe er nichts, aber auch gar nichts zu tun –, Rosner, Rosner also und dann die Schlußmelodie: Scherf, Schrader, Timpe, Trinkler, Waterpuhl, Zänk – wer das nicht im Schlaf hersagen konnte, der galt nichts bei uns, im Schuljahr 32/33, als wir Hänschen Rosner segneten, ich habe vergessen warum, Jakob tat sich dabei besonders hervor, nur Alois Hempel machte nicht mit.

Manchmal denke ich: Wenn er noch lebte – wenn sie alle noch lebten – Baumann, Becker, Rosner, Rosner – Jakob haben sie schließlich auch abtransportiert –, Schrader, Waterpuhl, Zänk. Wo jetzt irgend jemand steht, ständen sie, oder wo keiner ist, da wäre einer von ihnen. Das Gewebe ist dürftiger ohne sie, ganze Entwürfe werden niemals mehr Wirklichkeit, unzählige Kreuze und Schnitte und Punkte können nie festgelegt werden, weil ihre Linien fehlen, abgeschnitten, gekappt, aufgegeben für immer, keine Liebe, kein Haß, kein Händedruck. Schrader zum Beispiel, Hinrich Schrader. Er schrieb phantastische Aufsätze, viel bessere Aufsätze als ich, sosehr ich mir Mühe gab, wir glaubten alle, er sei ein Genie, Hinrich Schrader, obwohl er niemals einen Satz veröffentlicht hat: Er fing erst mit Medizin an, wechselte nach zwei Semestern zum Jurastudium über, bei Kriegsausbruch saß er über einer philosophischen Dissertation – Was willst du, ich habe Zeit! –, 1940 wurde er einberufen, und ein Jahr später war er in Jugoslawien verschwunden, Partisanen. Ich denke manchmal: Wenn er noch lebte, vielleicht wäre er ein Name geworden, Hinrich Schrader, Aufsätze schrieb er wie keiner, vielleicht hätte er Romane geschrieben, da sind ganz andere berühmt geworden, oder als Journalist, auch bei der Zeitung gibt es begabte, hochbegabte Leute.

Hinrich Schrader machte sich immer Notizen. Er schrieb auf, was er sah, was er dachte, erlebte, schrieb alles mit einer winzigen Krakelschrift in ein schwarzes Oktavheft, das er immer in irgendeiner Tasche trug. Manchmal ließ er sich bitten und las daraus vor, unbeteiligt las er, nüchtern, Wort für Wort las er, als hätte nicht er die Worte geschrieben, und was er aufgezeichnet hatte, war ebenso unbeteiligt, oder es schien uns wenigstens so: die Welt hinter einer dicken Glasscheibe, Kristallglas, grünlich, das Leben in einem Aquarium, da zappelten die Fische herum – wir zappelten, wir wußten natürlich: Das waren wir, war unsere

Welt –, die größeren fraßen die kleineren, kühl beobachtet, knapp notiert, es war erschreckend und komisch dazu. Hinrich las nicht gern vor, wir mußten ihn lange bitten, meistens war es schon spät, und wir hatten getrunken, vielleicht klang deshalb so komisch für uns, was er mit halber Stimme ablas: exakte Sprachminiaturen, deren Hauptpersonen wir selbst waren, manchmal betrachtet durch ein riesiges Vergrößerungsglas, ganz nah, grobe Formen, offene Poren, manchmal gesehen wie durch ein umgedrehtes Fernglas, kleines Gezappel, Gewimmel, lächerlich.

Ich habe das auch versucht, damals und immer wieder. Ich meinte, das müsse zu schaffen sein: einfach aufschreiben, notieren, schlicht aufschreiben und beschreiben, dies und das und die Folgen, Schatten, Dinge, Bewegungen. Es gelang mir nicht, nie ist mir das gelungen, bis heute nicht, ich weiß das, sehe: nichts als Versuche, immer wieder, Ansätze, unzulängliche Hinweise auf das, was vielleicht möglich gewesen wäre – Erinnerungen an die Krakeleien in Schraders Notizheft, mehr nicht. Er war anders. Er machte sich nichts vor, und er machte anderen nichts vor. Wenn ich mir vorstelle, er säße heute in unserer Redaktion, Sprechstunde 11 bis 1, nachmittags ab halb 4 nach Voranmeldung, was gibt's denn heute, was haben wir denn, kein Knüller für Seite eins, wie machen wir auf, vielleicht kommt ja noch was, wir können doch nicht schon wieder den Kanzler: Das ist nicht vorstellbar. Ihm war es gleich, was jemand über ihn dachte; was der oder der, ein Freund, ein Kollege, ein Minister oder der Verleger von ihm halten könnte, er hätte sich nicht darum gekümmert – er hätte geschrieben, ganz einfach aufgeschrieben, was ihm richtig und wichtig erschienen wäre.

Jedenfalls damals, da war er so. 1933, da war er neunzehn. Man weiß natürlich nicht, wie er später geworden wäre. Jeder Mensch kann sich ändern, jeder ändert sich, da gibt es gar nichts, irgendwie wird jeder zurechtgestoßen vom Leben, und sieht man zurück und erinnert sich noch an das, was man damals eigentlich wollte – na ja, man nennt das schließlich Erfahrungen, und ich meine schon, es ist das Recht des Alters, Erfahrungen höher zu werten als Vorsätze, Pläne, Prinzipien. Wenn Hinrich Schrader tatsächlich in der Redaktion der ‚Nachrichten' gelandet wäre – natürlich, das ist nicht sehr wahrscheinlich; aber vielleicht hätte

Helma gerade ihn geheiratet und nicht mich, es gibt so viele Zufälle, und wenn man mit der Nichte eines Zeitungsverlegers verheiratet ist und schreiben kann, dann liegt es nahe, daß man in die Redaktion der Zeitung eintritt, warum auch nicht –, vielleicht hätte Hinrich dann auch seine Notizen gelassen und hätte die Glossen und Leitartikel und Spitzen geschrieben, die unsere Abonnenten und der Verleger gern lesen. Wenn man erst einmal drinsteckt in diesem Leben, dann macht man mit, man muß mitmachen, oder man wird gefressen, da helfen die besten Vorsätze nichts, da kann man lange zappeln.

Sein Vater war Arzt, der alte Medizinalrat Schrader, Vollbart und randlose Brille, die goldene Uhrkette im Halbrund über einen Bauch gespannt, der bei Dr. Schrader nur Embonpoint heißen konnte – eine Arztfigur aus der Zeit der Kaleschen und Kaisermanöver, und wirklich ließ er sich bis zu seinem Tode in einem offenen Wagen zu seinen Patienten kutschieren, zweispännig und offen zu jeder Jahreszeit, er verachtete die lärmenden, stinkenden Automobile. Hinrich war der Jüngste von sieben Geschwistern, einige seiner Nichten und Neffen waren älter als er, und als sein Vater gestorben war, lebte er allein mit seiner Mutter und wechselnden Dienstmädchen in dem alten Patrizierhaus am Graben, Herrscher über drei Zimmer und vier Mansarden, uneingeschränkter Erbe von vier- oder fünftausend Büchern, seine Mutter verweigerte ihm nichts, und er fand das selbstverständlich. Er wußte alles von Dingen, deren Namen wir nicht einmal gehört hatten, und er schämte sich nicht für sein Wissen. Er war nüchtern, er sah, verzeichnete, zeichnete auf. Er beschrieb ein Skelett, Scheitelbein, Schläfenbein, Jochbein, Stirnhöcker, Nasenbein, wußte die Wörter lateinisch, erklärte sie deutsch: Darmbeinschaufel, Kreuzbein – verstand nicht, was uns hinderte, Eileiter zu sagen, Gebärmutter, Schamspalte, kannte Rosennerv, Rosenvene und was noch mehr, ich habe nur die Namen behalten, beschrieb gelegentlich in sachlichen Worten, in winziger Schrift eine Erektion, Schwellkörper, Blutgefäßapparat, strotzend mit Blut gefüllt, gefäßerweiternde Nerven, das männliche Glied, das nervöse Zentralorgan im Lendenmark, rot, rosa, blaurot, heiß – er war unerbittlich genau, uns verschlug es das Lachen, das Grinsen. Alois Hempel stand auf und ging, das Benennen muß für ihn schon Sünde gewesen sein; so kamen wir doch noch zu unserem Gelächter an diesem Abend.

Ich möchte wissen, was Hinrich Schrader heute schreiben würde, nicht in literarischen Zeitschriften, das ist zu einfach, wer kümmert sich schon darum, auch nicht im ‚Volksblatt', sondern bei uns, in den ‚Nachrichten', Zeitung für christliche Kultur steht im Untertitel – niemals vergessen: Elternrecht, Ehen werden vor Gott geschlossen, Volkwartbund, Sakramente –, es könnte ja sein, daß es Hinrich Schrader dahin verschlagen hätte. Was er wohl schreiben würde an meiner Stelle, an meinem Schreibtisch, das möchte ich wissen. Ins Notizbuch kritzeln, einfach aufschreiben und beschreiben: Das kann man tun, wenn man achtzehn ist oder neunzehn und hat drei Zimmer und vier Mansarden und Geld genug, das ist kein Kunststück. Später muß man sich entscheiden, sich festlegen, wohl oder übel, man kann das nur ein paar Jahre lang aufschieben, zuletzt muß man Ja sagen oder Nein, auch wenn man manchmal viel lieber Nein und Ja sagen würde oder Vielleicht, man muß sich entscheiden.

Mein Vater hätte gern gesehen, wenn ich auch Lehrer geworden wäre: Sei doch vernünftig, Junge, was willst du denn eigentlich mehr – kannst tun, was du willst und schreiben, soviel du willst oder auch faul sein, dein Geld hast du immer: Hab ich mich totgearbeitet?!

Aber ich wollte nicht Lehrer werden, ich hatte geschmeckt, wie das ist: etwas selber machen, etwas schreiben, ein Publikum haben, gelobt, bewundert werden, und schon mein erster größerer Versuch, die Erzählung von den drei Reitern, wurde gedruckt und verkauft. Das war 1933, ich war erst zwanzig und wurde eine junge Hoffnung genannt, ein neuer Name, ein Künder sogar, obwohl ich bis dahin kaum etwas mit den Braunen zu tun gehabt hatte: Das Laute, Lärmende, der eiserne Stiefelschritt und die rauhen Lieder, drei-vier, hatten mich abgestoßen, ich war nicht besonders kräftig, Sturm und Hurra konnten mich nicht befeuern, auch das Frisch-fromm-fröhlich-frei der Deutschen Turnerschaft ließ mich kalt – mein Ort waren die farbigen Gärten der Phantasie, die leuchtende Welt vor dem Tor, Lieder ins Land hinein, die blitzenden Degen und Gerda, Inge, Waltraud, was niemand wissen, was ich nicht schreiben durfte, nicht schreiben konnte. Aber das kleine Buch, Pappband, 1.60, schlug einen Ton an, der damals gerade gesucht und gefragt war, eine zweite Auflage wurde gedruckt und verkauft, eine dritte vorbereitet. Ich wurde eingeladen zu Lesungen vor dreißig, vor fünfzig, vor zweihundert Hitlerjungen, trug plötzlich selbst das braune Hemd, Koppel und Schulterriemen, auf einer Großkundgebung las ich bei flackerndem Fackelschein, drei Reiter zogen durchs Tor hinaus, Deutschland ist groß und die Welt ist weit, wir tragen die Fahne ins Morgenrot, Heil dem Führer, dem Retter dem, Ehre, Gewehre, begehre, auch Verse schrieb ich wieder, sie wurden gedruckt, gelesen, gelobt, vertont und gesungen, und ich hätte es damals noch weit bringen können.

9. Juli

Der fünfzehnte Tag. Das Tal grüngrau, Dunst, keine Schatten. Frau Hückerath in der Küche, Porzellangeschepper, Schritte. Die ‚Nachrichten': Wilde Schießerei. Adenauer: Bringt die Finanzen in Ordnung! Kältefrei in Bremen. So ein Sommer. Amerikanerin erpreßt Düsseldorfer Millionär.

Keine Post von Helma, nichts, wieder nichts. Auch keine Post von Johannes. Der Junge schreibt keine Briefe. Ab und zu eine Ansichtspostkarte, Boston, Mass., Harvard Yard, das Schlachtfeld von, knallbunt, und an den Rand gekritzelte Grüße von Maggie – little Maggie –, oder von Janet, Sylvie, wer mag das sein? Johannes. Wie wird er wiederkommen? Groß, schlank, die Nase seines Großvaters, 18 Jahre jung, Austauschschüler – paß auf, Junge, halt dich! Und – also du weißt schon, ja? Bist ja kein Kind mehr.

Damals war Maggie dreizehn, jetzt ist sie siebzehn und weiß, was ein Mädchen von siebzehn tut und was nicht – dreizehn war sie und knickste, als ich mit Anne ins Haus kam – Sigi, our German friend – didn't you see Mom, Maggie? Mom war nicht zu Hause, natürlich, wir waren allein an dem Nachmittag, und Maggie wußte, daß wir allein sein wollten. Little Maggie, jetzt fährt sie mit Johannes, mit John fährt sie im Buick auf das Schlachtfeld von, zur Party in, auf den Campus von, an die Beach, die weißen Bikinistreifen, you are naughty, John, you shouldn't – oh no darling oh darling! Immer das gleiche, vor vier Jahren, Anne, in vier Jahren, immer, und wenn es hoch kommt, lieben sie sich, haben sie sich geliebt. Anne damals, wir fahren zu Grandma, Mom, ich zeige Sigi, sind morgen zurück oder übermorgen, Grandma freut sich, wir nehmen den Volkswagen – folksuagn, ich verstand erst gar nicht, was sie meinte – was? Our folksuagn! Sigi kam aus Germany, also fuhren wir mit dem Volkswagen, eine sommerblaue Straße hinauf in die Berge, die Wälder, weiße Säulenportale und Swimmingpools, Sonne, Schattengeflecht, wir haben Zeit, darling, Grandma wartet nicht, isn't it beautiful here, isn't it great? Und immer das gleiche: Brüste unter glattem Stoff, no no darling no, das helle Fleisch, rot, rosa, braun, darling – please! Aber dann ihre Hände, zweiundzwanzig Jahre alt, Anne, ein helles Mädchengesicht, make-up-glatt, ihre Hände wissen schon alles, können schon alles, ich mag das nicht, will das nicht – oh baby, you are perfect – oh, und die Sonne glüht durch das Dach, eng, viel zu eng, viel zu heiß ist es, love you, Grandma wartet, komm komm jetzt, darling, oh no, wir müssen. I love you, love.

Helma war dagegen, sie wollte den Jungen nicht fortgeben, nicht jetzt, nicht so lange; vielleicht, daß sie es ahnte – daß sie doch Bescheid weiß? Ein Jahr in Belmont, Massachusetts – die Leute sind reizend, Helma, wirklich, gar nicht amerikanisch, die Kinder gut erzogen, du brauchst dir keine Sorgen zu machen, ein Jahr, was ist das schon. Ein Jahr, dann ist hier alles zu Ende, alles gewesen – höchstens ein Jahr noch, kein schöner Anblick für den Jungen, soll er doch fahren, die Welt sehen, bunt und weit vor dem Tor, er kann hier nicht helfen, keiner kann Helma helfen, das muß jetzt ausgestanden werden und fertig – die Kur wird dir guttun, der letzte Befund war wieder negativ, ach wo, der Doktor belügt uns doch nicht, bestimmt nicht, alles in bester Ordnung, also ich schwöre dir, du bist gesund, deshalb haben sie dir doch die Brust.

Sie schreibt nicht. Was soll sie auch schreiben? Sie schreibt nicht gern. Sie glaubt nicht an Geschriebenes: Ich seh doch, was du schreibst!

Niemals hat sie an mich geglaubt: Ach was, du hast Zeit, Zeit genug – warum schreibst du denn nicht, was du schreiben willst? Jeden Tag kannst du anfangen – jeden Tag, bitte, erzähl mir doch nichts! Wenn du wirklich wolltest!

Was ich schreiben will. Nach zwei, nach drei Seiten holt die Skepsis mich ein, spätestens gegen Abend bin ich soweit, daß ich die Seiten zerreißen möchte, daß ich sie zerreiße, unlesbare Schnipsel – wenn ich / hat niemals / eibst du / nfangen / wenn i / du wie / ich wir /Seit – arum / nnst du / eiben wil / zwei Seiten / um schrei / ich die / rum nie / du. Nichts bleibt, nichts als ein paar Ansätze, Übungen, Versuche auf billigem Konzeptpapier, die niemanden interessieren als mich selbst.

Vielleicht, daß der Junge später mal liest, was ich geschrieben und nicht zerrissen habe; das wäre immerhin ein Leser, wahrscheinlich ein interessierter: Wie habe ich verschlungen, was mein Vater mir hinterlassen hat! Alle die Briefe und Tagebücher und Briefe, Briefe: Liebster, Du mein Großer, Geliebter, Du, Mein lieber lieber, Mein Wilhelm. Er hätte das alles verbrennen können, verbrennen sollen. Aber er wollte leben und weiterleben, er wollte dauern, auch darin. Er schämte sich nicht, bündelte alles zusammen, schrieb auf die Pappkartons: Sigurd! So war leben für ihn. Seine trockenen Tagebücher, knappe Daten, Befunde, Erinnerungszeichen: Am 17. bei Lucie, zweimal, beinahe hätte uns ihre Mutter. Freitag wieder mit. Martha diesmal, ganz überraschend. Übernachtung 16 Mark, gute Betten. Hilde sagt, sie hätte noch nie so. Tatsachen, Daten, Ausrufezeichen. Zahlen, Träume, Lügen.

Ich will aufschreiben, was ich bin – wie ich was geworden bin, wie meine Welt geworden ist, so, weshalb ich tue, was ich tue, weshalb ich anderes nicht tue, nicht tun kann. Mit zweiundfünfzig ist es zu spät, etwas anderes schreiben zu wollen als Beichten, Bekenntnisse. Wenn man mehr will, dann muß man nicht nur früh anfangen: Man muß dabeibleiben, Tag für Tag, und nicht zwischendurch und nebenher und nebenbei Si, das Wort zum Sonntag, Wider die maßlosen Spötter, Freiheit und Bindung, Sonderbericht unseres nach Cannes entsandten Si-Redaktionsmitgliedes, der Fernsehschirm als moralische Anstalt, Gesunde Familie gesunde – was sagt KNA denn dazu? Si. Und immer wieder Versuche, sonntags vor allem: Bitte, laß mich in Ruhe – nein, ich komme nicht mit, ich muß, ich will, versteh doch, ich muß nun endlich: krampfhafte Versuche, keine Hoffnung, die Tür schnappt zu, Helma geht mit Johannes spazieren, geht alleine spazieren, Johannes hat keine Lust, hat eine Verabredung, Freunde, Freundinnen, paß auf, Junge, komm nicht so spät, und ich allein, endlich:

Ich bin allein. Die Tür schnappt zu. Ihre Schritte im Treppenhaus, vor der Tür. Sonntagnachmittag. Stille, lähmend, zehrend. Was war noch? Wo war ich?

Der Mann, der am Sonntagnachmittag frei haben will von der Familie, ein durchschnittlicher Mann, ängstlich darauf bedacht, immer im Rahmen zu bleiben, nicht anzuecken, nach Vorschrift zu leben, alle Ordnungen einzuhalten, niemals bei Gelb über die Kreuzung, Haarschnitt wie jedermann, gestreifte Krawatte, blaugrau, Fischgrätenanzug, niemals mehr als zwei Schnäpse, nie eine andere Meinung vertreten, die Kinder sollen es einmal besser haben, wählt CDU, und am Sonntagnachmittag zu Hause allein: Ich muß noch, Herta, ich muß nun endlich, du weißt doch, der Brief wegen der Erbschaft, der Antrag zur Lebensversicherung, der Wackelkontakt, es tut mir auch leid, aber – sitzt allein in der Wohnung, bastelt wirklich am Radio, beginnt tatsächlich den Brief an den Schwager, liest sich in Lebensversicherungsparagraphen hinein, Kurze Todesfall-Versicherung mit Gewinnbeteiligung und Umtauschrecht (Tarif V), denn wenn ich wirklich sterbe: Wer soll beim Tod des Versicherten die versicherten Leistungen beziehen? Herta natürlich, obwohl sie, obwohl wir, obwohl ich: Ich habe einfach zu früh geheiratet, das sollte verboten werden, und die Kinder dann, die Pfarrer haben gut reden, und wenn ich sterbe, und wenn.

Allein. Er legt den Brief wieder fort, den Fragebogen, antwortet sich selbst, Sonntag für Sonntag: Beabsichtigen Sie, ins Ausland zu reisen? Wann? Wohin? Wie lange? Mit Flugzeug? Sagt dem Schwager die Meinung: Das Vertiko ist mindestens doppelt so wertvoll, und wenn Hanni das gute Geschirr haben will, dann wollen wir aber, das müßt Ihr einsehen, so könnt Ihr mit uns nicht. Schraubt die Papprückwand des Radios ab, vorher Netzstecker ziehen!, bläst den Staub von den Röhren, Pilze, Bomben, k.v., nie was gehabt. Leben Ihre leiblichen Eltern noch? Sind Ihre Geschwister gesund? Was können Sie über die Todesursache der Großeltern angeben? Wenn ich dann sterbe, wenn ich gestorben bin, was wird aus den Kindern, Aussteuer- und Ausbildungs-Versicherung, sie ist die beste Kinderversicherung. Heiratet die begünstigte Tochter beispielsweise vor dem vereinbarten Ablauf. Herta würde wieder heiraten, die kann ohne Mann nicht, aber das Grab wird sie trotzdem pflegen, das läßt sie sich von niemandem nachsagen, und die ‚Harmonia' wird singen, sie müssen sich dann einen neuen Tenor suchen.

Allein. Lebt, lebt und stirbt, lebt immer noch, lebt endlich: Mit Flugzeug? Wohin? Ohne Herta, Palmen, die schlanken Mädchen, braun, man ist noch immer – natürlich k.v., Unteroffizier, zweimal verwundet, aber wenn Deutschland, wenn das Vaterland, also wenn es sein müßte, auch mit vierzig ist man noch nicht, und im Grunde war es doch eine schöne.

Allein. Schraubt die Rückwand wieder ans Radio. Zerknüllt den angefangenen Brief. Vielleicht doch lieber eine Versicherung auf den Todes- und Erlebensfall. Die Fortschritts-Versicherung. Bis Herta zurückkommt, schimpfend, Heidi ist ausgerutscht, hingefallen, das Kleid ist hin, was glaubst du, wer macht das wieder sauber, kannst du nicht aufpassen, und wenn du nicht, Heidi brüllt, und der Junge ist müde. Ja, beinahe fertig, ich werde Paul mal kräftig Bescheid stoßen, der soll bloß nicht glauben, wir lassen uns schließlich. Wieso? Natürlich. Aber ich kann doch nicht alles auf einmal.

Frau Hückerath sagt, ich rauche zuviel. Über die leeren Flaschen verliert sie kein Wort, aber die Aschenbecher: Sie wissen doch selbst, Herr Doktor, wie das schadet! Mein Mann wollte auch nicht hören, Männer sind so was von unvernünftig, aber wenn es dann –. Kopfschüttelnd hinaus, die kurzen wichtigen Schritte. Wenig später kommt sie noch einmal, reißt im Wohnzimmer die Fenster auf, nebenan, fängt wieder an, es sei ja nicht auszuhalten und bestimmt nicht gesund. Herr Doktor!

Als ob mir daran läge zu leben, lange zu leben! Als ob mir so viel am Leben läge! Vor dem Krieg, damals, als alles noch vor mir lag, alle Einbildungen prall und leuchtend, alle Wünsche erfüllbar, warum denn nicht, phantastische Träume jede Nacht, jeden Tag: Da wollte ich leben, leben, die Welt blitzend und hell, aufwärts zu den klaren Gipfeln der Einsamkeit, Freunde, Mädchen, und immer Neues, noch nie Gefühltes, niemals vorher Gewußtes, Liebe, und wenn es Mauern gab, Mauern waren zu überwinden, und wenn es Grenzen gab – der Raum innerhalb der Grenzen war groß und fremd und unerforscht: weiß.

Jetzt lebe ich, zweiundfünfzig, lebe noch. Ich habe zweiacht im Monat, demnächst wahrscheinlich zweineun oder drei, nicht zu viel, nicht zu wenig – angemessen, könnte man sagen, obwohl ich nicht so viel arbeiten muß wie andere Kollegen, Kulturpolitik wird meistens nur zu den großen Fest- und Feiertagen wichtig, das weiß man lange vorher, oder wenn doch einmal etwas passiert, was die Leute oder die Kirche oder die Lehrerverbände aufregt – oder jetzt zum Beispiel, Grass auf Wahlkampftour, das fällt auch in mein Ressort; Pichel wird sich den Termin schon schnappen, er ist eifrig und kann was und will noch etwas. Mir ist mein Leben eigentlich so ganz recht. Gern würde ich noch ein Buch schreiben, deshalb dieser Urlaub allein zu Hause, sonst komme ich nie mehr dazu: endlich das Buch, mein Buch, das wäre schon etwas. Aber ich bin nicht so ehrgeizig, wie Helma meint, bin es nicht mehr. Ich habe das Haus, das Auto, ein paar gute Aktien, DEMAG wird auch wieder steigen, ein prämienbegünstigtes Sparkonto, was man so hat, dazu die Ansprüche an die Pensionskasse der ‚Nachrichten', auch die Lebensversicherung habe ich noch einmal aufgestockt, und im nächsten Jahr werde ich in den Landtag gewählt, Onkel Johannes hat mir das zugesagt, diesmal bestimmt, sie brauchen junge Kulturpolitiker, und ich bin jetzt alt genug, um für die Alten gerade noch jung zu sein, aber nicht mehr so jung, daß sie fürchten müßten, ich könnte ausbrechen aus dem Gewohnten, Bewährten. Ich weiß, was man in meinem Alter erwarten, was man erreichen kann.

STILÜBUNG

Wir wollen weiter wollen im christlichen Geiste wollen wir immer die Sitte die Heimat, brüderlich wollen wir müssen wir wollen jetzt endlich die Schranken wollen sie einreißen aufrichten wollen sie schließen, zumal da Gefahr droht, wachsam wollen wir werden wir aufmerksam weiter verfolgen das Elternrecht, zumal da die Linke gefährlich der Osten die Schranken wollen wir brüderlich, gerade in unseren Familien, aber den Rechtsstandpunkt wollen wir niemals müssen wir immer das Elternrecht wollen wir selbstverständlich niemals vergessen die altbewährten die Basis, unsere Verfassung unsere Verdienste ganz ohne Zweifel, den Glauben wollen wir weiter wollen wir immer, zumal da die Schranken keineswegs wollen wir ist zu erwägen ist zu bedenken gerade in unserer haltlosen Zeit das Elternrecht das Naturrecht müssen wir selbstverständlich werden wir niemals, unsere Prinzipien werden wir immer und nicht vergessen, zumal da die Heimat die Sitte die Freiheit der Glaube verantwortlich müssen wir heute gerade heute wollen wir weiter wachsam und brüderlich.

Das kann ich. Das beherrsche ich. Schon vor drei Jahren hätte ich Abgeordneter werden können, vielleicht schon vor sieben Jahren – ein bißchen zu jung noch, gewiß, aber warum eigentlich nicht, das hätte sich einrichten lassen, Onkel Johannes war mit dem Fraktionsvorsitzenden befreundet, und ein Abgeordneter hebt den Ruf einer Zeitung, seiner Zeitung, ein sicherer Wahlkreis hätte sich auch gefunden. Aber Helma wollte das nicht: Soll ich denn auch noch jedes Wochenende allein, oder glaubst du, ich habe Lust, und jeden Sonntag zur Kirche, natürlich, erzähl mir doch nichts, wir haben doch alles, was willst du dich ärgern, dich hat nur wieder der Ehrgeiz, dann mußt du bestimmt, wir müssen, erzähl mir doch nichts, jeden Sonntag, ich weiß Bescheid, wenn du nur nicht immer so ehrgeizig ehrgeizig, an mich denkst du gar nicht, schließlich, ich will, und ich will nicht, und du, wann willst du eigentlich deinen Roman?

Ich habe es immer wieder versucht. Ich habe immer wieder begonnen zu schreiben. In meinem Schreibtisch, links in der Mitte, die Aktendeckel mit den Anfängen, drei, vier Blätter manchmal nur, manchmal zwanzig, einmal dreiundfünfzig Schreibmaschinenseiten (als Helma zum erstenmal operiert wurde): Geschichten, Erinnertes, Erfundenes, leicht und rasch heruntergetippt – ich kann wieder schreiben, ich kann! –, krampfhaft Wort für Wort aneinandergefügt, ineinandergefügt, je nachdem. Ich bildete mir ein, ich müßte nur wieder beginnen, beim Schreiben würden die Kraft und der Schwung, die Bedenkenlosigkeit meiner Jugendjahre sich wieder einstellen: Drei Reiter zum

Tor hinaus, blitzende Degen und Mut, Mut. Ich meinte, ich müßte einfach wieder anfangen: einen Einfall aufschreiben, ausspinnen, weiterspinnen, dann würde sich ganz von selbst aus dem Kleinen das Große, aus den Einzelheiten ein Ganzes zusammenfügen. Schraders schwarzes Notizheft. Ich erfand Menschen, Figuren, dachte mir Namen aus, Gesichter, oder ich dachte zurück, dachte an Baumann, Becker, Ellermann, Hempel – Pause –, an Jahnke, Mannemann, Niebuhr, Poll. Ich stellte die vor mich hin, die nicht mehr dawaren, nie mehr: den langen, schlaksigen Baumann, Horst Baumann was wäre aus ihm geworden, wenn nicht ein Volltreffer ihn erwischt hätte, nicht einmal die Erkennungsmarke wurde gefunden? –, den dicken Becker, Walther Becker mit th, ob der sich wohl ums Leben gefressen hätte, Herzinfarkt mit fünfundvierzig, achtundvierzig, oder vielleicht hätte er eine sparsame, hagere Frau bekommen, damals hatte er es mit Ingrid Zarrenthin, die war so ein aschblonder Typ, Quark ist gesund und preiswert, da hätte er nichts zu lachen gehabt. Ich dachte mir aus, malte mir aus, wie Hempel und Rosner, Rosner und Schrader und Waterpuhl gelebt hätten, der kleine Zänk, wie sie jetzt leben würden – Geschichten, Schicksale, wer weiß, wenn Helma zufällig Hinrich Schrader gefunden und geheiratet hätte, oder wenn Waterpuhl überlebt hätte, Rolf Waterpuhl, der keine Aufsätze schreiben konnte, beim Schreiben stockte ihm seine Phantasie, aber Geschichten wußte er, Geschichten erlebte er wie keiner, immer, wenn man ihn traf, hatte er Neues erlebt, erfahren: Stell dir bloß vor! Es war, als ob das Schicksal Spaß daran hätte, ihn in die Knoten und Schleifen und Schlingen des Lebens einzuflechten: Wo Waterpuhl war, war etwas los, und selbst der trockene Alltag füllte sich ihm mit alltäglich absonderlichen Erlebnissen - ich habe das meiste vergessen, doch wenn wir uns trafen, Waterpuhl fiel nicht auf, er sah normal aus wie irgendein Bankangestellter, irgendein Lehrer, Bürovorsteher: Plötzlich stand er vor mir, er hatte mich längst gesehen, lachte ein bißchen, und nach drei Worten wiegehtswiestehts erzählte er schon – was, das weißt du noch nicht? Also stell dir vor! Waterpuhl war Vermessungsbeamter, Geodät, er blieb im Lande, in Herseburg, erst der Krieg trieb ihn umher, er hockte auf irgendwelchen Schreibstuben in Frankreich – als er den Rotweinwaggon organisierte –, in der Ukraine, plötzlich kam er auf Urlaub aus Rom, und Waterpuhl lag in einer Kasematte des Schweren Kreuzers ‚Prinz Eugen', auf der Überfahrt nach Norwegen, als der Torpedo traf, eigentlich hätte die Kasematte mit – wieviel? – Schuß Artilleriemunition hochgehen müssen, stell dir vor: Das wirft mich gegen die Decke, und ich denke schon: Mensch, Junge, jetzt aber – nichts weiter war passiert, jedenfalls Waterpuhl nicht, und zwei Wochen später fiel es einem englischen Bomberpiloten ein, gerade dort seine Ladung auszulösen, wo Waterpuhl in einer Baracke saß und Strichlisten durchsah, plötzlich saß er im Freien, er wird wohl gelegen haben, doch unverletzt – solche Dinge passierten ihm immer wieder, sogar mit der Gestapo geriet er in Konflikt, obwohl er gar nichts getan hatte, wie werd ich: Irgend jemand hatte auf irgendeinem Bahnhof seinen Tornister verwechselt, vertauscht, plötzlich pfiff es, lief es um ihn herum, Waterpuhl stand am Schalter und wartete auf seinen Tornister und wußte von nichts, plötzlich war er verhaftet, er hatte die Nummer vorgezeigt, oder vielmehr: Auf seinen Tornister war eine falsche Nummer geheftet worden, so war er in den Besitz von drei scharfen Zündern gekommen: Stell dir vor, und der andere saß irgendwo sonst und wunderte sich über die Dosenleberwurst, die ich mitgebracht hatte – an der Biskaya geriet Waterpuhl am hellen Sonntagnachmittag, als er durch die Trümmer einer Normannenburg spazierte, in das Waffenarsenal einer Widerstandsgruppe, sprach aber so gut Französisch und wußte die geschichtlichen Hintergründe des Fleckens in seinem dezenten Plauderton so anschaulich zu machen – irgendwie jedenfalls kam er wieder frei, es klang unglaublich, aber er stand vor mir, Obergefreiter Waterpuhl, und stell dir vor: Das Schicksal verwob ihn in immer neue Abenteuer, denen er, selbst stets von neuem verblüfft, kopfschüttelnd zusah, Stabsgefreiter zuletzt, und wirklich traf ihn auch keine Kugel, kein Splitter, nichts ritzte ihn, sondern er starb, ganz unerwartet – er selbst wird das nicht geglaubt haben – an einer Portion verdorbenen Muschelsalats, gegen Kriegsende fehlte es an Konservierungsmitteln, und trotz der Warnung der Kriegerwitwe, die ihm ihre Sonderzuteilung hatte zukommen lassen, hatte er den Salat übers Wochenende in seinem Spind verwahrt.

Eine Geschichte, ein Schicksal? Ich fürchte, ich weiß zu wenig. Das liegt da alles, links im mittleren Zug, verfärbte Aktendeckel, ein bißchen staubig, gilbendes Papier, gestapelt, begraben in meinem Schreibtisch, und ich weiß nicht einmal, ob ich darüber traurig sein soll. Man muß wissen, was man kann. Man muß lernen, was man nicht kann. Manchmal stelle ich mir vor, ich hätte dies oder jenes fertig geschrieben, hätte eine der vielen Geschichten aus- und zu Ende gesponnen bis Seite 221 oder 285, sie wäre gedruckt worden, 1953 vielleicht oder 1958, es wird so vieles gedruckt, warum nicht eine Erzählung des Jugendbuchautors Sigurd Scherf, ein kleiner Roman – sicher hätte sich irgendein Verlag gefunden, man weiß doch inzwischen, wie so etwas gemacht wird, Auflage dreitausend, wir binden erst mal nur tausend und schieben den Rest nach, wenn das Buch ankommt – erschienen 1953 oder 1959 zur Messe, Leinen, lackierter Schutzumschlag, 16 Mark 80, Besprechungsexemplare an fünfzig Zeitungen und hundert Freunde, irgendwas wird schon kommen – und es wäre gekommen: Ein neuer Name in unserer, Lücke geschlossen, noch nicht vollkommen aber durchaus, die Stillen im Lande, wird man sich merken, geschliffene Prosa, ein großer Wurf, abseits vom Literaturgetriebe, nur zu bekannte Schriftstellergruppe, die sich gegenseitig, endlich einmal ein Buch mit Substanz, mit Atem, mit Hintergrund, endlich einmal, endlich ein. Und am Jahresende 887 verkauft, 917 vielleicht, noch 198, abzüglich Remittenden, im letzten Halbjahr nur 67, wir müssen mal sehn, wir müssen versuchen, wir müssen vielleicht verramschen, unauffällig natürlich, schreiben Sie doch was anderes, mehr in der Richtung, sagen wir – verstehn Sie, so was kommt an, das lesen die Leute, das wollen die Leute, ich will Ihnen natürlich keine Vorschriften, aber. Und nach zwei Jahren vergessen. Scherf? Irgendein Jugendbuchautor, ich glaube, der hat schon bei den Nazis, irgendwas war da, sieh mal im Kürschner nach, jedenfalls untere Mittellage, ferner liefen, an sich wohl nicht mal ganz schlecht, ich hab's nicht gelesen, man kann doch nicht jeden Mist.

Ich habe nicht mehr den Mut, mir Geschichten auszudenken. Ich will nur noch sagen, was ist, was mit mir ist, ehrlich, was mit mir war. Wenn ich das sagen und schreiben könnte! Manchmal fürchte ich, daß ich einer von denen bin, die immer und immer wieder geträumt und gesagt und geschworen haben, sie würden bestimmt noch einmal ein großes Buch schreiben, den Roman unserer Zeit, auf den die Welt wartet – was meinst du, bei meinen Erfahrungen, was ich gesehen habe in meinem Leben! –, nur ein bißchen mehr Zeit müßte man haben, als Redakteur muß man immer, als Fernsehreporter, man kann eben nicht, und erst noch die zweite Hypothek abtragen, und sonntags will meine Frau, wenn man bloß nicht so eingespannt wäre, vielleicht jetzt erst mal ein Sachbuch, das ist gefragt, das zieht, und der Funk zahlt für zehn Minuten, also das muß man auch berücksichtigen als Familienvater, und ich brauche den großen Wagen, was willst du, mal will man auch was vom Leben haben, und die Kinder sollen es mal. Ich fürchte, ich schaffe es nicht mehr. Vielleicht hätte ich es gekonnt, früher einmal. Aber ich wurde 1913 geboren, ich war fünf Jahre alt, als die grauen Truppen mit roten Armbinden und Blumen am Helm durch unsere Straße zogen, Regen, Regen, und ich war zwanzig im Jahre 1933, als mein erstes Buch gedruckt und gelobt wurde, eine junge Begabung, ein Name, den wir uns merken müssen, Künder der neuen Zeit – damals, als die braunen Trupps durch unsere Straße marschierten, Steige hoch du roter Adler, und etwas begann, das tausend Jahre dauern sollte oder mehr, ein breiter, mächtiger Strom, der mich mitriß und trug, der uns alle trug, beinahe alle, Deutschland, Vaterland, und weil ich getragen wurde, war ich sicher, daß alles so - gerade so, wie es geschah – richtig und recht war, und nicht einmal das machte mich mißtrauisch, daß mein Vater auf dem gleichen Wege marschierte, im gleichen Schritt.

Wie das sagen? Wie kann ich das schreiben? Wer glaubt mir, daß ich damals zwanzig war, kein Jahr mehr, kein Jahr weniger, und wer weiß, wie das ist, wie das damals war: Zwanzig sein? Es gibt nur Hinweise.

Verteidiger: Verfahren gegen Klehr einstellen

Frankfurt (ap): Die Einstellung des Verfahrens aus Gründen der Verjährung hat die Verteidigung für den 60 Jahre alten ehemaligen SS-Sanitäter Josef Klehr am Donnerstag im Frankfurter Auschwitz-Prozeß gefordert. Die Staatsanwaltschaft und die Nebenklage hatten für Klehr, der nach Zeugenaussagen etwa 20 000 bis 30 000 Häftlinge des Lagers Auschwitz durch Phenolspritzen getötet haben soll, lebenslang Zuchthaus gefordert.

Klehrs Verteidiger sagte, sein Mandant könne lediglich der Beihilfe zum Totschlag für schuldig befunden werden. Da aber dieses Verbrechen inzwischen verjährt sei, forderte er die Einstellung des Verfahrens.

Der Rechtsanwalt betonte, daß der frühere SS-Sanitäter seiner Ansicht nach eigentlich hätte freigesprochen werden müssen, da er nur staatliche Befehle ausgeführt und nur die Funktion eines Henkers ausgeübt habe. Klehr wurde von seinem Verteidiger als primitiver, kritikloser Befehlsempfänger charakterisiert. Er habe damals zwar öfter versucht, sich an die Front zu melden, was ihm jedoch niemals gelungen sei. Nur der „politische und militärische Hochadel“ hat sich nach den Worten des Verteidigers von der „schmutzigen Arbeit“ befreien können, aber nicht ein so „kleines Würstchen“ wie der ehemalige SS-Oberscharführer Klehr, der ab Juni 1942 in Auschwitz nur noch desinfiziert und Kaninchen gezüchtet habe.

Variation: Kürzungen

Nur Funktionen der Verjährung Sanitäter nur Funktionen 20 000 30 000 durch Phenol nur Funktionen Totschlag Arbeit Sanitäter 20 000 30 000 nur Funktionen des Verfahrens freigesprochen eigentlich nur Befehle nur Funktionen von der Arbeit kleines Würstchen „kleines Würstchen“ nur Funktionen Klehr Klehr der ab Juni Klehr der in Auschwitz Klehr Klehr nur Funktionen 20 000 30000 nur Kaninchen Klehr nur Funktionen desinfiziert.

Der Rechtsanwalt sagte betonte erklärte meinte beschwor die Geschworenen in sachlichem Ton führte er aus, daß der frühere SS-Sanitäter früher mal einmal so lange schon her Sanitäter ehemals Hilfe barmherziger Samariter, daß Klehr eigentlich seiner Ansicht nach meiner Meinung nach eigentlich und das ist die wohlbegründete Meinung vieler und ehrenwerter, das ist die Meinung des Volkes, der breiten unschuldigen Masse, hören Sie sich doch um, eigentlich hätte er freigesprochen hätte er eigentlich längst schon entlassen werden hätte er eigentlich gar nicht erst unschuldig eingekerkert, er hätte nach meiner Meinung, und das ist die wohlbegründete Meinung breiter Schichten, fragen Sie doch den Mann von der Straße, und auch in der Bundesregierung, meine Herren, wir wollen uns doch nichts vormachen, Klehr hätte freigesprochen werden müssen, eigentlich gab es gar keine andere Wahl, gar keine andere Möglichkeit, gar keinen Zweifel, in unserem Rechtsstaat muß Recht Recht, selbstverständlich, da er bewiesenermaßen nur weil er bestimmt nur zumal da er ganz ohne Zweifel nur staatliche Befehle staatliche Weisungen tatsächlich nur seine Befehle ausgeführt hat, was sollte er, selbstverständlich Befehle ganz selbstverständlich, was sollte er schließlich, er konnte doch gar nicht, da kann doch nicht jeder, da darf nicht jeder, Ordnung muß Ordnung, da kann eben keiner, ein ganz kleines Würstchen nur die Funktion eines Henkers, die Tätigkeit die Beschäftigung eines Henkers nur auf Befehl, schließlich war Krieg, Ordnung muß Ordnung, den Beruf eines Henkers, das Amt eines Henkers, den Dienst eines Henkers, immer im Dienst seine Pflicht, nicht mehr.

Nur in Punkten kann ich fassen, was war: Worte, Wortspiele, Anekdoten, Geschichten ohne Anfang und Schluß. Habe ich etwas gewußt? Habe ich nichts gewußt? Ich weiß es nicht mehr. Was soll ich schwören? Mit zwanzig war ich eine junge Begabung, eine Hoffnung, ein Künder, Gestalter, ich las an Lagerfeuern meine Geschichten vor, drei Reiter zogen, den Blick in die Zukunft aufwärts, ein neues, ein sauberes, größeres, reineres Deutschland, Vaterland, heiliges Land, du bist nichts dein Volk ist alles, Deutschland, du wirst leuchtend stehn mögen wir auch untergehn, mit unseren Fahnen ist der Sieg, schon wanket Judas Thron, warum jetzt noch zweifeln, es gibt kein Zurück mehr, zum Kampf sind wir geboren. Das haben wir gesungen, das habe ich geglaubt, eine ganze Zeit lang, viel zu lange habe ich das geglaubt, auch dann noch, als niemand mich mehr zum Vorlesen einlud, als der mächtige Strom mich zur Seite gespült hatte, Strandgut, Abfall, Schlacke, Müll. Überall stieß ich auf Wände, plötzlich, oder ich stieß ins Leere. Keiner wollte mich, keiner wollte mein neues Buch. Trotzdem glaubte ich noch, ich war einundzwanzig und glaubte und merkte nichts.

Im März 1933 hatten wir das Abitur gemacht, Baumann, Becker, Ellermann, Hempel: Keiner war durchgefallen, der Klassenrhythmus war bis zuletzt erhalten geblieben: Jahnke, Mannemann, Niebuhr, Poll und die Schlußmelodie bis Zänk. Schrader hatte sogar mit Auszeichnung bestanden, er hielt die Ansprache bei der Entlassungsfeier, und spät in der Nacht brachten wir ihn noch einmal dazu, aus seinem schwarzen Oktavheft vorzulesen. Es waren aber noch zwei Lehrer dabei, Dr. Hermann und Schütz, und Herr Schütz lachte nicht, sondern er schlug auf den Tisch, bodenlos! und unglaublich! und Schweinerei und zersetzend!, das kann ich nicht durchgehen lassen, das werde ich nicht durchgehen lassen, Sie sind mein Zeuge, Herr Dr. Hermann, Sie werden zugeben müssen, daß eine solche Haltung – und beinahe hätte Hinrich Schrader sein Abiturzeugnis wieder eingebüßt, mangelnde sittliche Reife, zersetzende staatsgefährdende undeutsche, gerade heute im Zeichen, geradezu jüdisch; doch in der Konferenz drang Herr Schütz nicht durch, Herr Dr. Hermann erinnerte sich nicht an Einzelheiten, möglicherweise hatte Schrader auch etwas zuviel getrunken, man solle ihm doch die Möglichkeit der Bewährung: Hinrich Schrader konnte studieren.

Ich war zu Hause der Älteste, drei Schwestern von siebzehn, sechzehn und elf, das Geld reichte nicht weiter als für das Notwendigste, meine Mutter machte im Hause alles allein, nur einmal im Monat die Waschfrau und Gerda einmal oder zweimal wöchentlich, die fünfzig Pfennige bezahlte meistens mein Vater aus seiner Tasche. Für die Kartoffeln hatten wir ein Stück Land vor der Stadt gepachtet, wir holten die Ernte mit dem Handwagen in den Keller, alle Kleider nähte meine Mutter selbst, mein Abituranzug kostete Raten bis 1934, Vater trug die braune Uniformhose auch zum Unterricht, nur sonntags leistete er sich eine Packung Trommler oder Eckstein oder Ernst August, in der Woche drehte er seine Zigaretten aus Krüllschnitt. Ich konnte nicht an Studieren denken, ich dachte nicht daran.

Ich wollte schreiben, ich schrieb, und ich hatte Glück: Nach dem überraschenden Erfolg meiner Erzählung gab der Verlag mir einen Vorschuß, bei Schraders am Graben konnte ich ungestört in einer Mansarde arbeiten, und im Sommer begann es dann, daß ich zu Lesungen eingeladen wurde. Das war nicht selbstverständlich damals, keineswegs, und ich wußte auch, wem ich mein Glück zu verdanken hatte: Ein Kriegskamerad meines Vaters – prächtiger Kerl, ich schreib ihm mal – war plötzlich einflußreich geworden, sein Arm reichte bis in einige Redaktionen hinein, ich konnte mich über kräftiges Lob freuen, mit hundertzwölf Seiten in schlichtem Pappband war ich fast über Nacht jemand geworden, ein Name, den wir uns – die Welt war hell und weit, ich schrieb und hatte ein Publikum, und im Herbst 1934, spätestens im Frühling 1935 sollte mein erster Roman herauskommen – das wird ein Erfolg, gar keine Frage, das muß ein Erfolg werden!

Aber das Buch erschien nicht, damals nicht und niemals, und ich wurde nicht wieder zu Lesungen eingeladen, niemand wollte mich, ich stieß gegen Mauern, in Watte, und auch mein Vater wurde nicht Rektor, obwohl er das schon für sicher gehalten hatte. Der Kriegskamerad – nur einer aus meiner Kompanie, pflegte mein Vater sich zu entschuldigen, wir lagen eine Zeitlang im gleichen Unterstand und damals ist mir nichts an ihm aufgefallen, wirklich nicht! – war am 30. Juni 1934 als Verräter an der nationalen Revolution entlarvt und erschossen worden, der Führer hatte das und alles für rechtens erklärt, verdiente Strafe für schamloses Gesindel, ehrlose Gesellen, Verbrecher am deutschen Volk, der Schlange den Kopf ab! Plötzlich befand ich mich in einem leeren Raum, keine Zeitungsausschnitte mehr, keine freundlichen Briefe des Verlagsleiters, bedauern wir sehr, unter den gegenwärtigen Umständen: Mein Manuskript kam als unzulänglich zurück, sehen wir leider keine Möglichkeit, auch eine

Umarbeitung erscheint nicht sinnvoll, später vielleicht. Mein Antrag auf Aufnahme in die Reichsschrifttumskammer wurde abgelehnt, und niemand glaubte mir, daß ich schuldlos war.

STILÜBUNG

Porträt 1934.

Gelbliches Passepartout, Fotografen-Bütten, links unten das Signum: Eilers, Künstleraufnahme, sorgfältig ausgeleuchtet, ein Kopf. Der Kopf genau in die Diagonale des Bildes gestellt, der Hintergrund aufgehellt, abgeschattet zum Rand hin, rechts oben ein tieferer Schatten. Das Gesicht mit Seitenlicht schmal gemacht, aller Ausdruck in die Augen gelegt, der Blick am Betrachter vorbei nach rechts oben – viel Haltung darin, Wille, Glaube, Vollendung, etwas zuviel. 1934. Die Nase lang, schlank, die Stirn nicht sehr hoch, nicht sehr breit, das volle Haar weich zurückgekämmt, an den Schläfen ein bißchen gekräuselt, gewellt. Der Mund paßt nicht in das Gesicht: Er ist zu groß. Die Oberlippe doppelt geschwungen, die Unterlippe sinnlich und breit, Glanzlicht, als wäre sie feucht, sie betont das runde Kinn, das vor dem schattendunklen Hals kräftig, energisch wirkt. 1934: So sah der Fotograf Eilers am Markt einen jungen Dichter, so sah ich mich (das beste von fünf Bildern – alle gut, Herr Eilers, aber dies ist das beste, wirklich, ganz ausgezeichnet!)

Ich konnte es nicht begreifen. Ich sah es nicht ein: Sie müssen mich doch, ich will doch nur, nur für Deutschland, und Deutschland braucht, ich will ich werde ich kann: Ehre, beschwere, begehre – ich lasse mich nicht so, so einfach lasse ich mich nicht: nieder, wieder, Lieder – ich habe noch niemals, habe immer: blenden, wenden, vollenden – was habe ich denn getan?

Aber es hörte mich niemand. Nun warte doch erst mal ab, Junge. Das war eben Pech! Niemand druckte mich. Niemand las mich. Ich hatte kein Publikum mehr. Ich habe dir ja gesagt, als Lehrer kannst du immer tun, was du.

Dreimal, fünfmal schrieb ich meinen Roman um, einzelne Seiten, Passagen, ganze Kapitel: Erlaube ich mir höflichst, Ihnen vorzulegen, wobei ich auf den starken Erfolg meiner Erzählung ‚Drei Reiter‘ hinweisen darf, Rezensionen füge ich bei. Manchmal kam ein freundlicher Brief, man werde selbstverständlich gern prüfen, grundsätzlich sei man keineswegs abgeneigt, man werde sehen, es bedürfe noch einiger abschließender Überlegungen, die augenblickliche Lage, die letzte Entscheidung habe der Verleger sich vorbehalten, der gegenwärtig. Dann lag das Manuskript wieder auf meinem Tisch, Nachporto fünfzig Pfennige. Im Frühjahr 1935 waren die Blätter so zerlesen, zerknickt, daß ich das Manuskript nicht mehr anbieten konnte. Ich begann, es abzuschreiben, schrieb es noch einmal um. Aber ich kam nur bis auf Seite siebzig oder achtzig, dann gab ich es auf: Ich konnte selbst nicht mehr lesen, was ich geschrieben hatte, und ich mußte Geld verdienen.

10. Juli

Nachts aufgewacht. Drängend der Wind an den Rolläden. Aufgestanden, halb vier, und gelesen, was ich gestern geschrieben habe. Ein einziges Wort kann alle Bezüge verändern, verfälschen, das kleine „aber“, bedacht oder unbedacht hingesetzt: „Aber ich wurde 1913 geboren.“ Das Aber will entschuldigen, soll mich lossprechen, Verantwortung von mir nehmen: als ob der Jahrgang darüber entscheiden könnte, was einer wird, was einer nicht wird, was einer ist! Als ob eine Jahreszahl jemanden freisprechen könnte, der nachts nicht schlafen kann! 1913 wurde ich geboren, und ich war zwanzig Jahre alt, als das braune Reich begann. Aber ich hätte wählen können, auch damals, keine Ausrede sticht, und tatsächlich habe ich auch gewählt, blind, taub, blöde habe ich mich entschieden für einen Vorteil, den ich mit meinen Händen greifen konnte und greifen wollte: eine junge Hoffnung, ein Künder Gestalter, ein Name, den wir uns merken – das war es, das war mir genug. Ich war nicht nur zwanzig damals und jung: Ich war auch damals schon ich, auf raschen Nutzen und breite Geltung bedacht – ein Träumer, der nichts dabei fand, seine Träume auszurechnen und aufzurechnen, ein Künder, der nur zu bereitwillig verkündete, was Beifall versprach.

Wenn man will, kann man in dem, was ich schreibe, Einsichten entdecken. Allerdings, wenn ich ehrlich bin – und es bleibt mir nichts anderes, als ehrlich zu sein –, muß ich mir eingestehen, daß ich selbst nicht nach diesen Einsichten lebe, immer noch nicht. Man ist zweiundfünfzig, und eigentlich ist man fertig. Es reicht für den Alltag, es reicht für den Sonntag. Was soll das noch. Aber nachts schläft man schlecht, und Barbiturate verschieben die Alpträume nur auf den anderen Tag, die andere Nacht.

Vormittags müde. Anderthalb Stunden legt Frau Hückerath ihre Lärmspur durch das Haus, macht sonntagsrein. Die ‚Nachrichten‘: Harte Kritik Erhards an Interessengruppen. Das könnte in Zukunft nicht so. Johnson: Die Lage ist ernst. Wir erwarten, daß der Krieg schlimmer wird, ehe eine Wendung zum Besseren einsetzt. An der Westflanke des umfangreichen skandinavischen Tiefs. Pappritz: Es wird augenblicklich zuviel handgeküßt.

Was schreibt denn Frau Doktor, Herr Doktor?

(Nichts. Sie schreibt nicht.) Danke, es geht ihr. – Ja, sicher, Frau Hückerath, sicher. Den Umständen nach.

Warum schreibt sie nicht? Wenigstens eine Karte. Sonst hat sie doch auch. Eigentlich könnte sie.

Dem Staubsaugerdröhnen entflohen, bescheidener Sonnenglanz über dem Tal, wie lange wohl, langsam den Wiesenweg heim, mein glotzendes Fenster, darunter der Gitterzaun, dunkel. Im Briefkasten Versicherungsschutz für die ganze Familie, Verantwortung, Ellener Goldtröpfchen, ein Brief von Hildegunde: Ob wir nicht Mutters Kommode, Ihr braucht sie doch sicher nicht, Hartmut kommt nächstens mal und will das mit Dir, auch wegen dem Grabstein, sonst gut, an die Costa del Sol, und viele herzliche Grüße, auch von, und besonders auch Helma, hoffentlich, Deine.

Nichts von Helma, wieder nichts. Am 25. Juni ist sie gefahren – du brauchst mich nicht hinzubringen, bitte, ich möchte viel lieber, wirklich, ich fahre natürlich Erster – also gut, wenn du meinst – ich nehme dann eine Taxe, ich möchte nicht, daß du. Vom 3. Juli die letzte Karte: schon besser.

Vielleicht schreibt sie morgen wieder, dann wäre der Brief am Dienstag hier, was soll schon sein. Ich könnte ihr auch mal etwas ausführlicher – oder einfach anrufen; ärgerlich, wenn man kein Telefon hat. Eine Karte könnte sie aber doch.

Die ‚Nachrichten', Samstag, 10. Juli 1965. Kritik Erhards. Gesundung am Rentenmarkt. Wir erwarten, daß der Krieg. Moskau! Moskau 960 DM! Frankfurt – *Frankfurt, Prag, Warschau, Minsk, Smolensk, Moskau.*

Sonderprospekte, Beratung und Anmeldung. 960 Mark. Frankfurt Prag. Prag, die goldene, Prag im September, schwarze Uniformen am Bahnhof, Septembergold in der Moldau, über den Marktständen bunte Schirme, und schwarze Stiefel, schmutziggraue Fassaden, Ihr Marschbefehl! Der Rittersaal, gesponnene Gewölbe, Traumwald aus Stein, schwingende Kirchen, und schwarze Uniformen, Ihr Marschbefehl!, spiegelnde Stiefelschäfte, Treppen hinauf, hinunter, Gassen, der abendglühende Strom,

Kirchendämmerung, Gold und prunkender Höllensturz, nackt und wohin, Ihr Marschbefehl!, schwarz. Prag 1943.

Sie sprach deutsch, ein Name – vergessen, aber noch immer das kühle marmorne Treppenhaus, ein Schild Mezzanin, oben kein Marmor mehr, Nicht so laut, bitte – bitte! Brot, bitte nicht, bitte nicht so – bitte. Der Blick über die grauen Dächer, blaugrau gegen die weiche Dämmerung, ihr Körper war zierlich, Rippenknochen unter den kleinen Brüsten. Genauer: Sie tat so, als ginge ihr Körper sie nichts an, als entkleidete sie einen anderen Körper. Brot, bitte. Sie stellte den Körper mir zur Verfügung. Das flache Bett unter der Dachschräge. Bitte. In dem schwindenden Licht, in der Nachtdämmerung die kleinen Schattentäler unter ihrem Hals, unter den Brüsten, über den Lenden, ein Mädchen, ein Schulkind vielleicht, und plötzlich sprach sie zu mir, sah mich an, ließ mich tun und sprach zu mir in ihrer Sprache, nichts verstand ich, kein Wort, sie sprach und sah mich mit großen Augen an, ernsthaft, antwortete nicht, als ich sie fragte – aber du sprichst doch deutsch! –, bewegte sich unter mir, als bewegte sie einen anderen Körper, sprach, flüsterte. Sie weinte nicht. Sie war wie ausgetrocknet. Dann kamen die Schritte, Schritte eilig die Treppe herauf, der Körper erstarrte, drängte sich gegen mich, unter mich, schwere Schritte, sie verhielten auf dem Treppenabsatz, jemand keuchte, ein Mann? Die Schritte schlichen vorüber, Türenknarren, Dielenknarren nebenan. Sie schüttelte den Kopf, sagte kein Wort mehr. Wir bewegten uns nicht. Später kamen noch mehr, andere Schritte, Stiefel, unverständliche Stimmen, Geräusche von Metall. Gewehrschlösser? Wir lagen zusammen, ihr Körper und ich, blieben zusammen bis zur Dämmerung, blaugraublau im Fensterausschnitt, als die Tür nebenan knarrte, Schritte tappten vorüber, stiegen die Treppe hinunter, Murmeln im Treppenhaus. Stille. Ein Türschlag. Geh, sagte sie, geh schnell und komm nicht wieder, nie, nie, nie.

Prag, die goldene Stadt. Sonderprospekte. Beratung und Anmeldung. 960 Mark. Und Warschau.

Ich verstand gar nicht, was sie wollten, was sie meinten. Das geht nicht, Mensch, das ist lebensgefährlich!

Ich verstand sie nicht. Warum denn nicht? Ist was Besonderes? Nee, sagte Wallossek, gar nichts Besonderes, das ist hier nämlich immer so, verstehst du?! Aber wenn du dich unbedingt in ne dauerhafte Horizontale bringen willst – meinetwegen, bitte sehr! Wohin solln wir deine Sachen schicken?

Warschau am 29. Juli 1944. Ich weiß das Datum genau, weil ich am nächsten Tag von Warschau aus weiterfuhr, nach Orla, und einen Tag später brach der Aufstand los, hinter mir, dumpfes Grollen im Südwesten, stahlblauer stahlklarer Himmel, keine Gewitterwolke: Komisch – was ist denn da los?

Am Bahnhof, in einer Seitenstraße, hatte ich Seife gekauft, rund und rosa, seit Jahren nicht so was gesehn – aber doch ziemlich teuer, nicht?

Mensch, mach dich nicht unglücklich!, sagte der dicke Wallossek. Da kannst du noch ganz was anderes kriegen, und alles umsonst!

Wie – ja wieso?

Sie machten eine Zeitung in Warschau, eine Frontzeitung. Sie hatten eine Wohnung, halb leergeräumt, in einer stillen Nebenstraße, die sehr verläßlich aussah, solider Bürgerstuck, zurückhaltende Wohlhabenheit wie in Charlottenburg oder Zürich. Das große Zimmer war rundum getäfelt, in der Mitte ein mächtiger Vierecktisch, wahrscheinlich der Familieneßtisch, hinten die Durchreiche zur Küche, die weiß gekachelt war, bis zur Decke hin, blinde Messingbeschläge an Herd und Schrank. Houben saß hemdsärmelig am Tisch, er zeichnete, ließ sich nicht stören – wirf deine Klamotten da in die Ecke, Wodka oder Bordeaux? Beinahe in jeder Ausgabe der Frontzeitung waren Houbens Zeichnungen zu finden, jedenfalls bis zum Herbst 44, dann waren die letzten gedruckt: langbeinige, schmalhüftige Frauenfiguren, Frauenkörper ohne Gesichter, nur ein paar Punkte, Schattierungen, aber die Brüste quellend, strotzend, frech. So was will der Landser, sagte Wallossek. Eure ganze Schreiberei interessiert doch kein Schwein, die Jungens wissen am besten, was los ist, was wirklich los ist, denen macht ihr nichts mehr vor, aber so kesse Puppen!

Wallossek war Feldwebel, er teilte die Rationen aus, verwaltete die Kammer, bei ihm gab es Kragenbinden und Schnaps und Zigarren, er zählte die scharfe Munition und gab das Papier aus und alles, was sonst noch zu verteilen war, Post, Marschbefehle,

Urlaubsscheine. Er grinste: Gekonnt, was?!

Nun laß ihm doch erst mal seine Illusionen!, sagte Houben, ohne von seiner Arbeit aufzusehen, Wespentaillen, Schenkel, Brüste.

Später stellte sich heraus, daß Houben mich kannte, meinen Namen, die Erzählung von damals – na klar, drei Reiter, gewiß doch, Sigurd Scherf, ich dachte mir gleich, daß du's bist. Aber später hast du dann nichts mehr geschrieben oder?

Ja, also –.

Ist immer dasselbe, wenn einer erst mit der Zeitung anfängt, das frißt einen auf – ich wollte auch mal was anderes malen, so zwischen Rubens und Liebermann, und Wallossek erst – was, Dicker, wenn du mal an deinen Roman kommst!

Mit lässigem Schwung warf er eine Linie über das leere Blatt, ein weiblicher Rücken, kein Zweifel, eine Frau, nackt. Guck nicht so blöd, sagte Houben. Wenn du länger hier bleibst, wir haben prima Adressen für Kenner und Freunde.

Aber nicht für allein! sagte Wallossek. Und bleib mir abends von der Straße weg, ab acht ist Feierabend im großdeutschen Warschau, du mußt den Zettel doch haben, den Geleitschein – da, da steht es doch: Geht am Tage nicht abseits der Hauptverkehrsstraßen und nach Einbruch der Dunkelheit auch auf den Hauptverkehrsstraßen nicht allein. Kapiert? Immer schön Tuchfühlung halten, und abends wird hier gesoffen, verstanden?!

Houben zog runde Linien, setzte Punkte ins Weiß, strichelte Schatten. Thema I, sagte er und zog die Mundwinkel herab. Ich seh schon gar nicht mehr hin!

In Wirklichkeit gibt es ja Gottseidank Variationen, sagte Wallossek.

Abends zündeten wir Kerzen an, tranken aus Wassergläsern. Houben riß ein Blatt nach dem anderen vom Block, warf die Zeichnungen auf den Fußboden, ins Dunkle. Bißchen Vorrat ist immer gut, sagte er. Wenn ich mal die Grippe oder den Tripper kriege, oder sonstwas, dann könnt ihr wenigstens weitermachen.

Rundungen, Punkte, Striche, Schatten. Puppen. Lange Beine, sagte Houben, die sind gefragt, Schenkel, und dann hier! Lieber ein Stück zu lang als so, wie Mütterchen Natur das macht, das kennt jeder noch vom letzten Urlaub, tapfere kleine Soldatenfrau, das ist langweilig. Der Mensch ist als Träumer geboren.

Und das druckt ihr?

Je nun ja was, sagte Wallossek und schenkte nach. Alles natürlich nicht, von wegen dem gesunden Volksempfinden, jedenfalls nicht im Blättchen. Aber es gibt ja noch andere Möglichkeiten, für Kenner, so was wird gern gekauft, und was meinst du erst, nach dem Endsieg. Das wird ein solides Geschäft. Zeig her!

Er griff nach einem Blatt, das Houben vom Tisch schob. Schön schön – jawoll! Schön. Aber jetzt mal Pärchen.

Nee, sagte Houben, ich mag nicht mehr. Und als Wallossek drängte: Leck mich, ich sag dir doch, ich mag nicht – verstehst du: Ich habe keine Lust mehr, das kotzt mich an!

Er trank sein Glas leer. Wallossek schenkte nach. Das sind die Nerven, sagte er.

Es ist ja nicht wegen den Puppen, sagte Houben, also die haben schon Schmiß – ja? Aber daß dir zuletzt nichts mehr einfällt – verstehst du: Daß du zuletzt nichts anderes mehr malen kannst, nur noch Schenkel und Busen und Arsch und Schenkel und immer nur Puppen, Puppen, das ist es. Du siehst nichts anderes mehr. Das macht dich fertig.

Wird schon wiederkommen, sagte ich.

Lassen, immer lassen! sagte Wallossek. Um die Zeit hat er seinen Koller.

Houben trank, sah mich an. Wie macht ihr das eigentlich, fragte er, ihr Dichter? Ich hab schon oft überlegt, weshalb ihr immer so anständig schreibt, mit Mondenschein und treuer Liebe und Kuß, und dann kommen höchstens noch Pünktchen, allerhöchstens, und du stehst da und weißt nicht, was sie machen und wie sie es machen. Das ist doch alles gelogen – jawohl, gelogen ist das, erzähl mir nichts, oder wißt ihr's nicht besser?

Wallossek lachte. Dichter tun's immer im Dunkeln, sagte er. Sonst können sie nicht!

Dann tranken wir wieder.

Warschau. Nichts von Warschau gesehen. In der Nacht Schüsse, fern, Stiefeltritte auf dem Pflaster vor dem Haus, Nagelstiefel, Rufe. Ich schlief auf dicken Stapeln der Frontzeitung, schlief unruhig, obwohl ich erschöpft war von der langen Bahnfahrt, müde vom Wodka. Houben hockte noch lange am Tisch, neben der flackernden Kerze, trank, malte Bogen voll mit Rundungen, Punkten, Strichen, sein Schatten groß an der Wand. Schließlich blies er die Kerze aus, stand einen Augenblick im Dunkeln, fluchte vor sich hin, ging fluchend, unsichere Schritte, hinaus. Stille. Schüsse ganz nah. Nichts. Plötzlich ein Schrei, ich war wach, überwach. Die Straße leer, nichts mehr zu sehen, nichts zu hören. Ich zündete mir eine Zigarette an, legte mich wieder auf die verschobenen Zeitungsstapel.

Es stinkt, sagte Wallossek. Der Morgen hellblau vor den Fenstern, Sommer, Sommersonne. Irgendwas stinkt hier, ich rat dir, hau ab, hier gibt's keinen Blumentopf mehr zu gewinnen. Dein Marschbefehl ist in Ordnung?

Ja, ich denke.

Also dann mach und zieh Leine, hier versäumst du nichts, ich würde auch fortmachen, wenn ich könnte. Um zehn geht der kleine LKW zur Kompanie nach Orla, kannst mitfahren.

Nichts von Warschau gesehen. Morgensonne, eine stille Straße mit Bürgerfassaden, vier fünf Etagen, Balkone, Karyatiden wie in Berlin, in Genf, in Paris. Straßenbahnen dunkel behängt mit Menschen, Menschentrauben, wer pflückt sie. Schwarze Uniformen, graue Uniformen, Ihr Marschbefehl?! Kinder mit Streichholzbeinen. Weitergehen! Weitergehen! *Seid ständig mißtrauisch und abwehrbereit.* Lumpen. Staub. Nichts von Warschau gesehen.

Und was ich gesehen habe: vergessen. Keine Notizen gemacht wie Schrader, in der Erinnerung nur ein hageres Kindergesicht, tiefe Augen, Hunger, Seife, rosa und rund, und der Kerzenschatten, die Puppenbrüste, und nachts einen Schrei gehört, Schüsse, Schmutz gerochen, Desinfektion. Nichts behalten, bewahrt. Heller Sommer, ein Sonnentag, heiß, lehmgelbe Landstraßen, Wälder. Ein Barackenlager: Unteroffizier Scherf meldet sich – gut. Und einen Tag später der Donner im Westen, Südwesten: strahlendes Blau, keine Wolke. Richtung Warschau. Was ist denn da los?

Und irgendwann eine Geschichte begonnen, links im mittleren Zug, der grüne Aktendeckel.

Vor einiger Zeit lief ein Film bei uns, dessen Titel ich nicht vergessen kann. Ich habe nur eine gestückelte Vorschau gesehen: Eine lackgrüne Steppe ist mir im Gedächtnis geblieben, die falsche Samtfarbe einer Sommernacht, ein loderndes Holzfeuer und sein Widerschein in dem Gesicht eines Mädchens, das in eine bunte Volkstracht gekleidet war. Der Film hieß ‚Ich denke oft an Piroschka', es war wohl ein heiterer Film. Aber für mich ist der Titel, der sich mir eingeprägt hat wie ein Kinderreim, gar nicht heiter. Seitdem ich ihn gehört habe, denke ich oft an ein Mädchen, das ich beinahe schon vergessen hatte. Sie hatte auch so einen Namen, wie er bei uns in Filmen und Operetten oder in Schlagern vorkommt: Maruschka hieß sie, oder sie wurde jedenfalls so genannt. Immer verwandelt sich mir der Filmtitel, ohne daß ich es will: ‚Ich denke oft an Maruschka', das klingt mir wie ein Kindervers, den man lernt, bevor man sprechen kann, ein Abzählreim, tausendmal wiederholt und sinnlos wie Mene mine mu, raus bist du. Aber die Worte haben sich mir nicht abgeschliffen, sind nicht nur Klang: ‚Ich denke oft an Maruschka', darin ist jedes Wort spitz und scharf, immer wieder trifft mich die Zeile, als ob die Wunde gerade jetzt gerissen würde, springt mich manchmal ganz unerwartet an, irgendwo in einem fremden Wohnzimmer, wenn ich gerade die Halter für eine UKW-Antenne einschlage, oder an einer Kreuzung, Maruschka, Maruschka, oder beim Abendbrot, wenn ich mit meiner Frau den nächsten Tag durchspreche, sogar im Kino reißt diese heimtückische, unheimliche Wörterfolge manchmal meine Gedanken an sich, ‚Ich denke oft an Maruschka', und ich denke wirklich an sie und sehe, wie vorn der Film geschieht, sehe die Bilder ganz deutlich und höre die Filmmenschen sprechen, und trotzdem ist die Zeile in mir, dieser dumme Operettenname, der mir das schmale Gesicht zurückbringt und die kühlen, metallblauen Augen, und ich sehe und höre ganz deutlich den Film und weiß meine Frau neben mir und sehe und höre das andere. Einmal traf es mich, als ich in der Reiterstraße eine Fernsehantenne montierte, vier Stockwerke hoch schraubte ich das silberne Gitter zusammen, da packte der Schwindel mich, drehte das steile Dach, ließ die Ziegel wirbeln, die Regenrinne schwankte, die Straße saugte mich an. Seitdem verläßt mich die Angst nie mehr ganz. Ich habe schon daran gedacht, meinen Beruf zu wechseln, obwohl das verrückt wäre: In unserer Stadt bin ich ein anerkannter Antennenfachmann, die Leute kommen immer wieder, wenn sie was haben, das ernährt seinen Mann und nicht schlecht. Der Film ‚Ich denke oft an Piroschka‘ ist längst abgespielt, und ich sage mir immer wieder, daß mir niemand etwas vorwerfen kann; ich weiß ja nicht einmal sicher, ob sie tot ist, und ich war nur Unteroffizier, was konnte ich damals schon tun. Ich sage mir selbst: Denke doch an Maruschka – oder wie sie auch hieß –, warum denn nicht, und dann sehe ich wieder den sonnenhellen Hof in Lowice, und ich sehe sie schmal, schüchtern, ein Kind, und ihre kühlen, fast schon erwachsenen Augen sehen mich an mit diesem Blau, das ich niemals vorher und niemals später gesehen habe, und zuletzt war ihr Blick so hart, als wären die Augen schon ohne Leben, als wären sie Glas, und dann versuche ich wieder, sie zu vergessen.

Aber es ist nicht nur der Filmtitel. Es gibt auch eine Melodie, die für mich diese Tage in Lowice beschwört, die springt mich immer wieder an, von irgendwoher, und alles beginnt dann von neuem. Es war ein Schlager, wie man sie damals hatte, ich weiß nur noch den Anfang, ‚So wird's nie wieder sein‘, dann kam etwas von Kerzenlicht und Wein, den Rest habe ich vergessen. Aber die Melodie ist mir gegenwärtig geblieben, obwohl sie nur noch sehr selten gespielt wird: Immer wieder gerät sie mir ins Ohr, auch wenn ich nur zufällig ein paar Töne höre, die daran erinnern. Damals, im Sommer 1944, in Lowice, haben wir dieses Lied so oft gespielt auf unserem Koffergrammophon, daß in mir eine Spur geblieben ist. Wenn ich nur drei Takte summe, gerate ich wieder in diese Spur und komme nicht wieder heraus, Stunden manchmal, So wird's nie wieder sein, und immer wieder sehe ich dann das Mädchen vor mir mit dem schmalen, mageren Gesicht und den kühlen Augen, das wir Maruschka riefen – komm doch, Maruschka!

Es war heiß damals in Polen, ein glühender Sonnenblumensommer, vor Häusern und Hütten, in allen Gärten prangten die gelben Sonnenräder, selbst der Straßenstaub ließ ihnen ihr Leuchten. Es wurde viel Staub von der Straße aufgewirbelt, an der

Lowice lag, eine langweilige Landstraße, die ein kleines Stück von den bescheidenen Höfen des Dorfes begleitet wurde. Nirgendwo bildeten die Häuser einen Platz, keine Abzweigung ließen sie zu: Es gab nur diesen lehmgrauen Straßenstrich und links und rechts davon die aufgereihten Häuser, und Tag und Nacht dröhnten beladene Lastwagen und leere Sankas durch Lowice hindurch nach Osten, und Tag und Nacht kamen leere Lastwagen und beladene Sankas von der Front zurück.

Am westlichen Ortsausgang lag der Hof der Worczyks, in dem wir Quartier gemacht hatten, Hermann sagte: Fünfhundert Meter können manchmal sehr lang sein, ich bin für hinten. Wir hatten die beiden vorderen Räume für uns, den Lärm und den Staub der Straße vor den Fenstern. Aber die Zimmer gefielen uns, und abends tranken wir genug, um das Mahlen der Lastwagenmotoren überhören zu können. Der größere Raum war so etwas wie die gute Stube der Worczyks gewesen: Wir saßen auf dunkelroten Plüschmöbeln unter den starren Augen von Heiligenbildern, und abends hockten wir um eine altmodische Tischlampe herum, deren grünes Glasgehänge leise klirrte, wenn einer gegen den Tisch stieß.

Hermann hatte Rotwein besorgt, am anderen Ende des Dorfs hatte er ein Truppenbetreuungslager entdeckt, Burgunder, den wir aus bunten Kristallgläsern tranken, am nächsten Morgen verschliefen wir, so daß Hermann und ich unser Frühstück unterwegs kauen mußten.

Wir waren ein Zeitungstrupp: ein Leutnant, ein Unteroffizier, ein Mann. Täglich holten wir mit dem LKW die Frontzeitung von der Druckerei, die in die Nähe von Warschau zurückverlegt worden war, täglich verteilten wir die Stöße auf die Stäbe unseres Frontabschnitts. Die Zeitung hieß ‚Der Sieg‘, obwohl aus dem Siegen längst eine unaufhaltsame Folge von Frontbegradigungen geworden war So was an Defaitismus!, sagte Hermann. Als ob die keinen anderen Titel wüßten! –, und selbst dem Leutnant fiel es schwer, die Rückzüge als unabdingbare Voraussetzungen für den großen, entscheidenden Vernichtungsschlag zu erklären, manchmal vermutete er jüdische Hintermänner im OKH.

Als wir bei Worczyks Quartier machten, glaubten wir an ein

paar Tage Ruhe. Die Front schien sich gefangen zu haben, irgendwo sollte eine Panzerbrigade eingesetzt worden sein, viel Land lag zwischen den vordersten Schützenlöchern und Lowice. Zuletzt kam alles so schnell, daß wir nicht einmal mehr daran dachten, die Koffergrammophone aufzuladen. Als ich anfuhr, schlug eine Panzergranate die Scheune zusammen. Vorwärts!, brüllte der Leutnant, los, los, was wollt ihr noch? Er hockte hinter den Zeitungspacken – Ein Wall von gläubigem Papier!, sagte Hermann und duckte sich.

Wir entkamen nach Nordwesten. Lowice wurde einen Nachmittag lang verteidigt, Haus für Haus, es gab noch einen Gegenstoß, ein Sturmgeschütz wurde eingesetzt. Nachts sahen wir das Dorf brennen, ein Fackelzug am Horizont, regungslos. Vielleicht haben Worczyks den Tag nicht überlebt, das ist fast anzunehmen, vielleicht sind sie in den Flammen umgekommen, die beiden Alten und ihre Tochter Jula, oder eine niederbrechende Wand hat sie im Kellerloch erschlagen, eine Granate hat sie zerfetzt, und vielleicht wäre auch das Mädchen getötet worden, das wir Maruschka riefen, wäre sie noch in Lowice gewesen. Wir sahen die Fackeln am Horizont zusammensinken, und Hermann summte: So wird's nie wieder sein. Der Leutnant fuhr herum: Schnauze!

Hermann hatte die Platten besorgt und das Grammophon. Wir hatten unser Gepäck gerade erst in Worczyks guter Stube abgelegt, als er verschwand, ein bißchen das Dorf zu beschnuppern. Nach einer knappen Stunde kam er mit einem blitzneuen Koffergrammophon zurück, rotes Kunstleder, schick, auch Schallplatten unter dem Arm, und in der anderen Hand trug er drei bauchige Flaschen, feiner Burgunder. Ein bißchen müssen wir den Sieg doch noch feiern, sagte er und grinste. Der Leutnant fragte nicht, woher die Sachen kamen.

Am anderen Morgen sah ich das Mädchen zum erstenmal, sie lief über den Hof zum Stall: Einen Augenblick in der Sonne, schmal, flüchtig, dann nahm die dunkle Stalltür sie auf.

Wer ist denn das, Hermann?

Hermann kannte schon alle Worczyks bei Namen, obwohl er vom Polnischen wenig mehr als ein paar deftige Flüche beherrschte. Er war überzeugt, jeder müsse ihn verstehen, und tatsächlich verstand man ihn, wohin er auch kam. Jula war die Tochter, ein bißchen ältlich schon, aber breit, rund, deftig, und das war Maruschka, eine Nichte der Worczyks, nichts zum Anfassen.

Jula wurde schon am ersten Abend von der Musik zu uns gelockt, saß mit gerötetem Gesicht vor dem Grammophon, lauschte auf die gepreßten Töne, lachte, war freundlich, füllig, warm. Es waren Schlager jener Zeit, ‚Roter Mohn' und ‚Das kann doch einen Seemann nicht erschüttern' und ‚So wird's nie wieder sein', die Melodie vor allem ging uns ein, wir spielten die Platte wieder und wieder, so daß sie bald kratzig wurde, zumal Hermann nur drei Grammophonnadeln hatte; die Truppenbetreuer am anderen Ortsausgang besaßen selbst nur noch eine einzige Dose voll, sie ließen sich jede Nadel einzeln quittieren.

Als wir am anderen Abend heimkehrten nach Lowice, war die Platte hin. Der Leutnant, der tagsüber am Telefon saß und die neuen Standorte notierte, hatte sie zu oft gespielt. Er war jünger als wir, ein Junge von gerade zwanzig Jahren. Jetzt ließ er mit gleicher Ausdauer ‚Ich weiß, es wird einmal ein Wunder geschehn' laufen, immer noch einmal, die tiefe Stimme der Sängerin klang, als wäre die Platte seit Jahren in Gebrauch.

Das hält ja kein Schwein aus! Hermann verschwand und kam mit einem ganzen Karton voller Schallplatten zurück. Die machen schon Schlußverkauf, sagte er. Dicke Luft! Das Wunder wird wohl bald kommen! Er hatte auch noch ein zweites Koffergrammophon mitgebracht, dazu sechs Nadeln – Heute leben wir grand!

Der Leutnant war mißgelaunt. Macht's halblang, sagte er und ging ins Nebenzimmer.

Hermann holte die Platten heraus. Auswahl war nicht mehr viel, sagte er. Aber den Kerzenschein und Wein hab ich gleich dreimal genommen, zur Stärkung der Kampfbereitschaft.

Er stoppte das Grammophon, kurbelte, öffnete auch den zweiten Apparat, drehte die Feder auf, setzte Nadeln ein, legte zwei Platten auf. Heißt Synchronisation, sagte er. Auf drei geht's los!

Die gleichen Platten waren aufgelegt, gleichzeitig begannen die Scheiben sich zu drehen, und wir setzen die Nadeln gleichzeitig auf. Doch nach dem blinden Rauschen krächzte der eine Apparat früher los als der andere, die Melodie lief auseinander, gegeneinander, hilflos, ein schauerliches Konzert von Mißtönen. Schluß! brüllte der Leutnant von nebenan. Laßt doch den Blödsinn!

Wird schon noch werden, brummte Hermann und verstellte den kleinen Geschwindigkeitshebel, zählte wieder bis drei – kleinen Augenblick warten, ja? Jetzt! –, die Lautsprecher leierten beinahe gleichzeitig los, verwirrten sich aber von neuem, der Takt brach auseinander, die Melodien verhedderten sich zu einer mißtönigen Katzenmusik.

Der Leutnant schlug die Tür zu. Wir brachten den ganzen Abend hin mit dem Versuch, die Grammophone synchron laufen zu lassen. Doch der Erfolg war bescheiden, und zuletzt waren die Platten so heiser gekratzt, daß kaum mehr als der Rhythmus zu erkennen war. Das Ende war ein gräßliches Musikkauderwelsch, der Leutnant kam und brach die Platten entzwei und wurde dienstlich.

Der nächste Tag war wieder sehr heiß. Der Himmel hatte ein gefährliches Blau. Doch keine Wolke zog herauf, und als gegen Abend dumpfes Rollen zu hören war, im Osten, war es kein Gewitter. An diesem Abend kam Jula wieder zu uns, und auch die beiden Alten starrten auf die kreisende Platte, ‚So wird's nie wieder sein', immer noch einmal, immer rauher, immer weniger Melodie. Wir tranken Burgunder und Wodka, der Alte rauchte eine Zigarre, Jula machte dem Leutnant große Augen. Aber der Leutnant sah das nicht, wollte nichts sehen, mit Polinnen gab er sich nicht ab, grundsätzlich nicht, er war auf einer Napola erzogen worden. Hermann tanzte mit Jula, eng, ich tanzte mit ihr, sie war warm, preßte sich an mich, wir tranken, sangen und ich merkte, daß der Leutnant auf den Hof hinaussah, wo irgendwo Maruschka hockte, ein Schatten, kaum zu erkennen. Jula rückte ihren Stuhl an den Leutnant heran, er schob sie fort, stand auf, um ins Nebenzimmer zu gehen, und plötzlich begann Jula zu schimpfen, eine zischende Folge unverständlicher Worte, in denen immer wieder Maruschka vorkam, Maruschka, höhnisch, der Leutnant wurde blaß und warf die ganze Gesellschaft hinaus, Jula schrie Maruschka und trat und kratzte, als Hermann sie hinausschob, und sie sagte: Jud!

Der Leutnant war wütend, er horchte auf, verhörte. So kam es heraus: Maruschka gehörte nicht zu den Worczyks, ihre Eltern waren seit Jahren verschwunden, vermißt. Sie hieß nicht einmal Maruschka. Ich weiß den Namen nicht mehr.

Der Sache wird nachgegangen, sagte der Leutnant.

Ach was, sagte Hermann. Das gibt's doch gar nicht. Mit so blauen Augen!

Am anderen Morgen sprachen wir nicht mehr davon. Hermann und ich fuhren zur Druckerei, wie jeden Tag. Aber wir hätten wissen müssen, daß der Leutnant es ernst meinte. Er war so.

Vielleicht wäre das Mädchen in Lowice erschlagen oder erschossen worden. Der Kampf sprang von Haus zu Haus und wieder zurück, er ließ nichts übrig als den Fackelzug am Horizont. Aber vielleicht hätte ein Wort sie retten können, man hätte dem Leutnant erklären müssen: Jula war nichts als eifersüchtig, kein Wort davon wahr, und die Kleine sah wirklich nicht jüdisch aus. Dann müßte ich heute nicht so oft an sie denken, das Kindergesicht mit den kühlen Augen, seltsames Blau, wie erstarrt.

Gegen Mittag kamen wir nach Lowice zurück, um uns die Standorte geben zu lassen. Als wir in den Hof einfuhren, der von Wohnhaus, Stall und Scheune eingefaßt war, stand der graue Kastenwagen vor der Küchentür. SS, sagte Hermann, riß das Lenkrad herum, gab Gas, rammte, das Blech riß auf mit dumpfem Schlag, widerlichem Schrillen, Hermann sprang auf den Hof und fluchte wie wahnsinnig, auch die herausstürzenden SS-Männer fluchten, ihr Wagen war hin, nichts zu machen – Mensch, Sie kommen vors Kriegsgericht!

Zuletzt mußten wir unseren Lkw zur Verfügung stellen, ich wurde zum Beifahrer bestimmt. Der ist zuverlässiger!, sagte der Leutnant, als es darum ging, ob Hermann oder ich den Wagen zurückbringen sollte. Ich war zuverlässiger; das blieb an mir haften, bis heute.

Wir fuhren nach Ostrolenka, das damals Scharfenwiese hieß, doch nicht mehr lange. Wir hielten vor einem roten Gebäudekomplex, Post, Schule, Rathaus, die Wache kletterte von der Ladefläche, das Mädchen stand an der Straße, ihre Augen wie Glas, sie sah an mir vorbei, an allen vorbei.

Ich habe den Tag nicht vergessen können. Natürlich wollte ich das, man muß doch mal einen Schlußstrich ziehen. Aber immer wieder erinnert mich die Melodie, und dann kam diese Vorschau eines Films, den ich niemals gesehen habe, die lackgrüne Steppe, das falsche Nachtblau, die gestickte Volkstracht am rot flackernden Holzfeuer und der Titel, der mich verfolgt. ‚Ich denke oft an Piroschka': Das holt mich ein, immer wieder, Maruschka. Und sie hieß nicht einmal so!

Ich frage mich, weshalb ich nicht davon loskomme. Niemand kann mir vorwerfen, daß ich dem Leutnant für zuverlässiger galt als Hermann, was wußte der schon, und nicht einmal Hermann hatte am Morgen daran gedacht, das Mädchen zu warnen. Mit so blauen Augen, sagte er. Das ist doch verrückt!

Aber ihre Augen sehen mich an, und ich weiß nicht, wohin ich sehen soll.

Geschichten, Geschichten, manchmal nicht einmal das: Anekdoten, Splitter nur, Partikel, mühsam Rekonstruiertes aus einem unendlichen Vorrat, den ich längst nicht mehr greifen, begreifen kann. Wie war das wirklich? Der Leutnant war gar kein Nazi, er war auch schon älter, machte nur seinen Trott, seinen Dienst – Fallt mir nicht auf, sagte er, dann schaffen wir's schon –, er schlief mit Jula, ihm war es gleich, ob Polin oder was, die ganze Geschichte lief anders, einfacher, böse war eigentlich niemand, wir paßten nur eben nicht auf, zu retten war sowieso nichts, das Beste an unserer Zeitung waren tatsächlich die Zeichnungen von Houben oder wie hieß er? Ist er wirklich umgekommen in Warschau, beim Aufstand? Sah ich nicht gestern, vorgestern noch seine Puppenfrauen, die frechen Rundungen, langen Schenkel, Schattenstriche in einer Illustrierten, letzte Seite? Habe ich sie geträumt?

Ich habe geträumt. Ich wachte auf, letzte Nacht, schrak hoch, als ich mich in sie hineinträumte – irgendein Mädchen, nackt, irgendeine Frau, gesichtslos, aber willig, offen. Nicht Helma. Nicht irgendwer, den ich kenne.

Ich habe nie von Helma geträumt. Sie hatte mich, ich hatte sie, das war genug. Wenn ich schlafe, ist sie nicht mehr da. Ihr Bett ist leer, wenn ich morgens aufwache, mich wiederfinde in meinem Bett, in meinem Haus – ihre Schritte unten im Flur, Türenschlagen, mein Haus, meine Frau. Sie schläft im Gästezimmer, unter der Dachschräge – laß mich, ich störe dich nicht.

Sie schreibt nicht, hat nicht geschrieben, seit neun Tagen nicht mehr. Vielleicht müßte ich einmal anrufen. Aber was soll schon sein. Vier Wochen Kur, Liegewiese, ich fühle mich besser, der Doktor – vier Wochen, und dann noch zwei drei Monate, höchstens drei Monate, man weiß das natürlich niemals ganz sicher, einige Menschen haben unglaubliche Reserven, aber normalerweise, Sie müssen auf alles gefaßt sein, wir können nichts weiter tun als.

Wenn etwas wäre, wenn etwas Besonderes wäre, würde sie sicher schreiben. Oder der Arzt würde schreiben, der müßte mir eine Nachricht geben. Oder der Wirt, Pension ‚Sonnenhof', der Wirt sagt bestimmt rechtzeitig Bescheid, kein Wirt hat gern eine Sterbende in seinem Haus – Zimmer vier neu tapezieren, nichts Ansteckendes, aber, ein Fleck auf der Wand neben dem Kopfende.

Frau Helma Scherf, geborene Kierspel – Stern am 17. März 1920, Kreuz am – irgendwann 1965, irgendwann bald, August wäre mir am liebsten, dann sind die meisten in Urlaub, nicht diese geübten Beileidsgesichter eins hinter dem anderen, diese beileidsfeuchten Hände, ich mag das nicht: Wir haben sie immer, gerade Helma, so jung noch, sie war doch so, war noch – nicht diese schwarze Trauer nach Vorschrift, von Beileidsbesuchen bitte ich, aber sie kommen dann doch: Der arme Sigi, was soll er jetzt bloß, wir müssen uns um ihn kümmern, wer macht denn den Haushalt, wir müssen ihn bald mal zum Essen, wollen ihn, sicher braucht er gerade jetzt, der Arme.

Zweiundfünfzig Jahre, dann ist ein Mann noch nicht alt. Ich bin noch nicht alt. Ich wache noch auf, nachts, bin in willigem Fleisch, ohne Namen, ohne Gesicht, nackt, Leben, feucht, Fleisch, ich lebe, ich kann noch leben. Auch ohne Helma, sehr gut ohne Helma. Das ist vorbei, zwei, drei Monate noch. Sie müssen auf alles gefaßt sein, höchstens ein Vierteljahr noch, wir können nichts weiter tun, erfüllen Sie ihr alle Wünsche – dann ist das vorbei, endgültig, aus, nur noch das Telegramm an den Jungen, der Brief an den Jungen, er soll nicht zur Beerdigung kommen, die Traueranzeigen erledigt das Institut, alles diskret und geschmackvoll, die Anschriften wollen Sie bitte baldmöglichst, Herr Doktor, unsere langjährige Erfahrung, wir werden ganz selbstverständlich, Herr Doktor, auch für die Danksagungen dürfte sich Bütten empfehlen, am besten vielleicht Muster 14, das wird seit langem von unseren Kunden bevorzugt, wenn ich die halbfette

Garamond empfehlen dürfte?

Und dann allein. Allein und frei. Ich bin bin. Frau Hückerath dreimal die Woche und frei. Tun, was ich möchte, was ich mag, alles tun können und lassen können, wie Vater. Er lachte mich aus: Du – du schaffst das nie, mach dir doch bloß nichts vor, du bist einfach nicht der Typ! Er sagte: Sei doch zufrieden, Junge, was willst du denn noch – vielleicht so berühmt werden wie Tante Hermine?

Schreiben, schreiben können: beweisen, mir selbst und der Welt beweisen, daß ich es kann, daß ich es doch noch könnte, trotz allem, auch noch mit zweiundfünfzig.

STILÜBUNG

Wir erwarten, daß der Krieg schlimmer wird, ehe eine Entwicklung zum Besseren einsetzt.

1.

daß der Krieg Krieg wird;
daß der Friede Krieg wird;
daß die Feindseligkeiten Ruhe und Ordnung Sicherheit
Völkerversöhnung Eintracht und Frieden;
daß der erbitterte Kampf das Ringen mit Feuer und
Schwert mit allen Mitteln der Kreuzzug zum Angriff;
daß der Krieg endlich Krieg endlich Krieg zum Besseren;
daß eine Entwicklung zum Blut zum Blutbad zum Blutopfer
endlich zum Besseren;
daß der Abwehrkrieg Kleinkrieg kein Krieg;
daß der Abnutzungskrieg Bandenkrieg Partisanenkrieg
Luftkrieg Nervenkrieg Völkerkrieg Weltkrieg Ruhe und
Ordnung;
daß der Kreuzzug zu den Fahnen zu den Waffen für die
Freiheit die Ehre den Frieden;
daß der Krieg Krieg wird;
daß es schlimmer wird.

2.

Wir geben uns keiner Täuschung hin, wir hegen durchaus keine übertriebenen Erwartungen, keiner trügerischen Hoffnung geben wir Raum, sondern wir rechnen bewußt damit und wundern uns keinesfalls, wir sehen den gegebenen Tatsachen kühl ins Auge und lassen uns nicht verblüffen, kaltblütig, ruhig, gefaßt im unerschütterlichen Bewußtsein unseres geschichtlichen Auftrags sehen wir vor uns den vorgezeichneten, den uns vom Völkerschicksal bestimmten Weg und sehen ihn nicht in rosigem Licht, aber wir glauben, wir sind zutiefst überzeugt, wir rechnen mit klarem Kopf und wissen, daß wir uns unter den einmal gegebenen Umständen darauf einstellen müssen, das Messer zu schärfen, das Pulver trocken zu halten, alle Kräfte von Menschen und Material zu mobilisieren, weil wir in nüchterner Einschätzung der Lage und unserer Möglichkeiten erwarten, gelassen und ohne jede Beschönigung, daß der Krieg schlimmer wird.

Schreiben wie keiner sonst, wie keiner vor mir, hinter die Wörter hören: Vielleicht gelingt es mir doch noch, jetzt oder dann, wenn ich frei bin, bald. Drei Monate im dunklen Anzug, mehr verlangt heute niemand, dann steht mir die ganze Welt offen, und ich bin noch nicht alt, das sagen alle, das haben alle gesagt, dann bin ich frei, und ich werde ihnen beweisen und mir beweisen: wie keiner vor mir.

Hermine Scherf habe ich nicht mehr gekannt, Tante Hermine, sie starb im Jahre 1908. An dem Haus in der Reepergasse, in dem sie die letzten Jahrzehnte ihres Lebens gewohnt hat, hängt eine Bronzetafel, Liliengeschlinge, ‚Dichterin und Künderin städtischer Geschichte', ein Jahr nach. ihrem Tode vom Rat der Stadt Herseburg in Auftrag gegeben, die dankbaren Bürger, anderthalb Jahre nach ihrem Tode mit wehenden Fahnen und blanken Zylindern und weißen Kinderchören eingeweiht. Immer, wenn ich vorüberging, als Kind, las ich die stolzen Worte – meine Tante –, den Namen: Hermine Scherf, geboren 1838, gestorben in diesem Hause 1908. In unserem Wohnzimmer hing eine bräunliche Fotografie, meine Schwester Hermine hat sie geerbt, sie hat am meisten unter unserer Großtante gelitten (Mine, Sine, Line, der

Name hing ihr an wie ein Narrenkostüm: bist du Mine, bist du Sine – Herrjemine!): über dem steifen Kragenbund ein sanftes, trockenes Gesicht mit großen Augen, straff zurückgekämmte Haare, das schwarze Kleid formlos gefältelt, die Hand auf einem geöffneten Buch – nicht die schmalen Herseburger Geschichten, die ihr den unauslöschlichen Dank unserer Stadt eingebracht haben, sondern ein schwerer Lederband, eine Bibel oder ein Lexikon, es ist nicht auszumachen, vielleicht auch die Gerstnersche Heimatgeschichte des Herseburger Landes, eine der wesentlichen Quellen ihres poetischen Schaffens. Auch Hermine Scherf kam es, auf ihre Weise, auf Genauigkeit an, auf historische Treue, Wirklichkeit und Wahrhaftigkeit. Manchen ihrer Erzählungen hat sie einen Abschnitt des Gerstnerschen Buches vorangestellt, in dem der geschichtliche Hergang skizziert ist, Kampf und Krieg und Kriegsgeschrei, die sie mit kundiger, einfühlsamer Feder nachzeichnete: Hei, Herzog Magnus' Ritter sind's!, und indem er mit gierigem Lachen sein blutiges Messer schwang –. In die bewegte Historie unserer Stadt hinein hat sie ihre Figuren gestellt, bezeugte Namen vergangener Zeiten, die sie unter dem Krieg und unter der Liebe leiden ließ, ehe zum Schluß ein gütiges, zuverlässiges Schicksal die verwirrten Fäden löste und alles in Frohsinn und Freude – meistens am Altar – enden ließ: Heißes Erröten flog über ihr hübsches Gesicht. Hans, flüsterte sie, bist du - ein unendliches Glück erfüllte die Brust des jungen Offiziers, an dessen Brust der goldene Ordensstern – Amalie, stotterte er, Süßes, herzliebes Malchen – und heiße Küsse – umfaßte sie innig – Mein mußt du werden, Malchen – soll diese zarte kleine Hand mir gehören? Wie kannst du nur zweifeln und fragen, Hans? stammelte sie. Stets war, stets bin ich – Und heute kommt mein Vater, der mit Freuden unsern Bund segnen –.

Während Hermine Scherf in der Reepergasse 9 saß, ein Stockwerk hoch über der Straße, ein trockenes Gesicht mit immer größeren Augen unter den immer straffer zurückgekämmten Haaren, schreibend und schreibend, Künderin Herseburger Geschichte, der Generalanzeiger flocht ihr üppige Kränze, das ewige Wort der Heimat, die begnadete Dichterin, und niemand wußte, niemand ahnte, niemandem zeigte sie, was sie nachts niederschrieb, ganz kleine Buchstaben, ganz enge Zeilen, Seite für Seite.

Der Skandal konnte unterdrückt werden. Senile Geistesschwäche. Nur in einem psychiatrischen Werk finden sich, in lateinischer Übersetzung, einige Auszüge aus dem Manuskript der H.S., das verpackt und versiegelt im Stadtarchiv ruht; nicht einmal einem ordentlichen Professor und Lehrstuhlinhaber gelang es, die Siegel aufzubrechen. Statim corpus nudavit et vehementer libidines suas satiari rogavat. Vestes meas sublevavit. Membrum suum intueremur. Digitis me in genitalibus titillabat. Libido insatiata. In vagina et ano. Taedium vitae.

Die Erben haben seinerzeit auf alle Rechte verzichtet, die Druckerlaubnis wurde zurückgezogen, die Familie von K. leistete einen Kostenbeitrag. Vom ersten Teil des Werkes ‚Erinnerungen einer Herseburgerin' –, der als Privatdruck herauskommen sollte, sind nur einzelne Exemplare verbreitet, der Rest ist eingestampft worden. Allerdings ist vor einiger Zeit ein Neudruck in Amsterdam erschienen, sechshundertundfünfzig in der Maschine numerierte Exemplare für Subskribenten, und es ist zu fürchten, daß die ausdrückliche Verpflichtung des namenlosen Verlegers, niemals einen Nachdruck zu veranstalten oder veranstalten zu lassen, weitere Nachdrucke nicht unterbinden wird.

11. Juli

Den ersten Satz, die ersten drei, vier Wörter finden: Dann ist das Zentrum festgelegt, ein statischer Punkt, Linien treiben heraus, verbinden sich, kreuzen sich, halten sich gegenseitig, werden Gewebe, Stoff.

Der erste Satz, das erste Wort: Rot. Die Straßen sind rot in Herseburg. Gebrannte Mauern, gebrannte Steine, der Ziegelweg, mit dunkler Erde gelöscht, aufgenommen von kühlen Hortensienbüschen, ohne Woher und Wohin.

Schwarzrote Dächer, Jahrhundertestaub, Ziegeltreppen gegen den Himmel. Das Fenster schmal, gegittert, die Scheiben unrein, Punkte, Pickel, Blasen im Glas, ein Anhauch von Grün, die Giebellinien verzogen, sie warfen sich auf, wenn ich den Kopf zur Seite bewegte, erdiges Rot, Rost.

Das war meine Dachkammer in Schraders Haus. Erst das schwere Portal, tief in die Fensterfront eingeschnitten, gehalten von fest gebündelten Steinsäulen, dunkle Ziegel, rechts der Messingklopfer, *Dr. Schrader Medizinalrat.* Dann die hohe Diele, ernst und kühl, beherrscht vom geschnitzten Treppenaufgang, viertelgewendelt, auf dem Antrittspfosten die Göttin, heller weicher Stein, Steinbrüste, Steinfrüchte, lächelnde Göttin. Lächelte sie? Stufen hinauf in die Dämmerung, gedämpftes Knarren im Holz, hier ist man nicht laut. Immer noch eine Ahnung von Karbol, Lysol, Apotheke, Desinfektion, obwohl Hinrich Schraders Vater schon Jahre tot ist, zehn Jahre, elf. Und endlich die schmalere Treppe, die Stiege zum Boden hinauf, trockener Holzgeruch, Streben und Riegelbalken, rechts die Mädchenkammer, links Hinrichs Mansarden, hinten, unter einem mächtigen Tragebalken, die Tür zu meiner Kammer, Lichtschimmer in Spalten und Ritzen: Hier, hier bin ich und kann ich und darf – wie es dir paßt, laß dich nicht stören –, ein Tisch, zwei Stühle, das klein gegitterte Fenster, rotschwarze Pfannen und Zweige, schwarz, grün, golden, und hinter der Ziegellandschaft der bescheidene Dachreiter des Stifts. Hier bin ich. Bücher, Hefte, weißes Papier auf dem Tisch.

Der erste Satz: Drei Reiter – nie mehr. Das erste Wort: Rot. Was ist das: Rot? Ist Scharlach, Purpur, Rubin, ist Traum, Blut, Feuer, Wein, Herbst, Abend, gebrannter Ton, ist Fleisch: Fleisch, Blut, Lippen. Dann blieb das Papier weiß, dann suchte ich keine Worte mehr. Annemarie. Ich habe sie nie geküßt. Vielleicht hat sie darauf gewartet. Vielleicht wollte sie geliebt sein.

Sie war das, was man häßlich nennt: ein magerer Körper, rote, ausgearbeitete Hände, ein unebenmäßiges Gesicht, die Nase kurz mit breiten Nasenflügeln, der Mund mit schmalen Lippen zu groß, das Haar struppig, störrisch. Nur ihre Augen waren seltsam, graugrüne Augen mit einem hellen Strahlenkranz innen, wie versehentlich in dieses Gesicht gegeben: strahlende Augen, immer blickte sie heiter, noch unter Tränen.

Sie hatte einen so leichten Gang, daß ich sie kaum jemals kommen hörte: Plötzlich klopfte es an die Tür der Mansarde, sie war da, hatte eine halbe Stunde, eine Stunde Zeit für mich – Wenn ich nicht störe, sagte sie und strahlte mich an. Sie störte mich, aber ich ließ mich gern stören: Zwanzig war ich, ich nahm sie, spielte mit ihr, sie nahm mich und ließ sich nehmen – das eiserne Bettgestell in ihrer Kammer, Wolken im Fensterausschnitt, ihre Brüste über mir, sie war das, was man erfahren nennt, neunzehn oder zwanzig, vielleicht auch schon einundzwanzig, obwohl ihr Körper etwas Kindliches behalten hatte, und sie sagte kein Wort, wenn wir zusammen waren, hielt die Augen geschlossen, ließ mich tun, was mir die Lust, meine Lust eingab, tat mit. Plötzlich dann sah sie mich an, strahlend – sinnlos strahlend, dachte ich damals, versehentlich strahlend, immer und jedermann anstrahlend wie mich.

Helma fand Herseburg hübsch, aber langweilig, trostlos langweilig. Hier hast du dich wohlgefühlt? Im Ernst? Sechs rote Straßen lang, fünf rote Straßen breit, Markt und Mauer und würdiger Giebelstolz, die Straßen waren noch enger, als ich sie in der Erinnerung hatte, das Schulhaus am Kamp, in der Vorstadt, noch niedriger, bescheidener. Helma meinte: Dafür – also dafür hast du dich eigentlich noch ganz gut gemacht.

Wir hatten ein Zimmer im ‚Stern', schräge Wände im dritten Stock. Bei Ellermann wollte ich nicht einkehren, wollte nicht einen Abend, eine Nacht lang mit Ellermann – klar, Sigi, du bist mein Gast, geht alles auf meine Rechnung! – von gestern und vorgestern reden müssen: Weißt du noch, wie der, das mußt du doch wissen, als der, und dann, wie wir, damals, das waren noch Zeiten, als wir. Dann lieber die Wandschrägen, und die Toiletten lagen eine Treppe tiefer, und im Saal war Probe der Liedertafel, immer wieder das unvermutete Hochjauchzen der Tenöre, wenn der Kellner Bier hineintrug oder mit leeren Gläsern herauskam. Das Essen war fett, zu fett, wir tranken zwei Magenbitter, Helma schüttelte sich. Später gingen wir noch einmal durch die Stadt, am Schulhaus vorbei – mein Vater war damals schon pensioniert, wohnte nicht mehr in Herseburg: Was soll ich noch in dem Kaff?! –, ich zeigte Helma das Schradersche Haus am Graben, auch die Tafel Reepergasse 9, sie lachte, lachte mich aus: Dichterin Künderin – das möchtest du sicher auch, ja? Wir waren damals erst zwei oder drei Jahre verheiratet, sie kannte nur die Herseburger Geschichten von Hermine Scherf – Soll ich das wirklich lesen? –, von dem anderen, der versiegelten Handschrift im Stadtarchiv, dem ersten Teil der Erinnerungen – Dieses Buch wird als Privatdruck herausgegeben und darf nicht öffentlich verkauft oder weitergegeben werden! - wußte sie nichts. Davon erzählte ich jetzt, digitis me in genitalibus titillabat, vestes meas sublevavit, corpus nudavit – das wollte sie lesen, das las sie zu Hause, später, las gierig, so hatte ich sie gar nicht gekannt. Sie schluckte: Was weißt denn du?

Ich weiß nicht, weshalb es mir so schwerfällt, darüber zu schreiben. Hermine Scherf zitieren ist eins: „– hörte ich Lina heftig weinen. Ich zitterte, wußte ich doch nur zu gut, was der Kammerherr mit meiner Schwester im Sinn hatte; schließlich aber faßte ich allen Mut und öffnete die schwere Tür zum Salon. Der Kammerherr saß im Lehnstuhl, mit seinem seidenen Morgenrocke nur unzulänglich bekleidet, und er hielt Linchen auf seinem Schoß, wobei seine Hände sich unter ihrem Rocke zu schaffen machten. Unwillig wandte er sein stark gerötetes Gesicht mir zu: Habe ich dich gerufen, Dirne? Ich stürzte ihm zu Füßen, ergriff sein riesig aufstehendes Ding und begann –“. Aber das andere, ich, ich selbst, damals in der Dachkammer von Schraders

Haus, Annemarie – das schreiben, beschreiben, ehrlich, genau, sachlich, ohne Scham (denn was hilft es mir, wenn ich mich heute schäme – wem hilft das?): Sie legte sich auf das Bett mit den weißen Eisenstangen – manchmal kratzte ich an der blätternden Farbe, nachher, ehe ich wieder hinüberging in meine Kammer, wo das geduldige, ungeduldige Papier wartete –, sie lag ausgestreckt auf dem hohen Bett, heiß war es im Sommer unter dem Dach, ein Schimmer von Schweiß auf ihrer Haut, die blaß war (nur das Gesicht war gebräunt und der Halsausschnitt, auch die Arme bis zu den Ellenbogen, die Beine bis zu den Waden; Annemarie kam vom Lande, trug lange Röcke, vielleicht von einer älteren Schwester geerbt) –, lag nackt auf dem Bett, schob sich das Kopfkissen unter den Rücken, rieb sich über die Brüste, die so, wie sie da lag, kaum mehr als flache Erhebungen waren, wartete mit geschlossenen Augen, geöffneten Schenkeln. Ich sah ihr Gesicht, das strähnige Haar, kleine rote Pickel hinter dem Ohr, sie atmete schneller, wenn ich sie berührte – das wußte ich schon, hatte gelernt: die Schenkel aufwärts, sie zuckte zusammen, wenn meine Hand sie erreichte, hob die Beine an, schob sich mir entgegen. Ich ließ meine Hände über ihre Arme spielen, über den Rücken, Fleisch, Fleisch, warm, feucht, wartend, sie rieb sich die Brüste, ich küßte sie nicht.

Nie weniger als eine Viertelstunde, pflegte mein Vater zu sagen, sonst lieber gar nicht. Mein Vater glaubte, das sei eines der Geheimnisse, dem er die anhängliche Liebe der Frauen verdankte. Weniger lohnt einfach nicht, auch für dich selbst nicht, sagte er. Zeit haben zahlt sich bei den Frauen aus, das kannst du mir glauben, Junge. Laß dir Zeit!

Ich sah sie wie mit fremden Augen. Gerda, damals, das hatte mich bis zum Wahnsinn erregt, ich war blind geworden, Fleisch, den Rausch hatte ich erfahren, Zauber, Verzückung, ich war Ich gewesen, Ich geworden durch sie, in ihr, war nicht mehr ich gewesen, Fleisch, im gleichen Augenblick hatte ich mich verloren, vergessen. Bei Annemarie vergaß ich mich nicht. Gerda, und Inge dann, Waltraud: Das war früher gewesen, gestern, schamhafte Versuche auf dem Wege wohin. Inge hatte geweint, ein Rinnsal Blut, Angst – aber wenn ich jetzt! – Feuchtes auf dem Mantel, o Gott, nie wieder: Wir zitterten, beide, wußten nicht, was wir tun sollten – nein, ich wollte, wollte nicht, o Gott, und Waltraud, später, ich hatte sie geküßt, sie sah mich ungläubig an, fest geschlossene Lippen – was, was tust du? –, wir taten es, als wären wir es nicht. Und die Grasflecke auf ihrem Rock – das kriegt man nicht wieder raus!

Annemarie war anders; aber ich wußte nicht, ob es an ihr lag oder an mir oder an uns.

Schraders haben, glaube ich, nie etwas gemerkt. Hinrich machte niemals eine Andeutung, und für seine Mutter muß schon der Verdacht außerhalb aller Möglichkeiten gelegen haben: So etwas tut man nicht. Ich sprach zu niemandem darüber, auch von den anderen Mädchen habe ich keinem etwas erzählt, und eine wußte nichts von der anderen. Vielleicht ist es meinen Freunden aufgefallen, damals, daß Waltraud plötzlich nichts mehr mit mir zu tun haben wollte; aber Mädchen – na ja: Wir glaubten alle zu wissen, wie Mädchen waren. Einzelheiten habe ich lange vergessen, das war nicht sehr wichtig für mich, ich küßte, aber ich liebte nicht. Mein Vater blinzelte gelegentlich, wenn ich spät nach Hause kam, manchmal auch eine Ermahnung. Nur meine Mutter sagte einmal, ich erinnere mich genau, weil das so unerwartet kam, sie sagte sonst nie etwas Derartiges: Tu keinem weh, Sigi – keinem Mädchen. Ich glaube, ich bin rot geworden.

Meine Mutter war eine Hausfrau wie aus dem Lesebuch: fleißig, geduldig, treu, sparsam, sauber. Neben meinem Vater wurde sie kaum wahrgenommen, und das war ihr recht; denn mein Vater war ihr Stern, ihr Leben. Ich kann mich schlecht an ihr Gesicht erinnern, die Bilder in meinem Album scheinen mir alle nicht ähnlich zu sein; nur ihre Augen weiß ich noch. Auf den Fotos ist sie eine kleine, rundliche Person, entweder in der täglichen Kittelschürze – so ließ sie sich nur widerwillig fotografieren –, meistens aber in einem Festkleid, das wie geborgt aussieht. Die wenigen Alltagsfotos – Mutter beim Johannisbeerenpflücken, Mutter beim Stopfen oder Kartoffelschälen in der Laube, Mutter kämmt Hildegunde – zeigen ein rasch alterndes Gesicht, in wenigen Jahren hatte meine Mutter ihre Jugend beim Hausputz, beim Jäten, beim Kinderwaschen verloren; später blieb sie dann, wie sie war: ein wenig grau, mit vierzig schon etwas gebückt, rundlich eifrig, aber das Herz tat es nicht mehr so recht, sie starb mit achtundvierzig Jahren, das Leben hatte sie aufgebraucht. Auf den Pracht- und Gedenkfotos aber, Familienbildern meistens: 1923, Mutter auf einem geschnitzten Sesselstuhl in Eilers' Atelier, Hildegunde auf ihrem Schoß, ich im Matrosenanzug daneben, die Mütze, Kreuzer Emden, in der rechten Hand, Hermine und Rosi mit steifen Seidenschleifen in den Zöpfen, Vater stehend, mit würdigem Vaterblick, die Hand auf Mutters Schulter gelegt, der Herr, Beschützer, Ernährer, dein Herr – oder 1930, Hermine und Rosi wurden zusammen konfirmiert, eine Feier war billiger, obwohl sie beide gleichzeitig ein schwarzes Kleid haben mußten: Vater zwischen den Konfirmandinnen, Mutter mit Hildegunde links, ich rechts neben Rosi, ein Fuß etwas vorgestellt: Auf allen Staats- und Erinnerungsbildern von Fotograf Eilers – eins, zwei, drei, jetzt! – hat meine Mutter gar kein Gesicht: Sie setzte eine Maske auf, starr und feierlich, darin gefiel sie sich – es war seltsam: So wollte sie sich sehen, so wollte sie gesehen werden.

Ich kann mir nicht vorstellen, daß meine Mutter von den Liebschaften meines Vaters nichts gemerkt haben sollte. Gewiß hatte er nicht ständig mit anderen Frauen zu tun, das wäre in einer Stadt wie Herseburg für einen Lehrer unmöglich gewesen. Doch als ich größer wurde, merkte ich schon, daß mein Vater immer wieder „keine Zeit" hatte, unbestimmt, daß er „verreisen mußte", ohne erklärten und erklärbaren Anlaß, irgendwohin, daß Briefe ohne Absender kamen, immer wieder, und einmal stand sogar eine nicht mehr ganz junge Frau in unserer Haustür, ein gemaltes Gesicht mit brandroten Lippen und rosa Puderbacken, das war zu der Zeit in Herseburg etwas auffallend Besonderes, und sie ließ nicht nach, sie ging nicht fort, ehe nicht mein Vater – er hatte sich verleugnen lassen – hinausging, drinnen am Mittagstisch hörten wir heftiges, schrilles Sprechen, hörten Weinen. Meine Mutter erklärte, und sie war weiß im Gesicht, ihre Hände waren weiß, spröde, fremd, es sei die Mutter eines Schülers; aber ich wußte, daß sie nicht die Wahrheit sagte.

Für meine Mutter war Liebe unaussprechbar. Sie liebte meinen Vater ohne Bedingungen, ohne Fragen, sie nahm ihn so, wie er war, und sie schenkte ihm – wirklich und wörtlich: Das waren ihre Geschenke für ihn – die Kinder. Er ließ seine Briefe offen liegen: Mein lieber, lieber Geliebter, Du mein, mein Wilhelm – ich habe sie später alle gelesen; sie las seine Briefe nicht. Er sagte, er habe heute abend keine Zeit, er müsse verreisen – keine Erklärung –, Montag werde er wieder zurück sein, zur zweiten Unterrichtsstunde. Meine Mutter fragte nicht, sie sagte uns, Vater müsse verreisen, Vater habe heute keine Zeit, wir sollten Vater nicht stören. Sie wußte, daß man Liebe nicht sagen kann, daß man nichts sagen kann.

STILÜBUNG

Beschreibung: Mittagessen in der ‚Linde'.

Drittes Gedeck, Klare Bouillon mit Einlage, Rinderrouladen, Mischgemüse, Dessert.

Frau Neesen nimmt selbst die Bestellung auf: Gewiß, Herr Doktor, ein Helles – wie geht es denn Ihrer Frau?

Danke, ich glaube, wir können – jedenfalls –.

Frau Neesen ruft: Ja, ja, ich komme ja schon – entschuldigen Sie, Herr Doktor, sonntags haben wir immer – komme schon!

Zwölf kleine Tischquadrate, karierte Tischtuchzipfel zwischen den Beinen; hinten, neben der blitzenden Theke, der dunkle Stammtisch, Tag und Nacht brennt die Hängelampe über dem grüngoldenen Wimpel, goldene Fransen, schales Licht. An jedem Tisch Gäste, Sonntagswanderer mit offenen Hemden und Blusen, Mädchen mit krausem Regenhaar, und die Autofamilien, Mutti prall im neuen Kostüm – Pepita macht jung, Pepita wird gern getragen! –, Wurstschenkel, und: Nun sitzt doch endlich mal ruhig, daß ihr euch gar nicht benehmen – und: Kaffee nachher in Schloß Stein – und: Mahlzeit, Mahlzeit! – und: – vielleicht noch ein Stuhl frei?

Vater im Freizeitanzug, die Jacke etwas zu kurz über der Bürofülle, macht richtig jung, nicht, man fühlt sich wieder wie, der Schlips verrutscht – macht doch nichts, Christa! –, der Junge schlägt mit Gabel und Löffel gegen das Limonadenglas – du machst mich heute noch wahnsinnig, kannst du nicht grade sitzen?! Sitz grade! Die kleine Neesen emsig zwischen den Tischen, dieselben Beine wie ihre Mutter, in zwanzig, in zehn Jahren dieselben Mutterbrüste, sie ist auch schon Mitte zwanzig, wenn nicht älter. Acht Biergläser auf dem Tablett, sie sieht sich um, findet mich: Bitte, Herr Doktor, und wohl bekomm's! Freundliche Augen, vielleicht bin ich für sie noch eine Partie, eine Möglichkeit: Was soll so ein Mann allein, der braucht doch, und das schöne Haus, wenn man sich vorstellt, die Wirtschaft könnten wir dann verpachten, er kann einem schon leid tun – nicht, wenn ein Mann in den besten Jahren.

Klare Bouillon. – Appetit! Danke.

Helma kocht die Bouillon nicht besser, bestimmt nicht. Helma kocht nicht sehr gut, Nuancen sind ihr gleichgültig, ich bin ihr gleichgültig. Vielleicht sollte ich doch mal anrufen.

Neue Gäste zur Tür herein, sonntags ist immer Hochbetrieb, eigentlich könnte ich mir zu Hause Bratkartoffeln, das Geschirr bleibt stehen – bitte, ja, zwei Plätze! Ein Mann, ein Mädchen, vielleicht ein Paar, sie mit getürmten Haaren, wippenden Hüften, sie steht gleich wieder auf, geht zur Tür D, vielleicht sind sie wirklich verheiratet – so eine heiraten! –, er trägt einen breiten Goldring. Der junge Mann – na ja, auch schon an die Dreißig, es geht dann schnell, man wird rasch älter, die Unterschiede zwischen jung und nicht mehr so jung verwischen sich: Aber den Qualm brauchte er mir nicht ins Gesicht – wenigstens fragen, solange ich esse, das durften wir früher nicht, und ausgerechnet die schwarzen. Das Mädchen: Hast du schon ausgesucht? Auch mit dem Goldring, wie sie heute modern sind, Sekretärin, Tipse, auch so eine, ich verbinde mit, alles wippt, dabei schlank wie.

Ist gar nicht so teuer, Süße!

Halbwarrme Kartoffeln. Die Rouladen etwas zäh, glasige Zwiebeln, sonntags ist immer zuviel Betrieb.

Die beiden tun verliebt, Händchen, sind vielleicht verliebt, sind jung, er flüstert ihr etwas zu, sie stößt ihn ein bißchen fort, lacht, sieht auf meine Rouladen, sieht wieder fort, wird rot.

Mischgemüse, Erbsen und Wurzeln, Möhren sagen sie hier: Erbsen und Möhren, mittlere Dosenqualität. Helma ißt jeden Tag Rohkost, das ist gesund, das solltest du auch, wenn man jeden Morgen ein Müsli – mit deinem Herzen, aber du.

Mahlzeit! Kann ich vielleicht den Stuhl –?

Bitte. Vielleicht sollte ich Helma jetzt anrufen, halb eins, da wird sie auch gerade beim Essen sein, dann weiß ich wenigstens, und ich spare den Brief. Wenn Neesens bloß eine Zelle hätten. Ich kann doch nicht an der Theke, wenn nun wirklich was ist. Lieber heut nachmittag, heute abend. Ins Dorf sind es zehn Minuten, ich sollte sowieso viel mehr an die frische.

Kann ich – hallo, Fräulein Neesen, kann ich zahlen?!

Dessert – ach ja, aber gleich, bitte.

Danke, gut, ausgezeichnet.

Pudding aus der Tüte. Das hätte es früher hier auch nicht gegeben, wabbelig, falsch.

Danke schön. Und das macht?

Sie steht neben mir, vier sechzig, fünf zwanzig, ich fühle sie an meiner Schulter, warm, weich – zufällig? Stimmt so, danke – danke!

Willst du den Stuhl, Süße? Setz dich doch dahin, dann kannst du viel besser.

Mahlzeit!

Scherben, Bruchstücke, Versuche. Ich will mir nichts vormachen. Die Punkte stimmen, hier und da etwas verwischt, etwas verfärbt: Sie vermitteln immerhin Bilder, Bildchen. Doch aus den verschiedenen Ansichten kommt nicht mehr heraus als ein tausendfältig gebrochenes, verwirrend facettiertes Bild von mir selbst.

Man muß sicher sein. Man muß glauben, man wüßte die Welt, sonst scheitert man an der Welt. Das ist wahrscheinlich der Grund – weil ich meiner nicht sicher war, niemals ganz sicher – weshalb ich nicht weitergekommen bin, nicht mehr weiterkomme. Immer wieder ein Anfang: Das steht dann da, drei oder zehn oder dreiundfünfzig Seiten; aber ich wage dann nicht zu wissen, wie es weitergeht. Ich traue Lösungen nicht.

1962 (gelber Aktendeckel)

1.

Das Haus hatte keinen Keller. Keines der Häuser, die sich mit tief herabgezogenen Dächern um ein kleines Viereck von Hof drängten, drei regengraue Katen an jeder Seite, hatte einen Keller. Aber das Haus hatte ein heiles Dach. Wir waren froh, daß wir ein Dach gefunden hatten, zwei oder drei Kilometer hinter dem Deich, hinter der Front. Der Regen, der in dem flachen Land nicht versickern konnte – das Grundwasser stand hoch in den Gräben –, rann an dem dunklen Ried herunter. Die Stube war trocken, oder sie war doch nicht naß, wenn auch die Feuchtigkeit, die das Land beherrschte, die aus dem Boden drang und vom Himmel tropfte, Tag für Tag in diesem dunklen November, sich in modrigen Flecken auf dem Bretterfußboden niedergeschlagen hatte. Es roch nach Fäulnis zwischen den grau getünchten Wänden – oder sie waren weiß getüncht, und das Weiß war umgeschlagen in der Feuchte, die durch die zerstörten Fenster drang. Die Wände waren kahl, der Raum war leer. Nur das Goldbunt eines gedruckten Heiligenbildes neben dem Ofen war erhalten geblieben, und in einer Ecke lag ein zerbrochenes Bettgestell mit kunstvoll gedrehten Pfosten.

Wir zerhackten das Bettgestell mit den Seitengewehren, verhängten die beiden Fensterlöcher mit unseren Mänteln und sahen zu, wie die Flamme im Ofen an dem feuchten Holz leckte. Wir zerschnitten ein Brot, stachen Dosen auf – wir hatten Dosen genug, Käse und Leberwurst mehr als genug, weil wir nur sieben Mann waren, und wir hatten noch für siebzehn empfangen –, wir streuten Paprika dick auf den Käse und tranken roten Wein dazu. In Ungarn gab es damals viel roten Wein, herben Landwein, in den verlassenen Dörfern fand sich in jedem Keller ein Faß.

Hier gab es keinen Keller. Das Land hinter dem Deich lag tiefer als der Spiegel der Donau, die vorn irgendwo, irgendwo zwischen gebückten Weiden und dichtem Buschwerk und unter den mächtigen schwarzen Kronen von uralten Riesenbäumen dahinströmte, irgendwo vor dem Deich, im Niemandsland zwischen den Stellungen, zwischen den Deichen. Wir breiteten unsere

Zeltbahnen auf dem Fußboden aus, und ich hörte noch, wie der Regen ruhiger wurde, das Rauschen ließ nach, die letzten Tropfen fielen fast zählbar in die Pfützen vor dem Haus, dann schlief ich ein.

Ich wachte auf von dem böse surrenden Geräusch. Das Holz glühte noch hinter der Ofentür, der Wind war stärker geworden, er blähte die Mäntel vor den Fensteröffnungen. Es war halb elf. Ich hörte das surrende Geräusch über mir lauter, gefährlicher werden. Das Haus hatte keinen Keller, und die Gräben liefen über. Ich wurde hellwach. Es war eine einzelne Maschine, langsam kam sie näher heran, ich meinte beinahe schon, die Takte des Motors unterscheiden zu können. Wir horchten. Plötzlich setzte der Motor mit einigen stotternden Zündungen aus. „Jetzt!", sagte der Leutnant. Wir lagen ausgestreckt, ich hielt die Hände auf meinem Kopf, ich meinte, den Wind in den Verspannungen des Flugzeugs zu hören, oder es war schon das Zischen der Bombe. Dann kam die Detonation: Das Krachen drückte mich an den Boden, aber die Bretter zitterten kaum. Der surrende, tackernde Motor sprang wieder an, unmittelbar über uns. Dann nahm das Geräusch langsam ab, ging auf im Wehen des Winds.

„Gute Nacht!", sagte der Leutnant. Wir wußten: Der würde wiederkommen. Sie kamen immer wieder zurück, vorsintflutlich tackernde Flugmaschinen – wir nannten sie ‚Nähmaschinen', nach dem Geräusch des Motors –, sie kamen zurück und stellten den Motor ab und warfen im Gleitflug die Bombe, eine Bombe bei jedem Anflug.

Ich schlief nicht wieder ein. Das Haus hatte keinen Keller, die Gräben liefen über. Das kleine Häusergeviert lag allein in dem flachen Land hinter dem Deich, eingezeichnet in jede Karte, unübersehbar, irgendwann einmal hineingesetzt in den Lehm von einem Gutsherrn für seine Tagelöhner: ein Viereck von zwölf niedrigen Katen mit feuchten Wänden und tief herabgezogenen Dächern aus Ried, und das Grundwasser stand in den Gräben, und es gab keinen Keller. Ein paar Tage lang hatte hier der Bataillonsgefechtsstand gelegen. Aber die Häuser standen zu auffällig mitten in der Ebene: Granaten hatten die Wege unsicher gemacht, die hatten sich Schlag um Schlag herangetastet an die Häuser, hatten Dächer zerfetzt, Fenster zerschlagen, Wände eingerissen oder zerschrammt. Der Bataillonskommandeur hatte sich einen anderen Platz gesucht. Jetzt war das angeschlagene Häuserviereck nur noch ein Rastpunkt zwischen den Stäben und der Front. Melder schöpften hier einen Augenblick Luft, Verwundete ruhten sich aus auf dem Weg zum Verbandsplatz, manchmal kam auch ein Fernmeldetrupp und ließ seine schweren Geräte hier ein paar Nachtstunden lang stehen, und wenn eine Einheit aus der Front gezogen wurde, waren die Katen manchmal das erste Quartier; am anderen Morgen ging es dann weiter zurück (wir hatten etwas von einem Jagdschloß gehört, irgendwo in den Wäldern, da sollte es Ruhe geben).

Ich schlief nicht wieder ein. Ich horchte in den Wind, ob das surrende, tackernde Geräusch wiederkäme. Der Wind wußte von nichts, er kam heran und flatterte in den Mänteln vor den Fensteröffnungen, er fegte um das Dach herum, einmal brachte er einen einzigen Schuß von fern – wer schoß da in der Nacht, in der Finsternis? –, dann war er wieder allein mit sich selbst. Ich lag in diesem Haus ohne Keller und konnte nichts tun als hier liegen. Morgen würden wir weiter zurückgehen, ein Jagdschloß vielleicht, Sessel, Betten, da sollte es Ruhe geben. So lange nichts: nichts tun als hier liegen und liegen und warten. Sie würden zurückkommen, ein böses Summen zuerst, ein Surren, Tackern, das stotternde Verstummen des Motors, der leise rauschende Gleitflug, und dann einen Augenblick, einen Augenblick noch –. Der Wind wußte von nichts. Einmal fuhr er in den Ofen hinein, die Reste der Glut wurden noch einmal hell, Asche wehte über mich hin.

Dann war es wieder da, das Geräusch: ganz klein zuerst, unscheinbar, eine Ahnung mehr als ein Laut, verwischt noch einmal vom Wind und beinahe vergessen, aber dann klarer, schärfer, unwiderleglich und nun schon vertraut: gleichmäßig die Nacht zerteilend in Eben und Jetzt: Jetzt wurde es lauter, deutlicher, unüberhörbar, kein Irrtum, jetzt kam es näher und näher und nahe schon, gleich, jetzt waren die Motortakte zu unterscheiden, das Stottern kam, das Aussetzen, der Wind war wieder allein mit sich, aber ein anderer Wind war darin, ich preßte mich an den Boden, die Hände über dem Kopf, da war das Sausen, einen Augenblick lang, Augenblick und zu spät: Das Krachen brach über mir zusammen, das Haus hüpfte, aber dann stand es wieder, stand, und ich lag und hörte, wie die Deckenbalken stöhnten und rissen, und ich hörte, wie der Motor über mir wieder ansprang, und durch die Fenster wurde Schmutz und Regen hereingeblasen, ich schmeckte Lehm.

Keiner sagte ein Wort. Dann stand einer auf, sah durch die Tür hinaus, sagte: „Nebenan!" Fern versickerte das Tackern, das Surren, mischte sich mit dem Wind.

Ich wurde hochgerissen aus meinem Traum, als die Stille schon wieder da war. Ich hatte geträumt, daß das Surren näherkäme. Ich hatte geträumt, das Tackern wäre ganz deutlich zu hören, fast über mir. Ich kroch in mich zusammen, im Traum, war wach. Der Wind wehte. Aber da war auch wieder das andere Wehen, in den Verspannungen pfiff ein anderer Wind: Die fanden das Häuserquadrat immer wieder, auf jeder Karte war es verzeichnet, zwölf Häuser an einem Weg, der zum Deich führte, zur Front, ein Blinder müßte sie finden – der Wind wehte, da war das gefährliche Zischen, da kam, kam die Detonation, abseits, irgendwo in der nassen Erde, irgendwo.

„Na!", sagte der Leutnant.

Ich schlief, bis das dumpfe Krachen mich wieder hochriß, irgendwo, irgendwo sonst in dem nassen, lehmigen Boden. Das Tackern setzte wieder ein, ein Uhrwerk, das wurde leiser, leise, verging als Surren, als Spur im Wind. Ich schlief. Plötzlich war Licht, Glut ohne Lärm, rote Glut, weiße Glut, Licht: eine Kerze. Die Kerze stand auf dem Ofen, die Flamme beugte sich im Windzug, zwei Schatten kamen gebückt durch die Tür, langsam, sie trugen etwas Dunkles, Schweres. „Rück mal zur Seite!", sagte einer. Sie legten den Verwundeten neben mich. Der eine sagte: „Morgen früh komm ich nachsehn. Trinken darf er."

Ich tastete nach meiner Feldflasche mit dem Wein. Der neben mir schüttelte den Kopf, dunkle, sehr große Augen in einem sehr bleichen Gesicht. Unten an seinen Beinen waren dicke Klumpen von Mull, Weißes mit Flecken. Die Verbände waren sehr hoch angebracht, gleich unter dem Knie; dann kam nichts mehr.

Der Sanitäter löschte die Kerze aus, ging hinaus. Ich fühlte die Hand neben meiner Hand, sie war feucht und kühl, ich legte meine Hand darauf. „Morgen", sagte ich. „Morgen holen sie dich!"

Er antwortete nicht. Er stöhnte. Aber er faßte nach meiner Hand. Dann war wieder der Wind da und nichts als der Wind, einmal platschte noch ein Regenschauer in die Pfützen vor dem Haus, das Dach knarrte. Plötzlich griff seine Hand fest zu, schraubte sich um meine Hand. Seine Stimme war da, flüsternd, heiser, eine fremde Stimme, eine fremde Sprache, ich verstand kein Wort, keinen Laut von dem, was er hervorstieß, hastig, ängstlich, gejagt; er sprach eine fremde Sprache.

Seine Hand war sehr kalt. Er hielt mich fest, hielt sich an mir fest und redete auf mich ein, eine Folge von nie gehörten Worten und Tönen und Sätzen, klagend, anklagend, gehetzt. Dann sank die Stimme in ein Murmeln ab. Dann verstummte sie ganz.

Er schlief ein. Sie hatten ihm eine Spritze gegeben. Er atmete ruhig, seine Hand hielt nur noch leicht meine Hand. Ich hörte den Wind, der Wind kam zurück, und dann war auch wieder das Summen da, vielleicht ein Irrtum, das Surren, deutlich, das langsam anschwoll, ein Uhrwerk, das ablief, eine Maschine, die schnitt sich hinein in die Nacht, die teilte in Eben und Jetzt, und da, wieder näher und nahe, wieder nahe und über uns, über mir: Wieder verstummte das Uhrwerk, noch eine einzelne Zündung, wieder und niemals so nahe der Wind, der Wind, das Rauschen, die Wand erzitterte, dumpf schlug es ein, schlug neben mir ein, neben mir – und nichts mehr, nichts. Das Tackern oben sprang wieder an.

„Blindgänger", sagte der Leutnant.

Die Leuchtzeiger standen irgendwo rechts, irgendwo zwischen zwei und drei in der Nacht, irgendwann spät, irgendwann früh. Dann war es vier. Der Regen rauschte wieder vor dem Haus, und von der Decke tropfte es herab, ich fühlte es naß an meinem Hals. Der neben mir, der mich geweckt hatte, flüsterte etwas in seiner Sprache.

Ich sagte: „Morgen bist du im Lazarett, morgen, und ein Bett bekommst du, weiße Bettwäsche, wart nur bis morgen, dann hast du's geschafft!"

Seine Stimme war ganz leise, sie ging fast unter im Regengeräusch, im Wind. Er sprach vor sich hin, immer die gleichen Laute, fremd, die gleichen Worte. Ich hielt seine Hand. „Morgen", sagte ich. „Wenn du erst morgen hier raus bist!"

Er flüsterte vor sich hin, Formeln einer fremden Welt, ich kannte sie nicht. Endlich verstummte er. Nur noch der Wind. Ich schlief wieder ein.

Dann redete er laut. Es war halb sechs, er hatte wieder meine Hand genommen, er preßte meine Finger zusammen, er hatte unheimliche Kraft.

Ich sagte: „Morgen – morgen ist alles besser."

Er horchte auf meine Stimme, wiederholte, schwerfällig, fremd, sprach es wie Zauber aus: „Morgen – morgen." Dann schrie er.

Der Leutnant brummte: „Nun mal ruhig!"

Der neben mir wurde still. Ich hörte, wie der Wind sich stärker gegen das Haus preßte, durch die Fenster, ich fühlte den feuchten Hauch im Gesicht. Ich wachte auf, als etwas Kaltes, Hartes an meiner Hand zerrte. Ich sah, daß die Kerze flackerte, sah Schatten, einer beugte sich über den neben mir.

Als sie ihn aufhoben, hing die Hand starr herunter. Es war schon später Morgen, die Winterdämmerung drang herein. Es roch nach Moder und Fäulnis. Es regnete.

„Fertigmachen!", sagte der Leutnant.

2.

Ich hatte Befehl, die Reste der Kompanie unauffällig aus der Front zu ziehen und mich am anderen Tage beim Divisionsstab zu melden. Das Herauslösen erfolgte ohne Zwischenfälle. Allerdings war die Einheit an diesem Tage noch mehr zusammengeschrumpft – ein Unteroffizier war durch Kopfschuß gefallen, zwei Mann waren durch Granatwerferbeschuß verletzt worden –, so daß ich jetzt nur noch einen Unteroffizier und sechs Mann zur Verfügung hatte. Wir übernachteten in einer Häusergruppe, etwa 3 Kilometer hinter der Frontlinie. Dabei wurden wir mehrfach durch einzelfliegende feindliche Flugzeuge aufgestört, die die Häuser mit Bomben belegten. Gegen zwei Uhr dreißig morgens wurde außerdem ein Schwerverwundeter der ungarischen Nachbareinheit zu uns gelegt, der später starb. Die Männer, die seit fünf Wochen nicht mehr abgelöst worden waren, machten daher einen erschöpften Eindruck, als wir gegen neun Uhr vormittags beim Bataillonsgefechtsstand eintrafen. Es wurde uns ein Haus am Südende des langgestreckten Straßendorfs angewiesen, wo die Männer, nachdem sie bei der Küche des Bataillonsstabes warme Verpflegung empfangen hatten, gleich wieder in Schlaf fielen. Zu dem Zeitpunkt erwarteten sie noch eine längere Ruhepause. Ich war dagegen schon von dem Sondereinsatz unterrichtet, den wir durchführen sollten.

Die Front auf dem Donaudeich in der Nähe der ungarisch-jugoslawischen Grenze war nur zu halten, wenn rechtzeitig Verstärkungen zugeführt werden konnten. Die von langdauernden Rückzugskämpfen ausgebluteten Einheiten unserer Division bildeten nur eine äußerst dünne Linie – oft waren die Schützenlöcher zweihundert Meter voneinander entfernt –, die beim ersten ernsthaften Angriff des Feindes zerreißen mußte, zumal da schwere Waffen ebenfalls nur sehr unzureichend zur Verfügung standen und wir außerdem unter Munitionsmangel litten. Zur Verstärkung war nur eine schlecht ausgerüstete, zusammengewürfelte ungarische Einheit herangebracht worden, deren Kampfeswille völlig ungenügend erschien, so daß der Nachbarabschnitt bei einem energischen feindlichen Vorstoß von vornherein als verloren angesehen werden mußte. Dabei bestand kein Zweifel darüber, daß ein Angriff unmittelbar bevorstand.

Seitdem wir die Krone des Deiches besetzt hielten, hatte der Feind sich ständig näher an unsere Linie herangearbeitet. Im unübersichtlichen, buschbestandenen Vorland des Deiches traf er fast ungehindert seine Vorbereitungen. Unsere Artillerie hatte bei der Bekämpfung der Bereitstellungen nur geringen Erfolg; es konnten nur wenige Geschütze eingesetzt werden, außerdem sollte die Munition für den erwarteten Großangriff zurückgehalten werden.

In dieser Lage erhoffte sich die Divisionsführung eine gewisse Erleichterung durch ein überraschend geführtes Stoßtruppunternehmen, das unter dem Decknamen ‚Feuerengel' vorbereitet wurde. An der Nahtstelle zwischen unseren und den ungarischen Verbänden sollte der Stoßtrupp, unterstützt von einem möglichst starken Artillerieschlag, in das Vorland des Deiches eindringen, die Bereitstellungen des Feindes stören und, soweit möglich, vernichten. Außerdem sollten Gefangene eingebracht werden. In Anbetracht der geringen zur Verfügung stehenden

Kräfte sollte der Stoßtrupp von einer einzigen Einheit – Männern, die sich gegenseitig kannten – durchgeführt werden.

Als mir der Plan bekanntgegeben wurde, hatten wir eine Kampfstärke von zwei Unteroffizieren und neunzehn Mann. Inzwischen war die Kompanie auf die erwähnte Stärke von eins-eins-sechs zusammengeschrumpft, vor allem durch den ständigen Einsatz feindlicher Scharfschützen, die in den Büschen und Baumkronen des Deichvorlands lauerten. Der Bataillonskommandeur teilte mir jedoch mit, daß das Unternehmen unter allen Umständen wie vorgesehen durchgeführt werden müsse, Verstärkungen könnten uns leider nicht zugebilligt werden. Nur der Termin war aus mir unbekannten Gründen um einen Tag verschoben worden.

Wir hatten daher eine Ruhezeit von anderthalb Tagen vor uns. Am späten Vormittag ließ ich Waffen reinigen, und nachmittags fuhr ich zum Divisionsstab, der in einem Jagdschloß einquartiert war, welches dem Vernehmen nach ehemals einem österreichischen Erzherzog gehört hatte. Im Keller des abgelegenen, fürstlich ausgestatteten Gebäudes hatten sich noch kostbare Vorräte gefunden, so daß mir ein Glas eines schweren, dunkelbraunen Weines vorgesetzt wurde, als mir der Ic die Lage erläuterte und mich einwies. Der Wein verursachte eine mir fremde Art von Munterkeit, fast Heiterkeit, er ermüdete aber gleichzeitig, so daß ich, ganz gegen meine Absicht, fast zwei Stunden in einem kleinen Turmzimmer verschlief.

Bei der Rückkehr zu meinen wartenden Leuten stellte ich fest, daß ein Gerücht von dem bevorstehenden Stoßtruppunternehmen sie inzwischen erreicht hatte; allerdings ahnten sie nicht, daß sie selbst dieses Unternehmen durchführen sollten. Sie schienen immer noch damit zu rechnen, daß ihnen einige Ruhetage bevorstünden, und ich ließ sie in diesem Glauben, um ihnen vor dem Einsatz eine ruhige Nacht zu geben. Sie schrieben nicht einmal Briefe an diesem Abend.

Indessen wurden wir am nächsten Morgen schon gegen vier Uhr von dem Lärm starken Artilleriefeuers geweckt, das zunächst nur auf der Front zu liegen schien, gegen fünf Uhr dreißig aber auch unser Dorf erreichte. Wir suchten Deckung in einem Obstkeller mit starken, gewölbten Decken, den wir am Tage zuvor ausgemacht hatten, und ich begab mich zum Bataillonsgefechtsstand. Die Vermutung, daß das schwere Feuer die Vorbereitung für den erwarteten Angriff des Feindes sei, erwies sich bald als richtig. Gegen sechs Uhr dreißig kamen die ersten Meldungen von Einbrüchen in unsere Linie, und eine halbe Stunde später war zeitweise schon das Sturmgeschrei der Angreifer im Dorf zu hören.

Ich lief zu den wartenden Männern meiner Kompanie zurück, teilte ihnen in kurzen Umrissen die Lage mit, und wir machten uns fertig zum Einsatz. Wider Erwarten wurden wir aber nicht unmittelbar in die bedrohte Front geworfen: Ein Melder brachte uns den Befehl, unverzüglich zum Divisionsstab abzurücken; uns war die Aufgabe zugefallen, den Abzug des Stabes zu decken.

Zunächst gelangten wir allerdings nicht weiter als bis zum nördlichen Dorfausgang. Dort trieb uns Maschinengewehrfeuer in Deckung, ein feindlicher Stoßtrupp war bereits bis hierher vorgedrungen. Im Gegenstoß vernichteten wir den Feind in den beiden Häusern, in denen er sich eingenistet hatte. Einen Gefangenen schickte ich zum Bataillonsgefechtsstand. Wir selbst hatten einen Toten und einen Verwundeten, den wir zurücklassen mußten.

Nachdem der Mann, der den Gefangenen abgeführt hatte, wieder zu uns gestoßen war, verfügte ich noch über einen Unteroffizier und vier Mann. Wir nahmen nun nicht den Weg zum Divisionsstab, den ich am vergangenen Nachmittag benutzt hatte, sondern ich versuchte, auf Waldwegen das Jagdschloß zu erreichen, weil die gemeldeten Einbrüche vermuten ließen, daß die Straße zum mindesten vom Feind eingesehen werden könnte. Der hohe Laubwald war durch ziemlich breite Forstwege in regelmäßige Quadrate gegliedert, so daß es, anhand der Karte, nicht schwerfallen konnte, das Ziel zu erreichen, zumal da der Tag klar, fast heiter war.

Nach etwa einer Stunde – wir marschierten in lockerer Schützenkette neben den Forstwegen – gerieten wir überraschend in feindlichen Beschuß. Wir hatten einen Verwundeten, Kniesteckschuß, den wir fortan tragen mußten. Es gelang uns aber, uns von dem für uns nicht erkennbaren Feind zu lösen und auf einem parallel laufenden Forstweg weiter auf das Jagdschloß hin vorzudringen. Allerdings waren die Waldquadrate nicht so ebenmäßig, wie es der Karte nach den Anschein gehabt hatte, so daß ich zeitweise die genaue Orientierung verlor. Wir bildeten einen Igel, und ich wartete darauf, daß der Gefechtslärm mir Anhaltspunkte geben würde. Aber das Knattern der Maschinenpistolen sowie dünnes Gewehrfeuer kam sehr ungleichmäßig von verschiedenen Seiten, so daß wir schließlich, vorsichtig beobachtend, weitermarschierten und zu meiner Überraschung schon nach etwa einer Viertelstunde eine Lichtung erreichten, hinter der die holzverkleideten Giebel des Jagdschlosses zu erkennen waren.

Wir sahen Uniformierte, die hastig hin und her liefen, graue Uniformen, aber auch erdfarbene Uniformen, und es dauerte eine Weile, bis wir zweifelsfrei feststellen konnten, daß die Soldaten Deutsche oder, soweit in erdbraunen Uniformen, verbündete Ungarn waren. Als wir dann aber, in verschmutzten Tarnanzügen, über die Lichtung kamen, wurden wir von einem Posten für Angreifer gehalten. Wir hatten einen weiteren Toten und noch einen Verwundeten zu beklagen. Gegen den Posten wurde ein Tatbericht eingereicht.

Es gelang mir, die beiden Verwundeten auf dem letzten Wagen des Divisionsstabes zu verladen, der gerade abfahren sollte. Der Fahrer behauptete allerdings, es werde noch ein LKW kommen, um die Vorräte des Schloßkellers in Sicherheit zu bringen. Wir warteten etwa eine halbe Stunde auf das angekündigte Fahrzeug. Dann schickte ich die beiden Männer in den Keller des Schlosses – es war inzwischen Mittag geworden –, um nach Verpflegung zu sehen. Ausdrücklich warnte ich sie davor, den Wein anzurühren. Trotz meines Befehls scheinen sie jedoch eine der Flaschen geöffnet zu haben. Möglicherweise fühlten sie sich aber auch in den Kellergewölben sicher, als überraschend der Flugzeugangriff auf das Schloß einsetzte. Ich sah die Bomben einschlagen, ich sah das Haus zusammenbrechen und sofort in Flammen aufgehen, und ich hörte die Schreie der im Keller Eingeschlossenen, ohne ihnen noch Hilfe leisten zu können.

Ich schlug mich dann allein durch die Wälder in Richtung Nordwesten durch, und etwa fünfundzwanzig Kilometer hinter der zerrissenen Front traf ich am späten Abend in einem Gutshof einen Teil des Divisionsstabes. Der Ic erklärte mir, daß die Durchführung der Aktion ‚Feuerengel' wegen der letzten Entwicklungen ausgesetzt worden sei, und wies mich in die neue Lage ein; wir waren eingeschlossen. Der General verlieh mir das Eiserne Kreuz I. Klasse und übertrug mir die Führung einer neugebildeten Kampfgruppe von ein-eins-siebzehn Mann, die die Sicherung des Gutes nach Westen hin übernahm.

3.

Die Tür war mit schweren eisernen Bändern beschlagen, Rost hatte Spuren hineingeätzt, das Holz war dunkel vor alter Nässe. Das Schloß war aufgebrochen. Aus dem Kellerschlund wehte es dumpf und kühl herauf. Franz fand die Pechfackeln rechts an der Treppe, er zündete eine an, die Flamme war rot, sie flackerte mit dunklen Rändern von Ruß, schwärzte Franz im Gesicht, als wir hinabstiegen. Er sagte: „Die Direktion der k. und k. Schlösser und Liegenschaften bittet ergebenst, Vorsicht obwalten zu lassen. Für Unfälle wird nicht gehaftet!"

Er schwenkte die Fackel, leuchtete unter die Gewölbe, an deren Rippen Tropfen aufgereiht waren, sie schimmerten kostbar in dem unruhigen Licht. Der erste Keller war leer. Nur ein Haufen von Unrat, rostbraunes Konservenblech, Flaschenscherben, verrottete Möbel aus den Jahrhunderten, die das Schloß schon ertragen hatte, modernde Pappe, zerbrochene Jagdtrophäen, war rechts in der Ecke zu einem wüsten Durcheinander gehäuft. Zwei Bogengänge führten weiter, der rechte war durch ein starkes Gitter mit aufgeschmiedeter Krone versperrt gewesen, jetzt war das Gitter aufgebrochen.

Der nächste Raum war niedriger, enger, die Felswände waren mit grauem Mörtel verputzt, der Boden ausgelegt mit großen, quadratischen Steinplatten, auf denen Feuchtigkeit schimmerte. Ein Tonnengewölbe führte zum nächsten Raum, in dem schwarze, glitzernde Flaschen fast bis zur Decke gestapelt waren. Franz nahm eine, buchstabierte das Etikett. „97er", sagte er. „Recht guter Jahrgang, glaube ich. Wir danken der Direktion der k. und k. Schlösser und Liegenschaften!" Er schlug den Flaschenhals ab. Ich hatte Angst, wir hatten seit dem frühen Morgen nichts mehr gegessen, ich sagte: „Trink lieber nicht!“

Franz lachte. „Nur für Stabsoffiziere, was?“ In einem Scherbenhaufen fand er ein Glas mit zerbrochenem Fuß. „Prost!“, sagte er. „Wir sollen leben!“

Ich trank auch. Der Wein duftete stark, aber er hatte beinahe keinen Geschmack: ein fremder, fader, schaler Trank mit einer Erinnerung an Süße und Schwefel und irgend etwas. Ich hatte nie solchen Wein getrunken. Ich spürte, wie er in mir hinabrann, wie er mich durchdrang mit einer seltsamen Munterkeit. Franz legte das Glas in die Scherben zurück, sagte: „Mal sehn, wo die Direktion der k. und k. Schlösser und Liegenschaften unser Mittagessen verwahrt hat!“ Er leuchtete in den Vorkeller, dann lachte er plötzlich, er lachte laut, sein Lachen hallte in den Gewölben, es schüttelte ihn, er lachte und lachte, atemlos stieß er hervor. „Die – die Direktion der k. und k. Schlösser – der Schlösser, der Scheißschlösser in Ungarn –.“

Da schlug uns der Donner zu Boden, der Boden schwankte, das Krachen brach über uns herein, ein Sturm blies die Fackel aus, wir lagen auf den feuchten Steinen und hörten, wie vorn die Gewölbe zerknickten, Flaschen knirschten und fielen und brachen, noch einmal erschütterte ein dumpfer Schlag den Stein, dann kam von oben das Bersten und Brechen des Gebälks, die Luft wurde staubig, sie schmeckte nach Brand.

Franz riß sein Feuerzeug an. Aber die Fackel lag in einer schwarzen Lache, und aus dem Weinkeller strömte es dunkel herüber, der schwere Duft mischte sich mit dem Staub. Dann flackerte die dünne Feuerzeugflamme noch einmal hoch, verlöschte.

„Jedenfalls steht das Gewölbe über uns“, sagte Franz. Ich tastete mich zu dem Gitter, das uns vom Hauptkeller trennte; es hatte sich festgeklemmt unter den einstürzenden Gewölbebögen, es öffnete sich nicht, und von nebenan wehte Geruch von Schutt und Brand zu uns her. Wir horchten. Dann entdeckte Franz den spärlichen Lichtschimmer, oben. Aber das Kellerfenster lag sehr hoch, viel zu hoch, und es war mit starken Gittern bewehrt. Franz sagte: „Die Direktion der k. und k. Schlösser und Liegenschaften bedauert!“

Plötzlich schrie er. Er schrie und schrie, er schrie zu dem dünnen Lichtfleck hinauf, der vom Himmel wußte, er schrie, wir schrien, wir schrien und schrien.

Dann waren wir erschöpft. Franz flüsterte heiser: „Wer soll schon, Mensch, wer soll schon! Da können wir warten!“

Er schlurfte zurück in den Flaschenkeller, ich hörte, wie seine Stiefel in Scherben stießen, wie er Flaschen nahm und auf den Boden warf, das Glas platzte, und er sang: „Schenk ein den Wein, den holden, schenk ein, schenk ein!“

Ich ging zu ihm hinüber. Ich riß mein Feuerzeug an. Er starrte auf mich. „Ich denk, du rauchst nicht!“, sagte er. „Mensch, gib her, gib her!“

Er nahm behutsam das Feuerzeug, die kleine Flamme zitterte bläulich, er leuchtete in die Gewölbe über den verrutschten Flaschenstapeln, kroch über die knirschenden Flaschenberge hin. „Mensch!“ sagte er plötzlich, „Mensch!“

Er winkte. Langsam schob er sich weiter vor, bis an die Wand. Er schlug gegen Holz, hämmerte mit der Faust gegen Holz, zertrat ein morsches Brett, eine Tür. Ein kühler Wind schlug uns entgegen, ein Gang tat sich auf. Ich kroch über die Flaschen. In der ersterbenden Flamme sah ich, daß unter den Ziegelgewölben des Ganges Tropfen hingen, lange Tropfenreihen, die glitzerten kostbar im blauen Licht.

Aber nicht mehr, keinen Satz mehr, kein Wort: Ich habe kein Ende gefunden. Nur das Leben gerettet, weitergelebt, aber ohne Lösung: Warum das, warum der, warum der nicht – das wußte ich nicht zu sagen, zu beurteilen, das weiß ich nicht.

Vielleicht sollte ich aufgeben zu schreiben. Was soll das noch. Im Grunde brauche ich nur den Schreibtischzug links in der Mitte herauszuziehen, die Aktendeckel aufzublättern, dann weiß ich, was ich kann – was ich nicht kann.

Wahrscheinlich weiß Helma das auch. Zuerst hat sie mir geglaubt, damals, ich konnte ihr etwas erzählen, etwas vorweisen: Schriftsteller, Doktor der Philosophie, Kriegsberichter, Leiter der Volkshochschule – ich war etwas, damals, und vielleicht war ich mehr als sie sich – sechsundzwanzig, nicht mehr ganz jung – erträumt hatte, oder besser: Ich schien ihr mehr zu sein. Helmas Vater war Oberinspektor bei der Post, und er brachte es nicht bis zum Amtmann, wurde auch niemals Herr einer eigenen Dienststelle, hockte auf irgendeinem Telegrafenamt, still, dick, zufrieden – selbst in den Hungerjahren behielt er sein rundliches Lachen –, gewiß auf seine Art tüchtig, verläßlich, ein braver Beamter, dem in seinem Leben wahrscheinlich nur ein schwerer Fehler unterlaufen war: als er seine Frau heiratete, eine geborene Mulius. Damals war er Zahlmeister gewesen, fast Offizier, ausgezeichnet mit einem gekrönten Verdienstorden, Schleppsäbel zur Galauniform, so gut wie ein Offizier: Im Jahre 1917 hatte er geheiratet, war er geheiratet worden – seine Frau war einige Jahre älter als er –, damals war er fast eine gute Partie gewesen, kein Held zwar, aber Zahlmeister lebten erfahrungsgemäß wesentlich länger als Helden, und wirklich kehrte der Zahlmeister Kierspel – die Beförderung zum Oberzahlmeister ging in den Wirren des letzten Rückzugs verloren, Anfang November 1918 – gesund und rund nach Hause zurück. Nach peinlich genauer Abwicklung aller dienstlichen Obliegenheiten – kein Pfennig fehlte, kein Pfennig war irgendwo zuviel – wechselte Kierspel wieder in den Dienst der Deutschen Reichspost über, Inspektor, nicht viel, aber es reichte zum Leben, und im Jahre 1939 kam endlich auch die Beförderung zum Oberinspektor, technischer Obertelegrapheninspektor. Er starb ein Jahr nach unserer Hochzeit, 1947, ein Jahr vor seiner Pensionierung: Eines Morgens wachte er einfach nicht wieder auf, noch heute sieht meine Schwiegermutter das als einen Affront, eine grobe Ungehörigkeit an, zudem als den letzten Beweis seiner immer wieder von ihr gerügten Unfähigkeit. Allerdings hatte sie sich damals schon längst keine Illusionen mehr über ihren Mann gemacht, zumal ihr jüngerer Bruder – Onkel Johannes – sie immer in ihrer Meinung bestärkt hatte: Ach was, ein Simpel, wie kann man bloß sowas, ein Trottel, was willst du, ein Gimpel, man soll eben nicht unter sich heiraten! Die Kinder der gesellschaftlich. so unbefriedigenden Verbindung galten allerdings etwas bei Onkel Johannes – ein Segen, daß beide auf dich gekommen sind! –, zumal seine eigene Ehe kinderlos geblieben war. Gustel – eigentlich hieß sie Auguste Viktoria, 1918 war sie zur Welt gekommen, den Doppelnamen hatte sie aber nie geführt – hatte 1940 einen aktiven Oberleutnant geheiratet, der es in vier Jahren bis zum Oberstleutnant, zum Deutschen Kreuz in Gold und fast bis zum Ritterkreuz gebracht hatte, ehe sein Name schwarz umrandet, für Führer, Volk und Vaterland, im stark geschrumpften Anzeigenteil der Deutschen Allgemeinen Zeitung erschienen war (die Familie Mulius hatte stets in der Deutschen Allgemeinen Zeitung annonciert), viermal war er auf Urlaub zu Hause gewesen, drei Töchter hatte er hinterlassen, und Helma gelang es, mich zu heiraten, Dr. phil., Leiter der Volkshochschule, schon vor der Hochzeit deutete Onkel Johannes an, welche Möglichkeiten ein Blatt mit dem Niveau der ‚Nachrichten' einem Manne meiner Kenntnisse und Fähigkeiten bieten könnte. Ein Jahr später schied ich aus dem Dienst der Stadt und trat in die Redaktion der ‚Nachrichten' ein.

STILÜBUNG

Lebenslauf 1947

Am 16. Februar 1913 wurde ich als erstes Kind des Volksschullehrers Wilhelm Scherf und seiner Ehefrau Katharina, geborene Kurze, in Herseburg –

Am 16. Februar 1913 erblickte ich als Kind einer alteingesessenen Herseburger Familie dortselbst das Licht der Welt.

Ich wurde am 16. Februar 1913 zu Herseburg geboren. Mein Vater Wilhelm Scherf, ein Neffe der seinerzeit weit bekannten Schriftstellerin Hermine Scherf –

Nachdem ich vier Jahre lang die Grundschule meiner Heimatstadt besucht hatte –

Nach erfolgreichem Besuch der Grundschule –

Nach der Schulzeit in Herseburg – Grundschule und neusprachliches Gymnasium, Abitur 1933 – arbeitete ich zunächst als freier Schriftsteller (‚Drei Reiter', Novelle, 1933, 6. Auflage in Vorbereitung), geriet aber schon sehr bald –

Schon 1934 aber, als jedem Sehenden die verbrecherischen Grundlagen des sogenannten nationalsozialistischen Staates –

Die politischen Verhältnisse erlaubten mir jedoch nicht –

Unter dem Druck der NS-Diktatur –

Da ich wegen meiner kompromißlosen politischen Haltung keine Aussicht hatte, in die Reichsschrifttumskammer aufgenommen zu werden –

Der ungeheure Druck der Unfreiheit, welcher damals jede schöpferische Entfaltung –

– so daß ich im Herbst 1934, zunächst nebenberuflich, eine Tätigkeit als Vertreter einer Lautsprechersäulenvertriebesgesellschaft –

Schließlich war ich gezwungen, eine Anstellung zu suchen, und es gelang mir, durch Vermittlung Gleichgesinnter –

– versuchte ich, mich durch eine Tätigkeit als Vertreter –

– geriet ich in Not, so daß ich –

– so daß mir schließlich gar keine andere Wahl –

– jene Freiheit des Schaffens, welche das unverbrüchliche –

Nach einer kurzen Zeit, die ich als kaufmännischer Angestellter –

Im Herbst 1935 jedoch konnte ich –

Da meine wirtschaftliche Notlage mich keineswegs davon abbringen konnte, auch in Zukunft und ohne Aussicht auf Erfolg mein schriftstellerisches Werk –

Trotz aller Widerstände –

– wurde mir das Stipendium meiner Vaterstadt Herseburg zur Förderung heimatlichen Schrifttums –

– erhielt ich ein bescheidenes Stipendium meiner Heimatstadt, durch welches ich allerdings in die Lage versetzt wurde –

– die lange ersehnte Möglichkeit gab, ein geisteswissenschaftliches Studium aufzunehmen, wobei ich ständig bemüht war –

– ohne meine schriftstellerische Arbeit hintan zu stellen, deren Schwergewicht jetzt allerdings mehr auf dem Sektor der Kunst- und Kulturberichterstattung lag, welche Tätigkeit mir zugleich die Möglichkeit eröffnete –

– wenn auch kritische Wertung seinerzeit nur in gewissen Grenzen –

Nach meiner Promotion cum laude –

– meiner mit dem Prädikat ‚gut' bewerteten Dissertation über ‚Der Einfluß der fremdrassischen –

Auf Grund meiner sehr gut beurteilten wissenschaftlichen Examensarbeit erhielt ich ein Angebot, in der Redaktion der seinerzeit sehr angesehenen Zeitschrift –

– mit innerem Widerstreben, andererseits aber in der Hoffnung –

– welche Pläne allerdings durch den Ausbruch des Krieges –

– Soldat

– Spreizfuß

– Gefreiter

– Obergefreiter

– im Stabe des

– Unteroffizier

– überraschte mich die Abkommandierung zur Propaganda-Ersatz- und Ausbildungs-Abteilung in Potsdam, wo ich im Sommer 1944 –

– ohne allerdings

– keineswegs

– niemals

– selbstverständlich vor allem

– zeitweise

– jederzeit

– immerhin

– wobei nicht immer zu umgehen war

– zwischen den Zeilen, obwohl ich grundsätzlich

– wie aus beiliegenden Zeitungsausschnitten ersichtlich

– allerdings stark abgeändert

– zensuriert

– unter den gegebenen Umständen

Wesentliche Teile allerdings –

– konnte ich nicht

– selbstverständlich nicht immer

– konnte ich allerdings nicht vermeiden

– meine Pflicht

Der Neuaufbau eines demokratischen –

Unter Zurückstellung aller privaten –

– Einsatz

– Einsatz

– aus den Trümmern ein neues –

Im Jahre 1946 heiratete ich meine Frau Helma, geborene Kierspel, welche mir am 13. Mai 1947 unseren ersten Sohn gebar.

Seit zehn Jahren bin ich stellvertretender Chefredakteur. Allerdings habe ich wenig Aussicht – gar keine Aussichten –, meine Position innerhalb der Redaktion noch zu verbessern. Chefredakteur ist seit dem vergangenen Jahr ein Mann von achtunddreißig, katholisch, energisch, erfahren – schon jetzt setzt er mit sicherem Gespür auf die Minister der übernächsten Bundesregierung –, ich hatte einzusehen, daß er für die ‚Nachrichten' der richtige Mann war. Onkel Johannes denkt, bei aller Familienliebe, nüchtern und praktisch. Er dürfte ziemlich bald erkannt haben – wahrscheinlich noch vor mir selbst –, daß ich für das Tagesgeschäft des politischen Journalisten nur wenig tauge. Auch dürfte ihm, trotz aller meiner Zurückhaltung, nicht verborgen geblieben sein, daß ich in den vergangenen Jahren gelegentlich über das Notwendige und Mögliche der deutschen Politik ganz andere Meinungen hatte als die, die in den Leitartikeln der ‚Nachrichten' vertreten wurden. Das kam nicht gerade in meinen Glossen und Kurzkommentaren zum Ausdruck, die sich zudem meistens mit kulturellen Problemen befassen; hin und wieder habe ich aber doch wohl im Gespräch, auch einmal in einer Redaktionskonferenz meine Auffassungen angedeutet. Wahrscheinlich hält Onkel Johannes mich immer noch für einen Dichter, und das bedeutet für ihn: für einen Träumer, einen Phantasten ohne reale Bezüge; vielleicht vermutet er in mir sogar einen heimlichen Intellektuellen mit Links-Vorstellungen. Als ich ihn um diesen Sechs-Wochen-Urlaub fragte – meinetwegen auch unbezahlt! –, schüttelte er den Kopf: Aber was soll denn das? Das ist doch Unsinn, wenn man die Fünfzig hinter sich hat – hast du das denn nötig, in deiner Stellung? Brauchst du Geld? Schließlich aber: Na ja, meinetwegen – wenn du erst im Landtag sitzt, ist es mit dem Dichten sowieso aus.

Helma glaubte nicht, daß ich irgend etwas schaffen würde: Wieso denn jetzt – jetzt plötzlich? Das glaubst du doch selbst nicht mehr - oder?

Vielleicht kennt sie mich besser als ich. Vielleicht weiß ich wirklich schon lange, daß diese Notizen, diese Skizzen und Tagebuchblätter nur mich angehen, niemanden sonst: ein Aktendeckel mehr im linken Schreibtischfach, der letzte. Es lohnt nicht, das noch einmal zu lesen, Seiten zu zählen: ausgezählt.

Einmal, vor drei oder vier Jahren, hatte ich seltsamen Besuch in der Redaktion, ohne Anmeldung kam er in mein Zimmer, große Gesten, ein schwarzer Schlapphut wie in Künstlerromanen um 1900 - Lassen Sie mich, mein Fräulein!, wehrte er die kleine Heilwig ab, Ich bin ein Freund – verstehn Sie: ein Freund ihm! Kein Schauspieler, sondern das schmale, etwas schiefe Gesicht, die tiefen Augen, der bittere Mund: Hans Heinz Hachtleben, der verrückte Haha, kein Deut hatte er sich geändert in wieviel – tatsächlich: Volle dreißig Jahre waren es her, daß er, überdrüssig trockener Schulweisheit, das Gymnasium Herseburg verließ, Obersekundareife – was soll mir dieses?! –, daß er auszog, hinauszog in die Welt, seine händeringenden, seine entsetzten Eltern hinter sich lassend, die Welt zu verändern mit der Kraft, der bohrenden Kraft seiner Gedanken. Er war nicht einmal komisch: Er war verdreht, verrückt, obwohl er schon damals Weltinnesein (wie er das nannte) und Inder-Welt-Sein recht glücklich zu verbinden wußte: Als sein Vater starb, wußte er seine Mutter zu bewegen, den Grünkramladen zu verkaufen – keine Rente, dein Sohn wird für dich sorgen, Mama! –, und er kaufte I. G. Farben für das Geld, stur, unbelehrbar, keine Streuung, nichts Mündelsicheres: I. G. Farben, und weil seine Mutter, insgeheim vielleicht bestimmt von dem Wunsche, ihrem Einzigen keine Scherereien zu machen – denn seine Philosophie verkaufte sich damals noch gar nicht, er hatte es mit einer Welteistheorie, zeitweise verkündete er auch den Gedanken, die Welt sei ein ungeheurer Ball, wir aber, Menschen, inmitten, ich glaube: die Füße nach außen –, weil seine Mutter also schon ein Jahr später starb und bescheiden beigesetzt wurde, wie es ihrem Wesen entsprochen hatte, blieb Ha Ha Hachtleben Eigentümer der I. G. Farben-Aktien, und er blieb das bis zu eben jenem Jahre, es muß 1960 oder 1961 gewesen sein, als er zu früher Vormittagsstunde, die kleine Heilwig am Mantelärmel, in mein Zimmer eindrang: Und ich sage dir, Sigurd – er als einziger hatte mich nie Sigi genannt. Der Name, mein Freund, sei das Eigendeine –, jetzt mußt du verkaufen. VW hast du auch noch?

Ich erinnere mich: Er sprach vom VW-Kurs, es muß also doch 1962 gewesen sein – Fort damit, Freund!

Eigentlich war er gekommen – nur auf der Durchreise, ich

halte hier heute abend einen Zirkel, wenn du Lust hast? –, um mir die Hand zu drücken, als Freund, zufällig hatte er meinen Namen im Impressum entdeckt, hatte sich rasch entschlossen: Keine Schranken, Freund, als Wesen des Alleinen, nun saß er vor mir, rauchte nicht, trank nicht, hatte noch immer seine tiefen Augen und die schiefe Nase, den weltenbitteren Mund, verächtlich alles Niedere von sich wehrend, widmete mir seine letzte Broschüre – Auflage achtzehntausend – mit blauem Kugelschreiberschwung, ein zarter Punkt unter dem zweiten H, vielleicht könnte sie einmal besprochen werden, und vor allem: Er sei bereit – er habe sich keineswegs von der Welt abgewandt, trotz mancher herber Erfahrung sei er weltzugewandt wie stets, und deshalb scheue er auch nicht davor zurück, seine Ideen gelegentlich in kleiner Münze zu verkaufen, vielleicht in der Wochenendbeilage (Was zahlt ihr pro Zeile?) – es sei doch beglückend zu sehen, wie aus dem kleinen Sigurd Scherf, ehrlich: er habe seinerzeit gar nicht so viel von mir gehalten, ein so bedeutender Mann – aber natürlich: bedeutend, wer, wenn nicht du, der du an den Schalthebeln der öffentlichen Meinung verantwortlich hantierst (von hanter, aus dem Französischen: hin- und herziehen, eigentlich herumziehend Handel treiben, erst später – gleichsam abgesunken – Handarbeit tun!) – nun also denn: ein so bedeutender Mensch geworden sei, nicht wahr?!

Als er endlich gegangen war – Du wirst von mir hören, Freund, wir werden noch oft von einander hören! Und als letzten Tip: Leerverkäufe in Thyssen! –, war mir zum Lachen zumute, und ich tröstete die kleine Heilwig: Hat mich gar nicht gestört, im Gegenteil, wirklich – wie fanden Sie ihn denn? Daß es so einen heute noch gibt, so einen Narren! Später, beim Sortieren der Meldungen, beim Redigieren, kam ich nicht davon los: gescheitert – gescheitert genau wie ich selbst und genausowenig bereit, sein Scheitern einzugestehen, nicht einmal das.

Zuerst hat Helma vielleicht noch an mich geglaubt. Später, seit wie vielen Jahren schon: Manchmal komme ich mir vor wie ihr Vater. Ich bin nicht so friedlich wie er, gelegentlich werde ich böse, ich kann schimpfen und schreien, ich lasse mir nichts von Helma gefallen; aber sie lacht dann höhnisch, hart, sie sagt: Du – geh mir doch ab, du!

Wenn sie nicht mehr da ist, wird es anders sein. Wenige Monate noch, vielleicht nur noch Wochen – man kann das nicht sagen, auf jeden Fall aber: ein großes Blumenbegräbnis, Pfauenräder von Kränzen, Seidenschleifen, die alten Lügen auf neuer Seide, Erde zu Erde, die glatten Lügen: unvergessen, ein Trost, der himmlische Vater, im Namen aller.

Wir konnten nicht voneinander lassen, trotz allem, gerade deshalb. Wir waren ineinander verschlungen, verbissen. Damals wurde es schlimm, bald nach der Rückkehr von unserem Wochenende in Herseburg. Helma las Tante Hermines „Erinnerungen“, den Privatdruck, sie fragte: Gibt es das? Wirklich? Das war wie Gift für sie. Geht das denn? Sie wollte es auch tun, alles wollte sie, immer mehr, und sie sprach darüber, ohne Scham, es war wie eine Krankheit, unheilbar: Wieso so? Wie denn? Das geht doch nicht – oder? Das muß man doch wissen: Ich will es wissen.

Ich weiß nicht, wie Hermine Scherf ihr Buch schreiben konnte. Möglicherweise war sie wirklich ein Fall für den Psychiater. Oder sie hat das alles erlebt und niedergeschrieben: Das war so – so, so ist es gewesen, das habe ich erfahren. Tatsächlich waren ihre Eltern früh gestorben, wirklich war sie, fünfzehn Jahre alt, zusammen mit ihrer jüngeren Schwester in den Haushalt eines ältlichen Majors und Kammerherrn von K. gekommen, während ihr Bruder – mein Urgroßvater – in eine Schusterlehre gesteckt worden war. Vier Jahre war sie im Hause von K. geblieben, die Frau des Kammerherrn war nur wenige Jahre älter gewesen als sie, und was sie davon erzählt, könnte wohl, so unglaublich manches auch klingt, wirklich geschehen sein. Dann wäre der Kammerherr der psychiatrische Fall gewesen, ein alternder Mann, der die Mittel besaß und nutzte, um sich seine erotischen Wünsche und Phantasien zu erfüllen.

Helma war fasziniert, sie wußte zuletzt nicht mehr zu unterscheiden zwischen Träumen, Alpträumen und dem, was war, was möglich war. Warum denn nicht?! Als wäre plötzlich etwas in ihr aufgerissen worden, zerrissen. Manchmal war sie mir widerlich. Und ich schrieb das auf, auch das, notierte sachlich (1954, blauer Aktendeckel): schlecht geschrieben, zu schlecht.

Abends versucht, Helma anzurufen. In der ‚Linde‘ drei Tische besetzt, alle Köpfe den Fernsehschatten in der Ecke zugewendet, ab und zu ein Lacher, Bierflecken auf den Tischen. Die rauhen Dialoge der Fernsehkomödie kommen auch aus dem Telefon, die gleichen Lacher: Ja, Hotelpension Sonnenhof –. Nein, bedaure sehr, die Herrschaften sind heute abend –. Nein, erst gegen zehn. Vielleicht auch –. Ja, gut, ich glaube, sehr gut. Gewiß, ich werde ihrer Frau Gemahlin gleich morgen – Jawohl. – Jawohl.

An den Tischen brüllt es – hast du gesehn?! Also sowas! Frau Neesen läßt frisches Bier in die Gläser schäumen. Die kleine Neesen lehnt an der Theke, sieht auf die Fernsehumarmung, reibt sich gegen den Tresen, wischt mit dem Tuch über die blanke Tropfplatte, merkt gar nicht, daß sie wischt, lacht.

12. Juli

Der Sozialismus bedeutet auf die Dauer Inflation. Beifall für Kanzler Erhard. Keine Aussicht auf Frieden. Ich fühle schon Herrn Brandts Hand am Portemonnaie in meiner Hosentasche. Beifall. Das anhaltend kalte Wetter. Rassenkrawalle erschüttern. Panzerkolonne praktisch vernichtet. Praktisch. Für mich braucht bei der Bundestagswahl niemand die Blechtrommel zu rühren. Beifall. Der sogenannte Weltfriedenskongreß. Praktisch vernichtet. Stärkerer ‚Käfer' aus Wolfsburg. Keine Aussicht auf Frieden. Das Ziel sei eine formierte Gesellschaft mit einer reifen. Beifall für Kanzler Erhard. Betrüger mit Ritterkreuz narrte frühere SS-Leute.

Wörter, Wörter. Zeitung für christliche Kultur. Ich bin abgespannt, müde. Kaffee tut es auch nicht. Dieses Alleinsein mit mir, bin, bin, ich bin nicht mehr will nicht. Ich kann mir nicht entkommen. Frau Hückeraths Tassengeklapper, als ob dann alles wieder in Ordnung wäre, abgewaschen, getrocknet, beiseite. Ich mag nicht mehr, mag mich nicht mehr.

Wenn nur erst alles vorbei wäre: in tiefer Trauer, fühle ich mit dir, mit Ihnen, wir fühlen alle, wir wissen. Keiner weiß, keiner fühlt, ich selbst nicht, nichts. Wenn das erst vorüber wäre, wenn etwas Neues wäre, irgend etwas: ich, zweiundfünfzig, da könnte noch etwas sein, da könnte noch etwas werden, vielleicht. Bald ist das vorbei, abgeschlossen, erledigt, und dann noch die Wahl, Beifall für Kanzler Erhard, ein überwältigender Erfolg, ein verdienter Erfolg, wollen wir weiter im christlichen Geiste, und dann noch die Landtagswahl, ein Jahr später, Scherf, Dr. Sigurd, MdL, Mitglied des Landtags, Kulturausschuß, Sozialausschuß, Eingabenausschuß: dann endlich, vielleicht, dann.

„Wochenlang hatte er, geschmückt mit einer Ordensspange des Eichenlaubs zum Ritterkreuz und einer Nahkampfspange, in der Bundesrepublik die Treffen ehemaliger Waffen-SS-Angehöriger besucht. Mit Hilfe einer selbstgefertigten Akte machte er den ehemaligen SS-Leuten weis, er sei bis vor kurzem als Kriegsverbrecher inhaftiert gewesen und drohe jetzt zu verhungern. Daraufhin ließen Geldgeschenke und Ferieneinladungen nicht lange auf sich warten."

Das Seltsame war, das beinahe Unbegreifliche. Sie glaubten daran. Auch Werner Poll glaubte daran, mit dreißig Jahren noch, als mich schon lange die Skepsis hatte. Er war eigentlich gar nicht der Typ: ziemlich klein, dunkel, fast zierlich, irgendwie westlich, und wenn nicht seine Ahnentafel bis in die letzten Ecken hinein mit unverdächtigen Namen ausgefüllt gewesen wäre, alles amtlich beglaubigt mit Siegel und Unterschrift, ehrliche Namen, christliche Namen auf beiden Seiten, väterlicherseits, mütterlicherseits, er hätte den Verdacht nur schwer forträumen können, ein jüdischer Mischling zu sein (indides Auge). Sein Vater besaß eine kleine Handschuhfabrik, mehr eine Handschuhfabrikation, drei oder vier Frauen saßen an den Maschinen, ein Meister schnitt zu, überwachte alles, und Werner Poll hätte sein Erbe übernehmen und angenehm davon leben können, niemand hätte etwas dabei gefunden, das Geschäft ernährte seinen Mann. Aber er wollte anderes, mehr, schon damals: Handschuhe könnten auch ohne ihn genäht und verkauft werden, erklärte er und unterstrich seine Rede mit entschiedenen Bewegungen seiner schmalen Hände; er werde Jura studieren, das sei noch immer der sicherste Weg nach oben, und nach ein paar Jahren war er Assessor, Staatsanwalt, und eines Tages kam eine Feldpostkarte: SS-Schtz. Poll, ein Jahr später ein Brief aus einer SS-Junkerschule. Wir hatten in der Schulzeit nicht viel miteinander zu tun gehabt, Werner Poll glänzte in Mathematik und Musik, hatte aber wenig Interesse für meine Fächer, Deutsch und Geschichte – höchstens Geschichte nahm er noch ernst, als Wissensgrundlage; ich hatte Schwierigkeiten mit Integral- und Differentialrechnung, deren Geheimnisse er lächelnd und selbstbewußt jonglierte. Aber das: SS-Schtz. Poll, und dann: SS-Strm. Poll – das überraschte mich. Wie war er dazu und dahin gekommen? Ich machte in einem Brief ein paar skeptische Bemerkungen, leichthin, wie man das damals gelegentlich tat, um sich und der Welt zu beweisen, daß man durchaus kein Fanatiker sei; er nahm übel, schrieb: Er sehe schwarz für mich, ich werde bestimmt noch als Zebra enden. An den Rand hatte er geschrieben: Zebra natürlich quergestreift. Ich habe den Brief aufbewahrt. Die Zebras enden nämlich alle sehr schnell. Darauf darf ich Dich aufmerksam machen.

Dreißig war ich damals, Dr. phil., Unteroffizier in einem Bataillonsstab. Ich nahm Polls Brief nicht einmal als Drohung, eher als einen schwarzen Spaß; doch ich erschrak. Ich schrieb ihm, er müsse mich mißverstanden haben, ich sei so gut ein Deutscher, ein nationalsozialistischer Deutscher natürlich, wie irgendeiner, und ich bin sicher, daß ich ernst und ehrlich meinte, was ich Poll schrieb. Aber er pochte auf den Text meines ersten Briefes (ein Dokument, mein Lieber – ich würde an Deiner Stelle ein bißchen vorsichtiger sein!): Wie könne denn ich als guter nationalsozialistischer Deutscher (in ironischen Anführungszeichen: „guter nationalsozialistischer" Deutscher) die SS über das Zugeständnis einer „augenblicklichen Notwendigkeit" (Deine Worte!) hinaus nicht bejahen? Poll schrieb: Was wollen wir denn anders als das Reine, das Schöne und Erhabene! – er setzte kein Fragezeichen hinter den Satz, sondern das Ausrufezeichen. Und er schrieb: Oder bist du vielleicht so oberflächlich, daß Du Dich in Deinem Urteil von Gerüchten bzw. Tatsachen beeinflussen läßt wie z. B. Ermordung von soundsoviel Juden durch die SS (Glaubst Du, uns macht sowas Spaß????).

Ich habe den Brief aufgehoben, habe kein Fragezeichen hinzugefügt. Poll muß das damals wirklich geglaubt haben: Es kommt auf das Ziel an, mein Lieber, das Ideal und die Reinheit des Willens, mit dem man es zu erreichen trachtet. Beide sind bei uns in höchster Vollendung gegeben.

Poll hat das geglaubt, dreißig Jahre alt, Jura studiert, Staatsanwalt: Er glaubte das, was er mir schrieb, davon bin ich überzeugt, wenn wir auch später nie mehr darüber gesprochen haben; nur noch einmal haben wir uns gesehen, vor sieben Jahren, als wir in Herseburg den fünfundzwanzigsten Jahrestag unseres Abiturs feierten. Poll war inzwischen Oberstaatsanwalt, immer noch sprach er entschieden und klar und unterstrich seine Worte mit prägnanten Gesten: Kameraden! Er hielt die fällige Festansprache, weil Hinrich Schrader nicht mehr da war. Ich weiß nicht, wo Poll im Kriege überall war, was er getan hat, was nicht, unser Briefwechsel ging damals nicht weiter – er schrieb mir nicht wieder, eigentlich war ich froh darüber –, und bei der Feier in ‚Ellermanns Hof' erwähnte er nichts davon, sprach nur von unserer Jugend – keine leichte Jugend, das wissen wir alle, Kameraden – und von Deutschland, Ehre und Gerechtigkeit, Pflicht, mehr hätten wir alle nicht gewollt, und in diesem Sinne gedächten wir unserer tapferen Toten, die für das Vaterland – er nannte sie: Baumann, Becker, Hempel, Schrader, Waterpuhl – ihr habt euch zu Ehren unserer Kameraden erhoben –.

Ja, sagte Trinkler, und die beiden Rosner!

Poll ließ sich nichts anmerken. Natürlich, sagte er, selbstverständlich. Aber ich meine: im Kampf. Sonst müssen wir ja auch Zänk dazurechnen. Bitte – also bitte, meinetwegen, ich habe natürlich nichts dagegen, schließlich gehörten sie alle dazu, auch Zänk, selbstverständlich, ich möchte keineswegs mißverstanden werden, ich glaube, da sind wir einer Meinung, und die Rosners waren im Grunde sehr nette Kerle, beide, da wollen wir gar keinen Unterschied machen, kein Wort gegen sie, das hat schließlich keiner von uns gewollt.

Natürlich wurde bei Ellermann gefeiert, Ellermann hatte die Gastwirtschaft seines Vaters übernommen, und er ließ sich nicht lumpen, saß breit, rosig, gutmütig auf seinem Sessel, winkte den Kellnern oder zur Theke hin, fühlte sich wohl. Aber das mit Zänk, sagte er, also das war 'ne Schweinerei. Wißt ihr eigentlich, wie das gekommen ist?

Zänk: Wenn er Geige spielte, ging sein Gesicht auf, er war nicht mehr anwesend, wurde Instrument. Zänk, der gewachsen war wie eine griechische Statue, dem die Mädchen nachsahen, er träumte, aber er sah kein Mädchen an. Er war schüchtern, verlegen, er war anders, und sie haben ihn fertiggemacht, ein Schuß zuletzt beim Waffenreinigen. Schon bei der Musterung, wußte Ellermann, und er grinste nun doch ein bißchen: Alle waren natürlich nackt, und er, er konnte ja nichts dafür, war ein armes Schwein, sie haben ihn gleich rechts rausgestellt, Liegestützen, und das in dem Zustand, irgendwie ist er dann auf die Festung Torgau gekommen, er hatte es auch am Herzen, viel war sowieso nicht mit ihm anzufangen – er wurde Bewacher in Torgau, das hat ihm den Rest gegeben. Einmal hab ich ihn noch getroffen.

Ich kann euch sagen: Den haben sie fertiggemacht, Junge, Junge, fix und fertig.

Ich hatte nichts gegen Zänk, sagte Poll, bitte, keine Mißverständnisse, er war ein tadelloser Kamerad. Aber man darf natürlich auch nicht vergessen – ich meine, und ihr dürft mir glauben, ich habe da meine einschlägigen Erfahrungen sammeln können, ich kenne diese weichen Typen, und deshalb weiß ich auch: Im Grunde ist das alles eine Frage der Beherrschung. Wenn jeder immer so könnte, wie er gerade möchte – was?! Der Mensch als Zivilisationsprodukt, und wenn der Staat nicht auf Ordnung hält, und zur Ordnung gehören eben vor allem Recht und Moral: Wo kämen wir sonst denn hin?! Ich könnte euch Dinge erzählen – was meint ihr, weshalb die Öffentlichkeit heute so häufig ausgeschlossen werden muß? Sagenhaft, sage ich euch, einfach scheußlich! Also manchmal denke ich, das ganze Volk ist verrottet, keinen Pfennig mehr wert, ein einziger Saustall. Das gab es früher doch nicht.

Trinkler löste den Skandal aus. Aber Ellermann rettete den Abend, er tat so, als hätte Trinkler gar nicht gespuckt, als wäre das bloß ein Versehen gewesen, ein Hustenanfall, ein Mißverständnis: Mein Gott, Trinkler verträgt eben nicht so viel, nun mach doch bloß keinen Stunk, Werner, bring noch ne Runde, Mia, alles auf meine – ach was, nun habt euch doch nicht, wir sind doch, und die alte Kameradschaft, Mensch, Werner, komm, Franz, das hast du nicht gewollt, war doch auch gar nichts – wißt ihr noch, wie der alte Lodenkamp in Latein, der zischte doch immer beim Deklinieren, der reine Sprühregen – habt euch doch nicht, ist ja schon gut, Franz, prost Jungens, nun kommt schon, gebt euch die Hand, wir wollen hier doch nicht, heute doch nicht über Politik – wenn wir damit erst anfangen, dann können wir gleich, also, die Kameradschaft, prost, die geht uns doch allen – jawohl, prost!

Die Frauen waren glücklicherweise nicht dabei, die hatten wir erstmal ins Café Wunsche geschickt; abends aber gab es ein richtiges Festmahl, fünf Gänge, alles für zehn Mark pro Person, Getränke eingeschlossen, Ellermann ließ sich nicht lumpen, und später wurde getanzt, obwohl das fast etwas Peinliches hatte, die Frauen Anfang Vierzig, Mitte Vierzig, die meisten schon etwas dick, etwas schwer, und wenn man sie schon als Mädchen gekannt hat – wir hätten das lieber lassen sollen. Außerdem war das, was Ellermann an Tanzmusik ablaufen ließ, für uns zu modern, man ist nicht mehr so beweglich; aber die alten Platten hätten es natürlich auch nicht mehr getan, dann hätten wir uns wie Großväter gefühlt.

Helma ging schon um zehn oder halb elf nach oben, Migräne, und sie versäumte nichts; ich werde in meinem Leben kein Klassentreffen wieder besuchen. Jetzt lädt auch keiner mehr ein.

Wieder keine Post von Helma. Ich muß noch mal anrufen, jedenfalls versuchen, sie zu erreichen. Sie müßte doch zu erreichen sein.

Oder den Arzt fragen, Doktor – ? Auf der ersten Karte hat sie den Namen geschrieben – vielleicht unter den Zeitungen? Oder zwischen die Prospekte gerutscht. Erstmal kann ich noch mal in der Pension anrufen, der Wirt sagte gestern auch, daß es ihr gut geht, sehr gut, was soll ich mich weiter –. Sonst würden sie mir schon Bescheid sagen, gerade der Wirt.

Unter den Zeitungen jedenfalls nicht. Doktor – ? Irgend etwas mit O oder E war es, oder A, A und E, glaube ich, ähnlich wie Schrader?

Keine Aussicht auf Frieden. Die Aussichten für eine Beendigung des Vietnam-Krieges sind trotz intensiver Bemühungen –. Bis es wieder zu spät ist. Aber was kann man, was kann ich tun?

Bis vor vier, fünf Jahren habe ich das Thema noch gelegentlich aufgegriffen, menschlich natürlich, Si, nicht politisch, das ist nicht mein Ressort – immerhin, ab und zu sprach ich vom Krieg. Ich bin nie für das Marschieren gewesen, das ist nicht mein Rhythmus, und nach dem letzten Krieg dachte ich, damit wäre es nun endgültig und für immer vorbei – ich habe das ehrlich geglaubt, und deshalb war ich entschieden gegen die Wiederbewaffnung, obwohl die ‚Nachrichten‘ der Regierung folgten, sie vorsichtig unterstützten: Aber Junge, wir müssen doch, sagte Onkel Johannes, da gibt es doch gar keine Wahl, oder willst du vielleicht, daß die Russen – ? Er sagte: Wir können uns doch nicht von der Entwicklung ausschließen. Im Grunde bin ich ja deiner Meinung, wirklich, aber die ‚Nachrichten' sind immer eine bürgerliche Zeitung gewesen, und schließlich darf man auch nicht vergessen –. Hin und wieder ließ ich damals noch anklingen, was ich meinte, was ich für richtig hielt. Si. Auf die Dauer aber war das nicht durchzusetzen, es gab Ärger, Briefe: diese sogenannten Intellektuellen, die sollte man ruhig erstmal, es gab sogar Abbestellungen, die ‚Deutsche Soldatenzeitung' wies auf den Schmierer hin, Si, diese Sorte zersetzender, und als die Anti-Atom-Bewegung vom ‚Volksblatt' propagiert wurde, hatte ich einzusehen, daß es für uns – als Zeitung des Mittelstands, Junge! – jetzt nur noch Ja oder Nein gab. Die anderen sind doch nicht unsere Wähler! Die ‚Nachrichten' sagten Ja, nannten die Ostermarschierer kommunistische Unterwanderung, gewisse Kreise würden noch einmal am eigenen Leibe erfahren, hoffentlich sei es dann nicht zu spät, und ich sagte nichts mehr, kümmerte mich nur noch um Kultur und Kulturpolitik, schrieb die menschliche Glosse für den Frühstückstisch, Si. Ich wußte natürlich, damals in ‚Ellermanns Hof', was Trinkler gemeint hatte; aber ich mischte mich nicht ein.

Schrecklich ist es, ganz schrecklich, sagte sie: Waltraud Trinkler, wir tanzten, sie war jetzt auch einundvierzig und etwas zu dick, eine Tochter, ein Sohn. Und Ingeborg kommt genau auf Franz, schrecklich, genau wie ihr Vater, statt daß sie mir hilft – es ist ja traurig, aber Franz ist wirklich wie ein Kind, immer noch, das war ganz typisch vorhin, daß er sich ausgerechnet mit Werner Poll anlegen mußte, wo Werner jetzt Oberstaatsanwalt ist, als ob wir nicht schon genug.

Das war gegen Mitternacht, in ‚Ellermanns Hof'. Zuerst hatte ich sie gar nicht erkannt, Waltraud, die aufgeblähte Modefrisur, der unzufriedene Mund, ein Vierteljahrhundert um die Augen herum: Sie war nicht mehr sechzehn, wie lange schon her, es war nicht mehr Sommer in Herseburg. Dann tanzten wir, irgend etwas Langsames, so daß wir miteinander sprechen konnten, sprechen mußten: Natürlich, sofort, du hast dich gar nicht verändert, wie geht es dir denn – ach ja, natürlich, mit Franz – aber wieso denn?

Weil er nicht will, sagte sie, er will einfach nicht! Er könnte doch auch was werden, heute noch, alle sind was geworden, aber wir, wir sitzen noch immer in zweieinhalb Zimmern, Ingeborg schläft auf der Wohnzimmercouch, grade, daß der Junge sein Zimmer hat – das ist doch kein Zustand, und auch sonst nichts, natürlich kein Fernsehen, Franz will einfach nicht, nichts will er als dagegensein, das ist schon krankhaft bei ihm, am liebsten würd' ich mich scheiden lassen, aber die Kinder, ich mache jetzt dreimal die Woche Nachtwache im Städtischen – ja, Krankenschwester sei sie damals geworden: Weißt du das gar nicht mehr? Bloß damit ich Ingeborg anständig anziehen kann, und ich bin doch auch noch nicht alt – natürlich nicht, du siehst großartig aus, kaum –, und wenn ich nicht dauernd aufpasse, es ist ganz schrecklich, er trinkt nämlich – nein, nicht immer, er kann's auch gar nicht vertragen, aber wenn wir etwas im Schrank haben – da, du siehst ja: Er trinkt.

Wollen wir noch einen?

Gern, ja. Du. Du tanzt immer noch so – du weißt schon! Sie drängte sich gegen mich, ein schwerfälliger Körper, rieb gegen mein Knie, unter dem Kleid der schwellende Fleischrand dort, wo der Hüfthalter aufhörte.

Aber Franz, er war doch immer ein netter – ich meine, eigentlich war er immer –.

Das sagst du so. Aber sieh dir doch an, was aus ihm geworden ist! Wenn er nur wollte, dumm ist er nicht, er könnte überall noch was werden, und ich will ja gern mithelfen, damals hab ich wieder voll arbeiten müssen, und es ging auch, irgendwie. Aber bloß, weil er den Mund nicht hält. immer den Mund groß, immer dagegen – den nimmt doch niemand mehr ernst in Herseburg, wir können noch froh sein, daß er die Agentur bekommen hat, das haben wir bloß Heiner Ellermann zu verdanken, ich weiß nicht, was sonst aus uns geworden wäre, und statt daß er nun wenigstens daraus lernt – wir landen alle noch mal auf der Straße, es ist zu schrecklich, man merkt den Kindern doch auch an, wenn sie kein ordentliches Zuhause haben, ich gebe mir so viel Mühe, wirklich, aber Ingeborg kommt ganz auf ihren Vater, was aus ihr noch mal werden soll, wo sie noch mal landet! – Ja. – Nein, reden, wie ihr Vater, immerzu reden, den ganzen Unsinn macht sie ihm nach, ich seh ihn schon wieder im Kittchen –. –

Nein, nur drei Monate wegen Widerstand, die Demonstration war nicht angemeldet, wenn sie das wenigstens angemeldet hätten, dann hätte das halbwegs seine Ordnung gehabt, Werner Poll hat auch gesagt, dann hätte er sicher nur vier Wochen mit Bewährung gekriegt. Aber was nützt das alles, Franz hat eben keinen Ehrgeiz und keinen vernünftigen Gedanken im Kopf, ich muß noch die halbe Agentur mitmachen, anders kommen wir gar nicht hin, ich drehe jeden Pfennig um, was meinst du, was heute Nachhilfestunden kosten? Nein, der Junge ist nicht besonders gut in der Schule, er ist eben zart, er kann einfach nicht so. – Wieso? Das konnte ich doch nicht wissen, damals, daß Franz mal so werden würde, daß er immer so bleiben würde, und ich ging auch auf die Dreißig zu, damals – na ja, und ich dachte, er wird schon Vernunft annehmen, wenn er sich erstmal ausgetobt hat, obwohl er damals schon aufgefallen ist, 44 wurde er sogar zum einfachen Soldaten degradiert, Wehrkraftzersetzung, es war überhaupt ein Wunder, daß er zurückkam, und so einer in Herseburg, mit solchen verrückten Ideen, wir hätten lieber gleich wegziehen sollen, aber meine Eltern – ja, immer noch, Vati ist pensioniert – danke, ja, es war schön mit dir, wunderschön.

Sie knickste ein bißchen und war rot im Gesicht unter den toupierten Haaren. Wir saßen dann noch eine Viertelstunde zusammen an der Bar, sie schob ihr linkes Bein gegen mein rechtes Bein, ich tat, als merkte ich nichts. Deine Frau sieht aber gut aus! So, findest du? Sie weinte beinahe: Bist du denn glücklich?

Sie trank das Glas leer, immer noch trank sie Likör, dunklen Cherry Brandy, ich bestellte ein zweites Glas, sie zierte sich – wie damals: Nein, bitte, das sollst du nicht, Sigi, das darfst du doch nicht, oh –, nachher tat sie es doch, trank. Gut, ja?

Gerda, Inge, Waltraud, eins und zwei und drei, Annemarie dann und nicht mehr gezählt, nichts mehr. Sie war nicht besonders hübsch, Waltraud, sie war damals schon brav, vornehmlich brav, und ich weiß nicht mehr, wie ich darauf gekommen bin, es bei ihr zu versuchen, mit ihr; vielleicht, weil sie so brav tat. Zuletzt hatte sie sogar Spaß daran, o du du, obwohl sie immer wieder den Rock hinunterstrich, so weit sich das machen ließ, die nackten Schenkel genierten sie, und ihr Kummer danach: Die Grasflecke, wie soll ich die bloß – das geht nie wieder raus! Waltraud Feinhaus, die Bluse durfte ich nicht aufknöpfen, wir hatten auch gar keine Zeit: Wenn jemand kommt!, keine Ruhe: Mach zu, komm, nein, bitte, du!

Sie leckte das Glas leer, merkte, wie ich ihr zusah, zog rasch die Zunge zurück.

Schade, daß deine Frau nicht mehr da ist, sagte Franz Trinkler. Ich würde mir auch gern mal was über dich erzählen lassen! Er lachte.

Ach du! Waltraud rutschte von ihrem Barhocker, strich sich den Rock hinunter. Als ob wir überhaupt von dir –.

Ich weiß nicht, ob Helma an dem Abend wirklich Migräne hatte. Meistens ist sie sehr beherrscht, man sieht ihr nichts an – damals jedenfalls, später wurden die Schmerzen stärker, manchmal schrie sie, ich will ich will ich will nicht, hilf mir doch hilf, ich will nicht in diesem verfluchten Haus, warum hilft mir niemand, dann gib doch die Spritze hilf mir, warum muß ich hier muß ich leben, ich will nicht ich.

In ‚Ellermanns Hof' hatten wir ein Doppelzimmer, ruhig, zum Hof hin. Aber die Tür war abgeschlossen, der Schlüssel steckte von innen, und Helma machte nicht auf, morgens um zwei oder halb drei: Nun sei doch vernünftig, Helma – die schwankenden Wände des Flurs, rotroter Läufer, zum Lachen, irrsinnig komisch. Ellermann mußte mir ein anderes Zimmer geben, mach dir nichts draus, Sigi, kommt gar nicht drauf an, das kostet für dich dasselbe, meine ist manchmal auch ganz verrückt, besonders, wenn sie ihre Tage kriegt, das ist bei allen Frauen so – Mensch, Sigi, wir haben schon ganz was anderes, was, Mensch, du, wenn ich denke, das waren noch.

Ein Jahr darauf wurde Helma operiert, dann war es eine Zeitlang besser, schien besser zu sein, bis es wieder anfing, trotz Rohkost und Basen und cholesterinfreien Fetten: Wir müssen an eine Totalamputation denken, wir kommen leider nicht um eine zweite Operation herum, wenn nicht ein Wunder – Sie wissen ja, in Einzelfällen ist es zuweilen gelungen, wenn ich auch schwerwiegende Bedenken, also wir können es noch einmal versuchen, aber als Arzt muß ich Ihnen dringend raten.

Der rote Läufer im Flur von ‚Ellermanns Hof' – mach dir nichts draus, alter Junge, weißt du was, wir nehmen noch einen, bei mir privat, so jung kommen wir nie wieder, und meine schläft auch schon – Vorsicht, der Läufer! –, wenn deine die Tür abschließt, das mußt du nicht tragisch, also sowas würde ich gar nicht, Sigi, kommt gar nicht in Frage, ist ja zum Lachen, als ob wir darauf angewiesen sind – was, soll'n sie doch abschließen, immer abschließen, wir machen es uns gemütlich!

Morgens, gegen vier in der Frühe, ich wachte auf, konnte nicht wieder einschlafen, das Zimmer drehte sich, alles verwischt, der Flur mit dem Schlangenläufer, Schlangen, Wände, wankende Türen, Nummer – ja Nummer vierzehn war es, dreizehn ist nicht, in ‚Ellermanns Hof' gibt's keine Dreizehn, wegen dem Glück, verstehst du, wegen der Tradition: abgeschlossen. Helma! Sie hört mich nicht, Helma!, will mich nicht hören, will mich nicht will nicht – Helma! Dann nicht, liebe Tante, dann nicht, dann.

Vaters verschlossenes Zimmer. Der Bücherschrank auf Schraders Flur, leises Scheibengeklirr, wenn ich vorüberging, abgeschlossen. Das Gästezimmer: Ich nehme den Schlüssel mit. Warum denn? Was soll ich, was sollte ich im Gästezimmer, Helmas Zimmer: Bett, Schrank, Schreibsekretär, ein Sessel, ein Stuhl, Mutters Kommode neben der Tür, ein Fenster zum Himmel hin, nur wenn ich mich auf die Zehenspitzen stelle, kann ich das ferne Hügelblau sehen – Helmas Zimmer seit drei Jahren nun. Den Schlüssel hat sie mitgenommen. Ein einfaches Türschloß, in zwei Minuten mit einem gebogenen Draht zu öffnen: Warum verschlossen, was sollte ich da?

Seitdem sie im Gästezimmer schläft, ist sie zusehends schmaler geworden, kleiner, ist in sich hineingeschrumpft. Abends: Kopfschmerzen, laß mich – ach was, gar nichts, das ist nur das Klima, ich sage dir ja – ! Nachts manchmal ihre Schritte, Wasserrauschen in den Wänden, das Haus ist leicht gebaut, zu leicht, für den Kubikmeterpreis können Sie wirklich nicht mehr verlangen, sonst müßten wir eben –. Selbst das Schalterknipsen kommt bis zu mir, wenn sie die Tabletten genommen, sich wieder ausgestreckt hat auf dem Gästebett – nein, nein, ich bin schon zufrieden, ich will kein anderes, mir ist es nicht zu schmal, so laß mich doch! Morgens das blasse, verzehrte Gesicht, Augenschatten, starkes Lippenrot. Danke, es geht, es geht schon. Du weißt ja, ich kann das Klima hier nicht. Laß mich. Die Schatten sind nicht gemalt.

Ich will nicht wissen, was hinter der Tür ist, nicht mehr. Damals, fünfzehn war ich: Vaters verschlossenes Zimmer. Vater war verreist, Montag bin ich zurück, zur zweiten Stunde, Mutter im Garten, ein Sommertag, grünes Kirschbaumdunkel vor den Fenstern, auf Vaters Schreibtisch offen, schamlos: Mein einziger Wilhelm, wie Du mich gestern, Liebster, Du bist so, Dein Dicker, ich warte, ich halte es nicht mehr aus, Dein, Deine, immer. Vaters Bücher, Viel Feind viel Ehr, Der rote Kampfflieger. Crébillon, Casanova, Das Sofa, ich pflückte die Rose, zwei knospende Brüste, Erinnerungen einer Herseburgerin, küßte, preßte, peitschte, schob, Flöte, Nille, Pfeife, Glied, bimste, fegte, geigte, mich ihn sie uns, Pflaume, Pfanne, Dose, Ding. Dein Dicker. Ich halte es halte es nicht mehr aus. Bin bin nicht mehr bin nicht.

Schlich wieder hinaus, dunkleres Blättergrün, der Dietrich scharrte im Schloß, kratzte, faßte nicht, schnarrte, schrie, er weigerte sich, wollte nichts rückgängig machen: Was du getan hast hast du getan, bist was du bist, hast es du hast es getan – knirschend gegen widerspenstigen Stahl, verbogen der Draht, du hast es getan, vergebliches Schaben im Schloß, mein Liebster, Mutter im Garten, Gerda im Garten, zwei knospende Brüste: und endlich, endlich dann das erlösende Schnappen, geschlossen, verschlossen. Ich habe das nicht vergessen. Ich weiß das. Ich will nicht mehr wissen, was hinter verschlossenen Türen ist. Ich habe es nicht mehr gewollt, seitdem.

Nur in Weißwasser damals, zwischen Neiße und Spree, Weißwasser 1945, einquartiert in der – wie hieß die Straße? Keine Erinnerung mehr, keine Notizen: die Straße gleich hinter der Eisenbahnbrücke links, wenige Schritte nur bis zur Buchhandlung hinter der Panzersperre. Das hallende Treppenhaus, Terrazzo-Stufen, Jugendstilranken über den Klingelknöpfen: Nein, nein, hier nicht, hier ist alles besetzt, aber die zweite Etage steht leer, Herr Schuch ist zur Kur, der kann sich das leisten, Bad Mergentheim, der kommt bestimmt nicht wieder, jetzt ganz bestimmt nicht, die ganze Wohnung steht leer. Quartierschein für die zweite Etage, Alfons Schuch, Rentier, irgend jemand hatte den Wohnungsschlüssel: Alte Luft, kühl, der März ist kalt, alle Sicherungen herausgeschraubt, links das Bad, die Zündflamme wie lange schon ausgelöscht, dahinter die Küche, Terrazzo, dünner Staub, keine Spuren, Schlüssel am Schlüsselbrett, Brandverzierungen: Keller, Vorratskeller, Boden, Hof, namenlose Schlüssel daneben, einer öffnet die erste Tür, Sonne durch einen Erker mit grünlichen Scheiben, Bürgerplüsch, Hängelampe mit Fransen, braune Gemälde, einer öffnet die zweite Tür, prallrotes Bettzeug, gähnende Schränke, leer, über dem Bett ein helles Tapetenrechteck, das Bild in Sicherheit, irgendwo. Für die dritte Tür ist kein Schlüssel da, nirgendwo, nicht im Büfett, nicht in der Schreibtischschublade: gibt es nicht.

Ich brauche das dritte Zimmer nicht. Ich schlafe in rotem Federzeug, esse unter der Hängelampe, schreibe am Schreibtisch im mattgrünen Erkerlicht: Angriffsvorbereitungen, die Festung Weißwasser wird bis zum Letzten, die Sowjets, wir können jetzt nicht mehr zurück, die Bolschewiken, ein Stoßtrupp über die Neiße, Kriegsberichter Sigurd Scherf. Mittags im Kübelwagen nach Muskau, lohnt nicht, nichts los, aber irgendwas muß man schreiben: Gesicht einer Frontstadt, sanftes Licht im Erkerzimmer, staubiger Sesselplüsch, die Festung Weißwasser wird bis zum Letzten, mehr als anderthalb Seiten lohnt nicht, ist nicht mehr drin,wer soll das noch drucken, Verteilerwunsch, Zensurvermerk: Gesicht einer Frontstadt, was soll man noch schreiben Ende März 45: Die hallenden Abschüsse in den Wäldern vor der Stadt, Kinder sieht man nicht mehr, Nachschubkolonnen, Meldefahrzeuge, Feldjäger, Plakate Wer den Tod in Ehren fürchtet, stirbt ihn in Schande, graue Volkssturmmänner, linkisch, Brückenposten, Streifen, Panzersperren. Was soll man noch schreiben? Die innere Verteidigungslinie, die sich mit Maschinengewehrständen und Schützenlöchern um die Häuser herum –: Wen interessiert das? Wem hilft das? Wer glaubt das? Terrazzoküche, Kaffee. Ein, zwei, drei Türen. Herr Schuch ist zur Kur in Bad Mergentheim. Kein Schlüssel zur dritten Tür. Gesicht einer Frontstadt: Wenn aber die Übermacht des Feindes einen Durchbruch erzwingen sollte – wird sie erzwingen, weiß jeder, sagt niemand, Kriegsberichter Sigurd Scherf: Wenn aber die Übermacht des Feindes – was dann? Werden auch sie mit der Waffe in der Hand – mit der blanken Waffe in der Tiefe des Hauptkampffeldes kämpfen und –. Und was? Kriegsberichter Sigurd Scherf: Was dann? Kämpfen und –. Herr Schuch, Rentier, ist zur Kur. Die dritte Tür ist verschlossen. Was ist hinter der dritten Tür, im dritten Zimmer? Ich will es nicht wissen. Wer ist Alfons Schuch? Ich weiß es nicht. Was ist das: Kämpfen und - ausharren. Ausharren. Besser noch: Aushalten. Wenn aber die Übermacht des Feindes – was kann ich sonst schreiben, März 45. Aushalten Aushalten. Wer glaubt das noch? Wer weiß das, wer weiß, was hinter der dritten Tür ist, wer Alfons Schuch ist - oder war: Rentier –, wer ich bin: Kriegsberichter Sigurd Scherf.

Und dann zum Korpsstab, nach Muskau, zum Forsthaus Neudorf, erzählen Sie mal, ich schreib was drüber, ja, für die Frontzeitung: Sturmpioniere sichern den Erfolg. Nach Pechern, die Zahnbürste in Weißwasser vergessen, in der Wohnung von Alfons Schuch, ist auch egal, in Pechern eine Zahnbürste gefunden, Panzerjäger im Einsatz – dolles Ding, nicht? Vorgeschlagen zum Ritterkreuz. Aber wenn du da liegst und sie kommen – was konnte ich anderes tun? Ist doch Scheiße. Mit dem Divisionspfarrer nach Weißwasser zurück, netter Mann, kann einem auch leid tun: Was soll er sagen? Was soll ich sagen?

Ich machte die Tür nicht auf. Zwei Zimmer waren mehr als genug, Schlaf in den roten Federbetten, Schreiben in sanftem Plüsch, grünliches Licht: die innere Verteidigungslinie. Verpflegung beim Divisionsstab, Bratkartoffeln in der Terrazzoküche von Alfons Schuch, Teller genug, Herr Schuch kommt nicht wieder, jetzt ganz bestimmt nicht, der kann sich das leisten, Bad Mergentheim, was soll er in Weißwasser Ende März 45, Gesicht einer Frontstadt. Die hallenden Abschüsse in den Wäldern, nachts. Braungelbe Fotos im Kreis der Wohnzimmerlampe – was soll ich schreiben, jetzt noch, Anfang April 45, Kriegsberichter Sigurd Scherf.

Aber dann Trommelfeuer, Einbruch, Einbrüche, Richtung Bautzen, wohin wo was ist, wird Weißwasser noch gehalten? Ich glaube schon, aber ich würde nicht – auf eigenes Risiko, in den Wäldern wimmelt es schon: Noch einmal in Weißwasser, die Eisenbahnbrücke gesprengt, die Schlucht hinunter, wieder hinauf, links in die Straße, Terrazzo, Jugendstil, zweiter Stock, Schuch,

Rentier, die Wohnungstür öffnen, aufgebrochen, Jugendstilscherben, ein, zwei, drei Türen offen: auch die dritte Tür offen, das Zimmer leer, leergeräumt, Fensterflügel im Wind, die Verdunkelungsrollos schief, zerrissen, zerfetzt, Splitter, Gesicht einer Frontstadt, wer hat die Tür geöffnet, das Schloß erbrochen? Aushalten. Und plötzlich, in das Geklecker der Infanteriewaffen hinein – nee, ist nichts los –, wo eigentlich? Plötzlich das Rauschen über mir, vor mir, volle Deckung, Einschläge auf der Straße, die Fenster schlagen herein, sprühen die letzten Scherben zu mir, über mich: kämpfen und – kämpfen und – Weißwasser wird bis zum Letzten. Was will ich, was will ich hier? Das Zimmer war leer.

Abends Spaziergang ins Dorf, wieder versucht, Helma anzurufen. Pension Sonnenhof – dann Flüstern: Einen Augenblick, bitte – eine Hand auf der Muschel, dann der Wirt: Sonnenhof, Werdemann! Bitte? – Nein, leider nicht, Frau Scherf ist schon schlafen gegangen. – Sicher, Herr Doktor, sehr gut, würde ich sagen, wirklich sehr gut! – Selbstverständlich, ich werde das ausrichten, gleich morgen früh. – Jawohl. – Sie können sich ganz auf mich –. – Jawohl.

Ein Bier, zwei Bier, zwei Korn, noch einen Doppelten, die kleine Neesen: Hille, komm mal! Am Stammtisch läßt sie sich von Bauer Höfeld um die Hüfte packen, lacht, befreit sich, sieht zu mir hin, rückt den Ausschnitt zurecht. Bringt ein Bier, das ich nicht bestellt habe, wie versehentlich – natürlich nehm ich's, Fräulein Hilde, wollt sowieso grad. Langsam geht sie zur Theke zurück, wischt über die Tropfplatte, hält sich am Bierhahn fest. In zehn Jahren wird sie wie ihre Mutter sein, formlose Brüste, Doppelkinn, rote Küchenhände. Jetzt ist alles noch prall. Dann wird sie weich sein, teigig, verformt, fügsam. In zehn Jahren bin ich zweiundsechzig, wenn ich das noch erlebe, dick, grau, halbe Glatze, auch nicht mehr viel. Reife! Lächerlich.

Abends spät. In Wirklichkeit stimmen die Worte nie, bei mir, haben nie ganz gestimmt. Ich habe die Sprache immer nur benutzt. Ich habe die Worte niemals auf ihre ganze, ihre ganz genaue Bedeutung befragt und festgelegt, habe sie nie auf den äußersten Punkt zu treiben versucht, wo ein Buchstabe mehr, ein Atemzug weniger die Welt verändert. Drei Reiter, ja, die sanfte Bewegung der Dünen, sternklare Nacht, alles geschrieben, hingeschrieben, ja, Gesicht einer Frontstadt, die Asche des Abends, menschlich gesehen, Si – nichts genau, nichts ganz genau gesehen, geschrieben, gesagt, immer im Ungefähren geblieben, was jeder versteht, was keiner versteht, weil keiner und jeder und nichts gemeint ist. Ich kann es jetzt nicht mehr ändern, kann nichts mehr korrigieren von dem, was ich zu achtlos, zu sorglos geschrieben habe – manchmal nicht ohne Mühe, gewiß, aber nie mit der bitteren Anstrengung, hinter der die Kunst beginnt. Drei Reiter: Das war noch entschuldbar, Torheit, Jugendtraum – wer ließe sich nicht gern eine Hoffnung nennen mit zwanzig Jahren, wer würde nicht nach dem Zucker schnappen, den er für kleine Leistung erhält? Ich hätte Zeit genug gehabt, später, noch einmal anzufangen. Es war nicht die Zeitung, die mich verdarb. Ich war so. Ich war nicht ehrlich. Die Geschichten der Männer, von denen ich erzählte, die ich erzählen ließ – drei, zehn, dreiundfünfzig Seiten lang, lauter Anfänge, Ansätze –, das waren immer meine eigenen Geschichten, und was die sahen, hatte ich selbst gesehen, was sie erlebten, drei oder zehn oder dreiundfünfzig Seiten lang, hatte ich selbst erlebt. Aber ich blieb an der Oberfläche: Die Daten stimmten, die Farben stimmten, alles das stimmte, was kontrollierbar war; aber weshalb die Männer, von denen ich erzählen wollte, die ich mit fremder Stimme erzählen ließ, so waren, so handelten, weshalb ich in meinem Leben so gehandelt hatte: Das sagte ich nicht. Ich wußte es nicht, oder ich mochte es nicht sagen, ich konnte es nicht.

1954 (rosa Aktendeckel)

Neben dem geduckten Kiosk setzte er den Koffer ab, drückte den Hut fester in die Stirn. Der Wind trieb neblige Kühle über den Bahnhofsvorplatz. Die Autos sahen ungeputzt aus, das Gelb der Straßenbahn war erschöpft, sie fuhr wieder an, gleichgültig sah er die Köpfe hinter den trüben Scheiben vorüberrutschen. Fräulein Beck stand im Wagen, nahe dem Fenster, sie wischte über die Scheibe, es sah so aus, als winkte sie ihm, die Bahn kreischte in die Kurve – sie konnte es gar nicht gewesen sein! –, das rote Seitenlicht glühte gefährlich, dann waren die Häuser davor, er hörte nur noch das Schrillen vor der nächsten Kreuzung.

Er nahm seinen Koffer und ging auf das Bahnhofsportal zu. Die Uhr über dem Eingang zeigte drei Minuten vor halb elf. Fräulein Beck war im Dienst, sie konnte es nicht gewesen sein. Das linke Bein schmerzte wieder, vielleicht war der Bruch doch noch nicht ganz verheilt. Unter dem Vordach Gepäckträger. Aber er wollte kein Geld verschwenden, er brauchte das Geld in Düsseldorf, und der Koffer war nicht so schwer.

Halb elf, er hatte Zeit. Die Riesenkulisse des Weihnachtsbaums leuchtete mit erstarrten Flämmchen. Vielleicht wäre es besser gewesen, nach Altona zu fahren, dort wurde der Zug eingesetzt – vielleicht war er hier schon überfüllt, er hätte daran denken müssen. Aber dann hätte er früher aufstehen, hätte wieder eilen müssen, das war ihm schon einmal zum Verhängnis geworden, nur nicht eilen, sonst wäre alles anders gekommen.

Der Mann am Schalter drehte die Karte umständlich zurecht, hob die Zange, knipste: „Bahnsteig eins!“

Er nickte, ein Koffer schob ihn nach vorn, Festtagsverkehr, er steckte das kleine Pappstück in die Manteltasche und trat zur Seite. Der Boden war feucht, glatt, Menschen hasteten vorüber. Er hatte noch Zeit, er durfte nicht noch einmal fallen. Als er den Koffer absetzte, sah er, daß Schmutz daran war, ein dunkler Streifen quer über das Leder. Er mußte aufpassen, er mußte solide erscheinen in Düsseldorf, Mittvierziger, vom Leben enttäuscht, aber: Er war solide, er haßte alles Aufdringliche, Falsche – alles Schöne und Gute liebend, ersehnt –, mit dem Taschentuch wischte er das Leder blank.

Zehn Uhr fünfunddreißig zeigten die Uhren über den Bahnsteigen. Er stand oben an der Treppe und sah, wie sich Menschenklumpen vor den Eingängen eines Zuges zusammenwühlten. Er hatte noch Zeit, und ihm fiel ein, daß er Reiselektüre brauchte, fünf Stunden Fahrt. Langsam ging er zur Buchhandlung zurück, bunte Umschläge, grelle Buchstaben, ‚Liebe und Ehe‘ links, er zögerte, dann hob er den Blick: „Etwas zu lesen“, sagte er. Wahllos griff er ein Buch, ‚Reisen in den sonnigen Süden‘, schüttelte den Kopf, sah die Taschenbücher. „O ja“, sagte er. „Kafka!“

„Einsachtzig“, sagte der Buchhändler. „Vielleicht noch was Leichtes dazu?“

Er überflog die Titelblätter der Zeitungen, Zeitschriften. ‚1000 Mark für deinen Falschtip!‘ Er nahm das Blatt, Düsseldorf, 20. Dezember, legte es wieder hin, für deinen Falschtip!, zählte die Münzen hin, steckte das Buch in die Tasche und ging zur Treppe zurück. Er ärgerte sich: ein Magazin, niemand hätte etwas gemerkt, niemand kannte ihn hier, oder ‚Liebe und Ehe‘, er hätte das Buch hier kaufen können. Aber so etwas war auch teuer, und im Zug konnte man sicher nicht ungestört lesen, Festtagsverkehr.

Auf dem Bahnsteig wurde das Schild gerade eingezogen: *D-Zug / Vorzug über Bremen Düsseldorf 10.36.* Er hätte ihn leicht bekommen, wenn er davon gewußt hätte. Vielleicht war das wieder entscheidend, alle Entscheidungen im Leben waren zufällig, ein Stolpern, ein Zufrüh, Zuspät, ein Schritt zur Seite im richtigen oder im falschen Augenblick: Plötzlich war alles anders, und nichts geschah noch einmal. Langsam ging er zur Mitte des Bahnsteigs vor, stellte den Koffer neben dem Briefkasten ab, lehnte sich an den Automaten *Süßigkeiten.* Er fühlte, daß seine Augenlider schwer waren. Er hatte zu wenig geschlafen.

Über ihm rauschte der Lautsprecher, eine dumpf dröhnende Stimme warnte: „Bitte zurücktreten! Zurücktreten bitte!“ Die Wartenden bewegten sich nach vorn, wie unter Zwang, er nahm seinen Koffer, trat an die Bahnsteigkante. Das Bein schmerzte, der Koffer war schwer, vielleicht hätte er doch noch liegenbleiben sollen. „Verzeihung!“ Unerhört diese jungen Leute!

Mächtig die Lokomotive, keuchend, der Tender, der Packwagen, langsam der erste grüne Wagen, beinahe leer, er nahm den Koffer auf, Bremsen knirschten. Doch auch der nächste Wagen zog unerbittlich vorüber, der nächste, die Leute drängten von links, wieder rutschte ein Eingang vorbei, er wurde neben den rollenden Wagen weitergeschoben, plötzlich hielt der Zug, unerwartet, eine junge Frau riß die Tür auf, er schob den Koffer in den Wagen, kletterte schwerfällig hinterher, das Bein, das Bein, wurde nach vorn gestoßen, in den Gang.

Nur die Fensterplätze waren besetzt. Links war ganz frei –

Schwerbeschädigte –, er ging weiter, eine dicke Frau drängte sich an ihm vorbei, er wäre beinahe gestolpert, nur das nicht noch einmal. Aber die beiden Abteile vor der Mitteltür waren leer, braune glänzende Kunstlederpolster – er würde gut sitzen können, das Bein konnte ausruhen.

Als er den Koffer hochstemmte, spürte er tief im Rücken den Schmerz. Er war noch nicht wieder gesund, er hätte noch liegenbleiben sollen, „Sie müssen sich vorsehn", hatte die Beck gesagt, ihr müder Kuhblick, vielleicht ihre Art von Liebe. Dann sah er die schmalen Zettel am Gepäcknetz gegenüber: Platzkarte – Bestellt. Er sah hoch, auch vor seinem Koffer hing das weiße Papier, Platzkarte – Bestellt. Nur der Sitz an der Mitteltür war nicht belegt. Er stand auf, wollte den Zettel über den anderen Platz schieben; doch die lose Papierschleife riß, er mußte sie abnehmen, neu befestigen, und dann stand plötzlich der andere vor ihm: „Hallo!", die Stimme klang jovial. „Was machen Sie da? Ich hab doch einundvierzig!"

Er stand auf, setzte sich auf den anderen Platz: „Verzeihung, ich dachte -."

„Macht nichts, macht nichts!" sagte der andere. „Aber bestellt ist bestellt, nicht?!" Er hob einen dicken gelben Koffer hoch, schob ihn mit einer Hand ins Gepäcknetz. „Schließlich kostet das alles!" sagte er, ließ sich befriedigt fallen, lehnte sich in die Ecke und streckte die Beine unter die Bank gegenüber, sein gerötetes Gesicht strahlte Zufriedenheit, er breitete eine Zeitung aus: ‚1000 Mark für deinen Falschtip!'

Der Platz war etwas schmaler, und er konnte das Bein nicht so gut ruhen lassen. Aus dem nächsten Abteil, schräg gegenüber, lachte eine junge Frau zu ihm herüber, tuschelte dann mit ihrer Nachbarin, von der er nur ein pralles Stück schwarzen Rock und einen dicken roten Pulloverarm sah. Er hätte sich auch eine Platzkarte nehmen sollen. Doch bis zuletzt hatte er sich nicht festlegen wollen, vielleicht hatte er erst morgen fahren wollen, gar nicht vielleicht, das Bein schmerzte noch immer, und er wußte nicht, was das Richtige war. Dann hatte er ihr das Telegramm geschickt.

Der Bahnsteig wich langsam zur Seite, die Räder rollten. Rotgraue Häuser, Ruinen mit dunklen Fenstern, ein großes Hallentor starrte herein, Wasser, Schuten, Häuser in trübem Gelbgrau. Ilse erwartete ihn. *Bananen* las er, dann nahm der Dampf der Lokomotive einen Augenblick lang die Sicht. Sie erwartete ihn. Kräne spitzten rechts hoch, aufgereiht, er war noch jemand, das hatte er oft gezeigt – links andere Kräne, deren Köpfe stumpf gefeilt schienen, mit siebenundvierzig ist man natürlich nicht mehr der Jüngste. Er sah hinaus, das matte Weißgrau von tauendem Schnee am Rand der Geleise, links eine Brücke, plötzlich fuhr der Wagen selbst über eine Brücke, hohles Rollen, vorbeischlagende Eisenträger. Dann kleine, kahle, sparsam verteilte Bäume auf flachem Feld, noch eine Brückenkonstruktion, und ein Gong kam näher: „Der Speisewagen ist geöffnet!" Die Neonröhren wurden ausgeschaltet, die Trübe drang unwiderstehlich herein, er war nicht der Jüngste mehr, aber die meisten Frauen vertrauen auf graue Haare. Die Junge schräg gegenüber zog ihre Jacke aus, die schwarzen Keilhosen spannten sich über ihren Schenkeln, ihre Lippen waren selbst in der grauen Vormittagsluft noch grell, und sie schien dauernd zu lächeln, lachte vielleicht über ihn, lachte ihn aus oder lachte ihn an, wer kennt sich bei Frauen aus – sie war keine Frau, trug keinen Ring. Er trug auch keinen Ring, niemals.

Er sah an der Zeitung des Dicken vorbei nach draußen, graubraune Erde unter spärlichem Schnee, Siedlungshäuser gereiht, wie verloren, vergessen von einem Kind, das ein anderes Spiel begonnen hat – Kinder müßte man haben, wenn man ein Kind hat, ist alles anders. Wieder eine Brücke, auf dem Strom unregelmäßige Schollen, löcherig schon, angefressen. Er lehnte sich zurück, ließ sich wiegen von dem gedämpften Rollen der Räder. Einmal faßten die Bremsen vorsichtig zu, dann lief der Wagen wieder frei. Erschütterungen von Weichen, leichtes Schwanken, ein Stellwerk. Die Fensterscheiben beschlugen, undeutlich sah er Häuser, Packwagen, eine Lokomotive fuhr auf ein anderes Gleis, und als die Bremsen wieder einsetzten, dachte er an Ilse, wenn das Bild nicht schon älter war, das wußte man nie, das gab manchmal Überraschungen, wie damals in Frankfurt, aber das war nicht Ilse, nicht die Frankfurterin mit dem Ziegengesicht: Das war das dunkle Mädchen, sie hatte die kleine, abgeschabte Basttasche in der Hand, wie immer, und sie war nicht allein: Er stand neben ihr, hätte sie streicheln können, wie immer, die Sonne schien wieder gefährlich, der Himmel war klar, der Zug mußte abfahren, abfahren, was wartete er noch, er mußte fahren, jetzt, gleich, sonst werden wir noch auf dem Bahnhof erwischt, der letzte Zug ist es, dann kommt nichts mehr, nur dieser Zug noch, und der Himmel ist klar, das schneidende Blau, gefährlich, und wieder sah er die Jäger, kleine schwarze Punkte, dicke schwarze Punkte, Flügel, böse Insekten, das dröhnende Motorengeräusch, da kurvten sie ein, und der Zug war voll, übervoll, das Mädchen allein, er hätte sie streicheln können, neben ihm stand sie, an ihn gelehnt, an ihn gedrückt, gepreßt, aber sie schien keine Angst zu haben, wer wußte, woher sie kam, aber er, er hatte Angst, eingepreßt in den Zug, und der Verwundete blutete, an der Gasmaskenbüchse tropfte es dunkel hinab, das war der letzte Zug, der Wagen ruckte, wir fahren, endlich. Aber die Jäger kamen zurück, kurvten ein, das Flackern der Mündungsfeuer vor den Tragflächen, und dann, etwas später, das Knattern, die Einschläge rissen den Sand auf, der Zug fuhr, ganz langsam, er fuhr, bremste, hielt, die Türen brachen auf, sie fielen, er fiel, und er lag am Bahndamm und wünschte, wünschte, sie sollten nicht wiederkommen, nicht wieder hierher, warum denn, das ist der letzte Zug: Sie schlugen Kreise um ihr Opfer, schossen nicht mehr, flogen ab, er sah es, hoffte schon, glaubte es nicht, wieder die Kurve einwärts, er sprang hoch, lief, lief, da kamen sie wieder, woher, er sah nicht mehr hin, Kiesel zerspritzten, im Blech des Waggons tackte es, einer brüllte im Wagen, das Heulen über uns, die Lokomotive stieß gellende Schreie aus, das Mädchen blutete an der Hand, Schotterschrammen, er half ihr, fast unerreichbar die Trittbretter, der Zug fuhr schon wieder, fuhr, fuhr in den Sonnennachmittag, die Blutlache unter dem Sitz vergrößerte sich, schwarz, immer mehr Menschen, alles besetzt, hier nicht mehr, immer mehr ließen sich auf den kleinen Stationen hineinpressen von ihrer Angst, Angst, es wurde dämmerig, das Mädchen stand an das Fenster gepreßt, er streichelte sie, er nahm ihre Hand, er wollte nichts, nichts Böses, bis die Jäger zurückkehrten, noch in der Dämmerung fanden sie ihre Beute, stießen heulend herab, der Zug bremste, hielt, er rutschte den steilen Bahndamm hinab, warum schrie niemand, Angst, das Mädchen war nicht mehr da, er hatte Angst, als sie herunterstießen, irrsinnige Angst, die plötzlich verging: Die Jäger schossen nicht mehr, sie kreisten, kurvten, spielerisch, flogen noch einmal an, wie zur Übung, immer noch einmal, aber sie schossen nicht mehr, und er hob den Kopf und sah sie im grauen Himmel verschwinden, die Lokomotive stieß ihren Pfiff aus, da waren sie wieder da, da feuerten sie wieder, wieder und wieder, er hörte die Schreie, stolperte hoch, der Zug fuhr langsam an, ganz langsam, er sah die Trauben an den Trittbrettern, warf sich darauf, klammerte sich fest, ein Arm, ein Hals, der Zug bremste noch einmal, Schreie, er zog sich hoch, trat in Weiches, drängte sich in das Abteil, Angst, er stand unter der Notbremse, als der Zug wieder anfuhr, bloß fort jetzt, viel zu früh anfuhr, draußen schrie es, er sah das Mädchen, sie schrie, sie winkte mit der Tasche aus Bast, winkte ihm, sie lief, lief, fiel, und er stand unter der Notbremse und hatte Angst, Angst, die Jäger würden noch einmal kommen, er zog die Notbremse nicht.

Der Zug fuhr langsam an. Er sah den Bahnsteig zurückbleiben, die rote Mütze, durch die trübe Scheibe erkannte er Fräulein Beck, einen Augenblick lang sah er sie, wußte: Das ist sie, sie winkte, winkte ihm, dann wußte er nicht mehr, ob sie es wirklich gewesen war, sie konnte es nicht gewesen sein, sonst trug sie nie ein Kopftuch, vorhin, in der Straßenbahn, hatte sie mit dem kleinen braunen Hut gestanden, obwohl es verrückt war zu denken, Fräulein Beck vormittags in der Straßenbahn oder auf fremden Bahnhöfen, sie hatte Dienst, sie war im Dienst.

Der Dicke schlug die Zeitung zusammen, stand auf, reckte sich. „Machen Sie sich's gemütlich!" sagte er und setzte sich auf den Fensterplatz gegenüber. „Die kommen nicht mehr!", und er wies auf die Platzkarten-Streifen oben. „Weihnachten in der Familie, das ist kein Zuckerlecken, die wollen was von einem!"

Er rutschte weiter auf den Fensterplatz, schloß die Augen, versuchte zu schlafen. Der Wecker hatte ihn zu früh hochgerissen. Er hatte alles ohne Eile tun wollen, damals hatte er auch am Abend den Koffer gepackt, alles hatte bereitgelegen, aber er hatte nicht schlafen können, man ist nicht mehr der Jüngste, er hatte die Briefe hervorgezogen, ihr Bild, hatte sich auf die Worte besonnen, mit denen er sie begrüßen wollte, ganz leicht und frei und überlegen, jedesmal hatten die ersten Worte entschieden, und schließlich hatte er eine Tablette genommen, war in der Frühe vom Wecker zerschlagen worden, hatte sich beim Rasieren geschnitten, war auf der Treppe gestolpert, beinahe, der Bäckerjunge war ihm entgegengekommen, das Mädchen vom dritten Stock hatte ihn überholt, die Hausmeistersfrau wischte die Eingangstreppe, er sah es, sah sich, hörte das „Vorsicht!", fiel, war gefallen.

„Die Fahrkarten bitte!" Lang und schmal der Schaffner. „Haben Sie eine Platzkarte?"

Er besann sich „Nein – ich dachte –."

Der Dicke knickte die Zeitung zusammen. „Glauben Sie denn, die kommen noch?"

Der Schaffner riß die Platzkarten-Zettel von den Gepäcknetzen. „Sind viele mit dem Vorzug gefahren", sagte er, wandte sich zur anderen Seite.

Die lange Zeit im Gipsverband wäre schwer zu ertragen gewesen ohne die Briefe. Er schrieb jeden Tag, und beinahe jeden Tag kam eine Antwort, manchmal zwei oder drei, an einem Tag waren es gleich fünf Briefe, aus Düsseldorf und aus Kassel, aus dem Fränkischen, aus Stuttgart, München, Essen, Bonn und Bremen, sogar aus Schweden, überall wartete eine auf ihn, dachte an ihn, Sie Ärmster, Du Armer, hoffentlich bist Du bald wieder gesund, haben Sie auch, soll ich nicht kommen, ich würde so gern.

Fräulein Beck besuchte ihn jede Woche im Krankenhaus, brachte ihm Blumen und Obst, freitags meistens, von den Kollegen, sagte sie, treue Kuhaugen, und sie solle ganz herzlich grüßen. Sie war zu dick, einfach zu dick, und sie war ihm zu nahe. Zehn Minuten saß sie an seinem Bett und erzählte, erzählte zuviel: von der Kasse, wo Herr Claussen jetzt seine Abteilung übernommen hatte, Hi bis K, aber natürlich nur für die Zeit, wo er krank lag, wußte von Blankenburg & Co., die wieder mit den Beiträgen rückständig waren, das kann ja wirklich nicht länger so weiter, von Dr. Maeters bevorstehender Verlobung mit Fräulein Kühn berichtete sie, ausgerechnet die kleine Kühn, Herr Doktor Maeters würde schon noch sehen, was er sich da ins Bett gelegt hatte – Fräulein Beck wurde ein bißchen rot, als sie das sagte: Bett –, und Frau Scholz hatte sich eine Wohnung erschwindelt, anders konnte man das doch wirklich nicht nennen. Sie war ihm zu nahe. Er war erleichtert, wenn sie ging. Und sie fragte zuviel. Wie es ihm gehe, mit so einem Bruch müsse man vorsichtig sein, wohin er denn fahren wolle im Urlaub, in Düsseldorf sei sie auch schon gewesen, aber nur auf der Durchreise, eine elegante Stadt, wer ihm denn soviel schreibe – der Briefstapel auf seinem Nachttisch! Das ging sie nichts an, er achtete darauf, daß sie die Briefe nicht wieder sah, und es ging sie nichts an, daß er nach Düsseldorf fuhr und weshalb: Was tat sie vormittags in der 18, in der Dienstzeit, was auf dem Bahnhof in Harburg? Sie sah ihn manchmal so komisch an, diese müden braunen Augen, Mitte dreißig, ein schwieriges Alter – Ilse war siebenundzwanzig und schick, und das Zimmer war bestellt, sie hatte es bestellt, und Düsseldorf war eine schöne Stadt, strahlend und elegant, das las man überall.

Vor dem Fenster spielten die Telegrafendrähte, gesammelt von vielarmigen Pfählen. Ein Güterzug wurde vorbeigerissen, offene Wagen mit grauen Kokshaufen. Kleine Wälder mit kahlen Stämmen blieben zurück. Die unförmige Frau gegenüber schälte eine Mandarine, die junge wickelte Brote aus, „Platzkarten gewünscht zum Mittagessen?" hörte er, und „Zum Lesen! Zur Unterhaltung! Vierzig Pfennige!" Im Nebenabteil klimperte Geld, dann beugte der Mann mit der weißen Jacke sich zu ihm, ein gleichgültig-freundliches Gesicht.

„Wann ist das Essen?" fragte er.

„Zwölf Uhr fünfundvierzig in Bremen", sagte der Mann. „Am besten kommen Sie über den Bahnsteig zum Speisewagen, in Bremen wird's voll."

Er sah die Speisekarte, nahm das I. Menü. Er legte die Karte auf das Buch, Kafka, eigentlich könnte er lesen, Ilse schrieb viel von Büchern, Kafka mußte man kennen. Aber dann sah er wieder hinaus, ließ grauweiße Heide vorübergleiten, Kiefernschonungen und flaches Blaugrün. Der Schnee war in einzelne Furchen am Rand der Gräben zurückgewichen. Ein Bahnübergang mit rotweißer Stange huschte vorüber, ein Milchfuhrwerk wartete, der Kutscher schlug die Arme übereinander. Schief ragten Stacheldrahtzäune aus überschwemmten, vereisten Wiesen. Die Scheibe beschlug immer mehr. Tropfen liefen zitternd herunter, lösten das eintönige Muster in unregelmäßige Streifen auf und verzerrten das –.

12./13. Juli, nachts.

Vielleicht, wenn ich Lisa geheiratet hätte: Eli, Lisa, Betty, Elisabeth, auch Tine, Tina, Bettine, ich war närrisch damals, zweiundzwanzig Jahre, verliebt, verrückt: Lise, Betty, Betsy, Bibi, wir waren närrisch, glücklich, jung, dumm. Becker hatte mir den Wagen geliehen, den Wagen seines Vaters: Mensch, Walther, bloß diesen Nachmittag, zwei Stunden höchstens, es passiert doch nichts, ich hab noch nie was gehabt, ich fahre vorsichtig, bloß ein bißchen ins Grüne, verstehst du, Mensch, Walther, dein alter Herr merkt das gar nicht, wie soll er das merken, der kommt doch erst abends nach Hause, und wenn er was merkt, dann sagst du ihm eben, du wärest ein bißchen kutschiert, ich fahre bestimmt nicht weit, bloß ein bißchen aus Herseburg raus, im Wald und auf der Heide, verstehst du, das muß ich doch mit meiner Süßen feiern, das siehst du doch ein?! Natürlich Bibi, wer sonst denn, kapierst du denn nicht, und bei dem Wetter, das kommt bestimmt nicht noch mal!

Einer der geschenkten Tage Anfang Oktober, so blau war der Himmel nie, nie so rein das Laubgold, kein Wolkenhauch am Morgen, der Vormittag weitete sich über den Giebeln ins Unermeßliche: Komm, laß uns, heute wollen wir – ja, heute, heute, das müssen wir feiern, denk doch, nun wird alles – alles wird, komm!

Es stand in der Zeitung, am selben Tag: Zur Förderung heimatverbundener deutscher Gegenwartsdichtung hatte die Stadt Herseburg ein Stipendium ausgesetzt, gegeben im dritten Jahre der nationalsozialistischen Revolution, am 1. Oktober 1935, und einstimmig hatte der Magistrat entschieden, dieses Stipendium – dreitausend Reichsmark, wenn ich mir's einteile, reicht es für zwei drei Jahre, Li, Bi, Li, ich werd verrückt!

Damals wurden gerade die neuen Kasernen am Zuckerdamm gebaut, seit einem halben Jahr war ein Vorkommando des Bataillons in der Ratsbücherei einquartiert, die roten Ziegelklötze wuchsen von Tag zu Tag, wie aus Kinderbausteinen zusammengetragen, und Hauptmann Lessow wohnte mit seiner Familie schon in einer der beschlagnahmten Villen am Hüllenbusch: Vati darf aber nichts wissen, ja? Wenn er merkt, daß ich – wir –.

Geschenktes Sonnengold. Ich hätte natürlich den Firmenwagen nehmen können, vielleicht wäre dann nichts geschehen, keiner hätte etwas gemerkt. Aber an diesem Tage, mit Betty, Bettina, Bibi, Betsy, Bi – unter dieser Sonne, diesem Himmel: Kann man sein Glück in einem Lieferwagen verstauen, bei siebzig begann er zu zittern, bei jedem Anwerfen schmierige Hände, an beiden Türen *Reichslautsprechersäulenvertriebs GmbH* – was schert mich das noch, das war gestern, gewesen, Lautsprechersäulen mochte verkaufen wer immer: ein Jahr lang mit trockener Zunge Lautsprechersäulen gepriesen, keine Stadt ohne moderne Lautsprechersäulen, Pilzlautsprecher mit Konusmembran, kein Dorf ohne, den Anforderungen der Großübertragung bestens gewachsen, die mitgelieferten Schalltrichter bewirken die Schallstrahlung in beliebiger Richtung. Vorbei, vergessen. Aber jetzt, jetzt: So blau war der Himmel noch nie!

Der Motor summte, dröhnte: siebzig, achtzig, neunzig – fahr nicht so schnell, bitte! – ach was, der kommt über hundert, hast du gemerkt, das sind Bremsen, fünfundneunzig, ich liebe dich liebe dich. Siehst du: hundertfünf!

Nachher war sie still. Sie ließ den Sand – hellen Heidesand – durch die Finger laufen, wehrte meine Hände ab. Was hast du denn? Sie sah mich an, wenn man so angesehen wird, muß man schlucken: Ich liebe dich auch.

Ich erinnere mich nicht einmal mehr an ihr Gesicht. Blond war sie, das weiß ich noch, das werde ich nie vergessen, und sie trug ein hellblaues Kleid an dem Nachmittag, der noch wie Sommer war, geschenkt, das helle Blau ist in meinem Gedächtnis geblieben. Wahrscheinlich hat sie auch blaue Augen gehabt, blaugrau vielleicht, oder es war ein bißchen Grün darin, ich kann mich nicht mehr daran erinnern, so wenig wie an die Züge ihres Gesichts, das ich liebte. Sie war achtzehn, und alle Achtzehnjährigen sind schön, wenn sie geliebt werden: Sie war schön für mich, wunderschön, märchenschön, und sie sah mich an und sagte: Ich liebe dich auch. Und ich schluckte und sagte: Willst du mich heiraten?

Sie war achtzehn, sie erschrak: Aber ich – ich kann doch noch

gar nicht, ich muß doch erst mit der Schule fertig sein, und Vati, ich weiß nicht, und Mutti – und – und du?
Wenn ich Lisa geheiratet hätte, irgendwann in den Jahren danach, vielleicht wäre alles anders gekommen. Aber sie wollte mich dann nicht mehr. Es dauerte nur diese eine Stunde, fahren und blau und hundert, goldenes Laub, dreh das Fenster, der Wind, das ist unser Blau, Bibi, Betty, du, fahr nicht so bitte fahr nicht so schnell, hundertzehn, ach was, hundertfünfzehn, geschenkt, der Himmel, Rauschgold, Lisa, Li.

Gendarmerie Amtsbereich Barnsdorf.

Anzeige gegen die Schülerin Antje Bloom, geb. am 12.6. 1922, wohnhaft in Barnsdorf, Lodenbach 3.

Am 3.10. 1935 ereignete sich in Barnsdorf an der Kreuzung Hauptstraße/Kirchstraße ein Verkehrsunfall. Vom Kirchplatz heruntergefahren kam die Schülerin Antje Bloom, dreizehn Jahre. Trotz amtlich aufgestellter Verkehrszeichen beachtete die p. Bloom anscheinend nicht das Vorfahrtsrecht. Sie kam mit schnellem Tempo aus der hier abfallenden Kirchstraße. An der Kreuzung erfolgte ein Zusammenstoß mit dem Kraftwagen I P 18 243, Besitzer Dr. Werner Becker, Herseburg, Führer Sigurd Scherf, kaufmännischer Angestellter, wohnhaft in Herseburg, Am Kamp 5. Die Schülerin Bloom fuhr rechts vorn an das Auto und wurde von ihrem Fahrrad auf Schutzblech und Kühlerhaube geschleudert, und als der Personenwagen plötzlich stand, fiel die p. Bloom auf die Straße. Bei diesem Zusammenstoß erhielt die Schülerin folgende Verletzungen:

1. Fleischwunde rechter Oberschenkel
2. Knochenbruch rechter Ellenbogen
3. Kopfwunden links und rechts, starke Abschürfungen im Gesicht
4. Gehirnerschütterung.

Die p. Bloom war ohnmächtig geworden. Sie wurde in die in der Nähe befindliche Gastwirtschaft ‚Zur Eiche' gebracht, wo der herbeigerufene Arzt Dr. Milten die erste Hilfe leistete sowie die Überführung in das Krankenhaus Herseburg anordnete.

Der Personenwagen I P 18 243 kam aus Richtung Hamburg und fuhr in Richtung Herseburg. In dem Auto saß außer dem

Führer Sigurd Scherf die Schülerin Elisabeth Lessow, Tochter des Hauptmanns Hans Lessow, Herseburg, Hüllenbusch 16. Als der p. Scherf die Radfahrerin aus der Nebenstraße kommen sah, bremste er scharf, und nach einer Brems- und Gleitspur von 23,30 m kam der Kraftwagen an der Kreuzung schräg zum Stehen. An Sachschaden erhielt der Kraftwagen Verbeulung an der rechten Kühlerhaube und am rechten Kotflügel. Die Schutzscheibe wurde zertrümmert. Am Fahrrade der Schülerin Bloom wurde nur das Vorderrad verbogen.

Sachschaden insgesamt: ca. 350 RM.

Der Kraftwagen konnte mit eigener Kraft in die Werkstatt nach Herseburg gefahren werden. Ich habe die Verkehrsüberwachung in Herseburg telefonisch gebeten, die Bremsen des Wagens I P 18 243 zu überprüfen.

Der Vater der Beschuldigten ist der Landwirt Hermann Bloom, Barnsdorf, Lodenbach 3

4 Anlagen. gez. Mersch
Gend. Meister

Vielleicht, wenn ich nach rechts hin ausgewichen wäre, vielleicht hätte ich den Zusammenstoß noch vermeiden können. Sie war ganz plötzlich da, ein flatternder Rock, ein Vogel, bunt, flog, kein Gesicht – sie sah zur anderen Seite, ein Traum, die Bremsen schrien, Lisa schrie, du, schrie, wohin, wohin ich, wo, da nein nein – der dumpfe Schlag, mörderisch, als der Körper hinabfiel, ein Stein. Stille.

Ich hatte Vorfahrt. Ich bin nicht zu schnell. Sie mußte, sie hätte sich. Aber ich hatte doch Vorfahrt! Ich habe rechtzeitig – nein, das verstehst du nicht: Ich hatte Vorfahrt. Ich kann nichts dafür. Ich hatte keine Schuld.

Wenn ich nach rechts hin ausgewichen wäre, vielleicht. Manchmal ist alles ein Augenblick, ist schon gewesen. Aber ich flog im Wind, Rausch, Rauschgold, Bäume Schatten Himmel vorbei, dies ist der Tag mein Tag unser Tag unser, Eli, Lisa, Sabeth, Li, ich werd ich werde verrückt, ich liebe dich liebe, im Wind.

Natürlich hatte ich Vorfahrt! Nein, ich bin nicht zu schnell! Wenn sie –. Aber wieso denn: Sie mußte mich sehen, das muß man doch sehen, wenn man aus einer Nebenstraße, sie ist eben –.

Wieso: Die ist doch kein Kind mehr, du siehst doch –. Meinetwegen, aber mit vierzehn muß man das wissen. Nein, ich hatte Vorfahrt, ich habe keine Schuld.

Du darfst sie nicht – nein, nicht anfassen, ehe die Polizei –. Nein, lieber nicht, sonst –. Ich sage dir doch, ich habe keine Schuld, aber der Ärger mit Becker, ich habe ihm fest versprochen, und der Wagen, sieh dir das an –. Nein, das darfst du nicht sagen, das darfst du nicht aussagen, sonst. Ich hatte eindeutig Vorfahrt. Mach dich nicht schmutzig, Betty, du –. Natürlich, aber man kann sie doch auch anfassen, ohne sich –. Lieber erstmal hier liegenlassen, bis –. Sie ist mir reingefahren – natürlich, ich hatte doch Vorfahrt, bitte, Sie sehen doch selber das Vorfahrtsschild, da drüben, sie ist mir direkt in den Wagen.

Da war die Stunde schon abgelaufen. Im Grunde waren es nur die Nerven. Ich war einfach fertig. Aber Lisa verstand mich nicht. Sie stand da, Blut an den Händen, dunkle Flecken im hellen Blau, beugte sich über das Mädchen, Frauen rundum, Kinder, ein finsterer Mann, Männer: Sie! Endlich der Landgendarm, endlich: Nun treten Sie erstmal zurück – zurücktreten, sage ich! Die Kleine erbrach sich, wimmernd, schwarzer Schmutz im Gesicht, Blutschorf, eine Frau balancierte eine gelbe, blumengerandete Steingutschüssel herbei, Wasser – zurücktreten bitte! Der Gendarm zeichnete auf, maß die Bremsspur, notierte. Aber ich hatte Vorfahrt! Finstere Gesichter: Die Autos fahren hier alle zu schnell, immer zu schnell, man sollte die Autos, meine Kinder dürfen nicht Fahrrad, die Autofahrer, die jungen Leute sollten erstmal, uns haben sie auch beim Kommiß, aber heute, immer den Mund groß, das kann ja nicht. Ich konnte doch nichts dafür! Der Vater: Sie haben – natürlich haben Sie – Sie, ich werde, ich bin Pg – ins Zuchthaus kommen Sie – Sie, Sie dürfen hier gar nicht – so was gehört ins KZ – Vorfahrt, wer spricht denn von Vorfahrt?!

Ach was, höchstens fünfzig, allerhöchstens. Die Bremsspur. Herr Wachtmeister, sagen Sie selbst! Wenn man auf einer Vorfahrtsstraße fährt, dann muß man doch annehmen.

‚Zur Eiche': Biergeruch, Aschenbecher, Flüstern, Wimmern. Wann kommt bloß der Arzt, hat nicht irgend jemand – ach wo, das hilft nicht, das ist gefährlich, kein Wasser, frische Wunden soll man erstmal. Aber man kann sie doch nicht verbluten lassen, sie verblutet uns doch, Bettzeug, bitte – Lisa riß es in Streifen, Sharpie, das Rot drang gleich wieder durch, aber nun sah es wenigstens vorschriftsmäßig aus: Wundversorgung, Erste Hilfe, Rotes Kreuz. Ein Mädchen von dreizehn Jahren, die hat doch Augen im Kopf, die muß doch wissen! Ins Zuchthaus kommen Sie! Ich hatte Vorfahrt, da gibt es gar nichts, Herr Wachtmeister, würden Sie bitte dem Herrn erklären, daß ich.

Bis der Arzt kam. So, Sie? Die schwere Tasche: Weg da, verschwindet, alle, natürlich, alle! Ja, auch Sie, das ist mir egal, hätten Sie vorher aufpassen müssen, hier haben Sie nichts mehr –. – Ja, Sie können mir helfen, Kind. Wo haben Sie das gelernt?

Lisa. Lise. Li. Erste Hilfe. Sie strich dem Mädchen die Haare aus dem Gesicht. Mich sah sie nicht mehr an. Ich fuhr allein zurück nach Herseburg.

Die Zeugin – nicht verwandt oder verschwägert – sagt aus, Sie seien mit einer höheren Geschwindigkeit als von Ihnen angegeben gefahren, sie habe Sie unmittelbar vor dem Unfall gebeten, die Geschwindigkeit herabzusetzen.

Zeuge bestreitet das. Auf Vereidigung wird verzichtet.

Rudolf Krause, Polizeihauptmann a. D., Sachverständiger für Kraftfahrzeuge und Verkehrswesen. Den von Herrn Sigurd Scherf geführten Personenwagen in der Adler-Werkstatt in Herseburg besichtigt. Adler-Kabrio-Limousine, Type Trumpf junior, 995 ccm Hubraum, Leistung 25 PS, Stand des Kilometerzählers 14027. Folgende Unfallmerkmale: Kühlermaske oben eingebeult. Windlauf eingebeult. Führerscheibe zertrümmert. Re. Vorderkotflügel von vorne leicht eingebeult. Bremswirkung überdurchschnittlich gut. Zur Schuldfrage habe ich gutachtlich auszuführen: Auf der Hauptstraße befindet sich in angemessener Entfernung vor der Einmündung der Kirchstraße das Warnungsschild ‚Kreuzung'. Auf der Kirchstraße befindet sich kurz vor ihrer Einmündung das Schild ‚Vorfahrtsrecht achten'.

Nach §27 der Reichsstraßenverkehrsordnung haben Kraftfahrzeuge die Vorfahrt vor anderen Verkehrsteilnehmern. Diese Regelung wird im vorliegenden Fall nicht durch amtliche Verkehrszeichen aufgehoben. Es ist also grundsätzlich davon auszugehen, daß die Schülerin Bloom das Vorfahrtsrecht des Kraftwagens hätte achten müssen. Man könnte zwar sagen, daß der Kraftwagen hinter der Radfahrerin hätte vorbeifahren können, wenn der Kraftwagenführer aus dem Verhalten der Radfahrerin rechtzeitig hätte annehmen können, ob sie anhalten oder vor dem Wagen vorbeifahren würde. Da aber der Kraftwagenführer über das Verhalten der Radfahrerin im Zweifel war –. – ergibt sich, daß der Führer des Kraftwagens rechtzeitig die gefährliche Lage erkannt und sich bemüht hat, durch Bremsen einen Unfall abzuwenden. Kein Verfahren wegen fahrlässiger Körperverletzung. Gegebenenfalls Schadenersatz auf Grund der Gefährdungshaftung des Kraftfahrzeuggesetzes.

Aber ich hatte doch Vorfahrt!

Müssen wir es ablehnen, irgendwelche bei dem fraglichen Unfall entstandenen Schäden an dem bei uns versicherten Wagen I P 18 243 zu erstatten, zumal da die Benutzung des Kraftfahrzeuges ohne Wissen und Einwilligung des Besitzers und damit widerrechtlich erfolgt ist. Bei dieser Sachlage ergibt sich. Aber ich hatte keine Schuld, wirklich. Es ist doch eindeutig vom Sachverständigen festgestellt worden, daß ich Vorfahrt hatte. Man kann mir doch nicht.

In Sachen der minderjährigen Antje Bloom gegen den Studenten der Philosophie Sigurd Scherf hatten sich die nebenbezeichneten Gerichtspersonen in das Gasthaus ‚Zur Eiche' in Barnsdorf, neben der Unfallstelle, begeben. Hier wurden angetroffen:

Das Mädchen. Augen unkennbar, aber die Spur tief im Gesicht, Dunkel, das bleibt, kein Traum mehr, kein Vogel.

Ich weiß nichts mehr. Ich weiß gar nichts. Ich weiß nur noch, daß ich zu meiner Freundin Elke wollte.

Der Vater finster. Die Mutter breit, rund, unwissend, sie flüstert auf das Mädchen ein. Februar, Regendämmerung, kühl. Rechtsanwälte, faustdicke Akten. Die Richter.

Die Zeugen wurden auf die Bedeutung des Eides belehrt.

Zeugin Lessow äußerte sich wie bei ihrer Vernehmung Blatt 15 der Strafakten und erklärte: Die Aussage ist richtig. Ich habe selbst schon öfter im Auto gesessen. Die Zeugin bleibt unbeeidigt.

Nach Unterbrechung der Sitzung erstattete der zugezogene zweite Sachverständige sein Gutachten: Beides hat die Klägerin unterlassen. Der Beklagte andererseits hätte mit Wahrscheinlichkeit trotz seiner relativ zu hohen Geschwindigkeit noch den Unfall vermeiden können, wenn er sich beim Erkennen der Klägerin besser und zweckmäßiger auf deren Verhalten eingestellt hätte. Der Beklagte hat selbst vorgetragen, daß die Klägerin bis zum Augenblick des Zusammenstoßes. Bei dieser Unklarheit der Lage hätte der Beklagte. Verkehrsmäßig gesehen, hat meiner Auffassung nach der Beklagte ein Drittel, die Klägerin zwei Drittel der Unfallkosten verursacht.

Das Gericht macht folgenden Vergleichsvorschlag: Der Beklagte zahlt an die Klägerin zur Abfindung deren sämtlicher auch zukünftiger Ansprüche aus dem Unfall vom 3.10.1935 2000 in Worten: zweitausend Reichsmark. Die Kosten des Verfahrens werden gegeneinander aufgehoben.

Sie trug ein dunkles Kleid an dem Tag, nachmittags im Gasthof ‚Zur Eiche'. Ihre Mutter war mitgekommen. Ihre Aussage machte sie, ohne mich anzusehen.

Ein paar Wochen später traf ich sie auf der Straße. Sie nickte, fremd, blieb dann doch stehen: Ich weiß, ja. Es freut mich, daß die Versicherung doch noch gezahlt hat.

Ich wollte ihr alles erklären: Man hat nicht die Nerven verstehst du: Ich hatte einfach die Nerven nicht!

Ja, sagte sie. Das ist es wohl.

Betty, sagte ich, Bettina!

Sie schüttelte den Kopf: Du mußt mich verstehen, bitte. Ich bin noch nicht alt genug, um das aushalten zu können. Verstehst du?

Mich aushalten zu können. Betsy, Bibi, Li.

Nein, nein, nicht mehr – bitte.

Aus Leipzig, stud. phil., schrieb ich ihr, zweimal, dreimal. Sie antwortete nicht. Schließlich schrieb ich nicht mehr. Ich hatte Gerti kennengelernt, Helga, Margot – was weiß ich noch. Gerti? Ich habe nur noch den Namen.

So war es. Ich will mir nichts vormachen.

13. Juli

Frau Hückeraths Schritte, schmerzhaft: tackend über die Fliesen, Solnhofener, pochend die Stufen hinauf, herunter, tappend über den Wohnzimmerteppich, hart hart auf dem Parkett, über den Flur, hinter der Küchentür trappend von der Spüle zum Herd, vom Herd zum Besenschrank, Kühlschrank, Geschirrschrank, zur Spüle zurück, zum Herd zurück, zum Kühlschrank zurück, zur Spüle, zum Herd. Der Eimer, klappernd der Bügel.

STILÜBUNG

Verstehe ich eigentlich gar nicht, Herr Doktor, aber das ist ganz sicher ein gutes Zeichen, bestimmt, sonst würde Frau Doktor längst mal – sicher, Herr Doktor, sonst hätte sie ganz gewiß hätte sie – weiß doch, wie einem das geht, als damals mein Mann – sage ich auch, Herr Doktor, das ist ein gutes – sage ich immer, Herr Doktor, wenn es den Menschen gut geht – weiß ich nicht, wirklich, das weiß ich – das kann man nicht sagen, das kann man – jedenfalls nicht soviel rauchen, Herr Doktor, mein Mann wollte damals auch immer – sage ich ja, Herr Doktor, aber wenn es dann – sicher ein gutes Zeichen – morgen vielleicht.

Ich halte es nicht mehr aus, ich halte mich nicht mehr aus. Ich möchte fortfahren, irgendwohin, oder wie damals. Ich wußte von Anfang an, daß das Stumme zwischen uns war, daß es bleiben würde, eine Lücke, eine Leere, unüberbrückbar, ich wußte es damals schon. Das geht eine Zeitlang so hin, ein Jahr und noch eins, wie geht es dir – danke, wie soll es mir – meine ja nur – findest du – sicher, vielleicht sollten wir – bitte, ja – meinetwegen – ja, wenn du meinst. Eine Zeitlang geht das, und dann ist das Kind da: Ist er nicht reizend? Mein Junge, süß, mein, mein, er kommt auf meine Mutter, findest du, oder auf meinen Vater, eigentlich nicht, höchstens die Augen, aber der Mund, aber die Nase, die Lippen, mein Junge, mein, meinetwegen, aber, also bitte, ich streite mich nicht. Eine Zeitlang, zwei Jahre schon, drei Jahre: danke, bitte, ja, sicher, eigentlich, aber, eigentlich, danke, bitte, wenn du meinst. Das Stumme wird stärker, breitet sich aus, der Zwischenraum wird größer und keine, gar keine Hoffnung mehr, kein Traum mehr: Danke, es geht. Danke. Wieso? Habe ich gar nicht gesagt. Ich streite mich nicht.

Damals fuhr ich manchmal fort, einfach fort: Ich habe zu tun, Pressekonferenz, Pressefahrt, Eröffnung, Besichtigung, ich muß mich da sehen lassen, vielleicht wird es spät, wahrscheinlich komme ich heute nicht mehr zurück, das ist eben mein Beruf, geht ja auf Spesen. Fuhr fort, sah, besichtigte, fragte, schrieb, Si – und manchmal fuhr ich noch weiter, Bericht telefonisch, die Aufnahme, bitte, haben Sie? Fuhr irgendwohin, weiter, hockte in einer Pinte in Recklinghausen, in einem Ausflugslokal am Möhnesee, fremde Menschen, was soll ich zu Hause, wo soll ich hin? Helma fragte mich nicht, und wenn sie fragte: Na ja, das Übliche, ziemlich langweilig, ich weiß noch nicht mal, ob ich was schreiben werde, zwanzig Zeilen, mehr lohnt nicht.

Ich kam durch Zufall darauf, irgendein Presseempfang, irgendein neuer Film, bunt, laut, ich saß mit einem Kollegen zusammen, Bolz vom ‚Volksblatt': Ein tolles Thema, das wäre ein Film, was?! Das müßte mal einer machen!

Sekt gab es, Stars gab es, Kellner servierten, als wären sie Stars in Nebenrollen, der Film war mies, die Unterlagen für die Presse aufdringlich prahlerisch. Mensch, sagte Bolz, und dabei gibt's Themen, wohin man sieht, wohin man greift! Zum Beispiel in Pörtschach, im letzten Urlaub, da hab ich einen Mann kennengelernt, tadellose Erscheinung, könnte in jedem deutschen Film auftreten, so Mitte dreißig und Junggeselle: Der saß jeden Abend an der Bar, ganz rechts an der Wand, Abend für Abend, da ließ er sich vollaufen, Zahnarzt war er, schicker Wagen und was Sie wollen – aber Frauen, Frauen nicht, und nicht etwa, weil er andersrum war, kein Schimmer. Sondern zuerst, das kam ganz langsam heraus – schöner Spannungsbogen, mir machte das richtig Spaß –, da hatte ihn eine enttäuscht, ganz normale Geschichte wie im Lore-Roman, aber eben ohne happy end, und dann noch mal so ne Sache, da war er sogar verlobt gewesen, aber eines Abends kommt er und findet das Mädchen, also er hat mir das später erzählt, er konnte nämlich erzählen: splitternackt, und der andere uralt, über fünfzig mit knickerigen Beinen, man macht sich ja keine Vorstellungen, was in den Frauen steckt – na ja, dann hatte er jedenfalls erstmal seine Praxis aufgebaut und keine Zeit mehr für Frauen gehabt, und eben: die Enttäuschungen, war 'ne richtige Liebe gewesen, vor allem die erste, aber als er nun auf die Fünfunddreißig zuging, da hatte er doch das Gefühl, daß es nun langsam Zeit würde, und was tat er? Er setzte eine Anzeige auf, vierunddreißig, schlank, Porsche, Kunst, Musik und Natur, was man so schreibt, aber immerhin, und es stimmte ja auch soweit: in guten Verhältnissen, sucht Neigungsehe, und das kam in zwei drei Zeitungen und in einer Frauenillustrierten, der ganze Spaß für noch nicht mal hundert Mark.

Und Bolz erzählte, wie die Zuschriften dutzend- und bündelweise eingetrudelt waren, wie der Zahnarzt sortiert und ausgewählt hatte und wie es dann weitergegangen war: Also wenn das kein Film ist! Der saß da an der Bar, in Pörtschach, und soff und sah keine Frau mehr an, keine, sage ich Ihnen!

Ich gab keine Heiratsanzeige auf, ich war verheiratet, ein Kind, stellvertretender Chefredakteur bei Onkel Johannes, kein Gedanke an Scheidung. Aber in der Rubrik ‚Bekanntschaften': vierzig, vital, tolerant, aufgeschlossen, Journalist, eigener Wagen, gelegentlich, verständnisvolle Partnerin, Zuschriften mit Bild (Ganzfoto), ehrenwörtlich zurück. Nicht in den ‚Nachrichten' natürlich, sondern hier und dort in Zeitungen, Illustrierten, über ein Anzeigen-Büro gestreut – nein, danke, nicht zusenden, ich hole die Zuschriften selbst ab!

Plötzlich hatte ich Ziele: Vielleicht wird es spät, das ist eben mein Beruf. Die Erregung: Wie wird sie sein, wie wirklich? Wie wird es sein, diesmal? Vielleicht komme ich heute nicht mehr zurück, besser eine Hotel-Übernachtung als übermüdet am Steuer, und irgendwas trinkt man ja doch – natürlich – ach was!

Mit einigen dauerte es Monate, mit einigen Jahre. Beim zweiten, spätestens beim dritten Treffen wußte ich, was möglich war, was nicht, und wenn nichts war – das gab es auch –, dann kam ich nicht wieder. Zu Margot könnte ich heute noch kommen, sie hängte sich an mich bis zuletzt: Ich warte, ich warte immer auf dich, hörst du –. immer, du kannst tun, was du willst – bitte, komm wieder, bitte. Einmal fand ich sogar im ‚Volksblatt', Vermischtes, eine Anzeige: Herbert – so nannte ich mich – wo bist du? Rufe mich an! Margot. Natürlich habe ich sie nicht angerufen. Sie liebte mich, so etwas wird lästig.

Aber wohin jetzt?

Fahren, fahren, irgendwohin – fortfahren, um nicht mehr hier zu sein.

Nicht die kurvigen roten, nicht die bescheidenen gelben Linien, auch das heitere Grün nicht (landschaftlich schöne Strecke): Lila ist meine Bahn, das weich geschwungene, doppelte Violett, Flieder, Bischof, Purpur, Krönung, Herr, Herr über die weite die weite Welt, vorbei, über die anderen, wieder vorbei, Herr! Zwei Stunden bis Hannover, wenn alles gut geht, über die Berge, zweieinhalb Stunden höchstens, wenn alles glatt geht, mit allen Baustellen wenig mehr als drei Stunden bis Herseburg, Herseburg, dreieinhalb höchstens: Warum nicht nach Herseburg, doppelt geschwungen und weit, weit über die Berge. Vielleicht. Ich möchte. Eigentlich. Eigentlich sollte ich, sollte gleich.

Vielleicht erstmal nur bis Hannover, oder nach Braunschweig, eine halbe Stunde weiter, keine Entfernung, Hermine freut sich bestimmt. Oder in Bielefeld von der Autobahn fahren, das wollte ich immer schon mal und sehen, ob sie – Ingelore, komisch zu denken, daß sie verheiratet ist, glücklich verheiratet vielleicht, warum nicht, zwei Kinder oder drei: Zehn Jahre sind eine lange Zeit, sie hatte schon damals den Körper – paß auf!, keuchte, du, aber, vergaß nicht zu sagen: Paß auf, du, ja, ja, aber. Neunundzwanzig war sie und hatte es schon mit dem Herzen, Sanatorium Dr. Viebach, langweilig, nicht, furchtbar, aber was soll man – kommen Sie mit? Sie kannte die Wege schon, die Waldhänge hinauf, oben das Dorf, glotzende Kinder, über die Landstraße in Kurven zurück, Abendessen pünktlich um achtzehn Uhr dreißig, was machen wir nun? Mein Verlobter. Ach so!

Ich hatte sie älter geschätzt, vier–, fünfunddreißig vielleicht, sie hatte kein junges Gesicht mehr, Falten am Hals, wenig Hoffnung. Ingelore. Ich kann nichts dafür, mein Verlobter –. Nein, nein, du – nein! Wenn Dr. Viebach was merkt, wenn die Schwestern was, wenn die Leute –. Meinst du, die merken alles? Nein, nicht – nicht hier, du.

Vielleicht ist sie wirklich glücklich verheiratet. Er studierte damals noch, Heinz-Dieter – ja, Chemie, das dauert lange, genausogut könnten wir heiraten, ist ja doch nur 'ne Formsache, aber er will nicht, daß ich verdienen muß. Nein, ein Jahr jünger, fast anderthalb Jahre – warum fragst du? In Wirklichkeit bin ich hundert Jahre älter als er. Wieso? Wieso merkst du das? Sei nicht so frech! Ich sag's Dr. Viebach, wenn du – du, doch nicht hier!

Irgendwo aus Ostpreußen war sie, Sekretärin – was sollte ich damals denn anfangen, nach dem Krieg? weißt du, was das heißt: Ahrensbök? irgendwas mußte ich schließlich tun in Ahrensbök –, trug weiße und schafwollfarbene Pullover, für die sie eigentlich etwas zu dick war, manchen Frauen kann man so was nicht sagen, hatte es am Herzen – ach nicht, du Scheusal! Jetzt ist sie neununddreißig, verheiratet, Bielefeld, irgendwo hab ich noch die Adresse: Du brauchst nicht zu schreiben, lieber nicht, aber vielleicht kommst du mal in die Gegend – ja?

Ein bißchen lächerlich, nach fast zehn Jahren, wenn sie da wirklich noch wohnt – oder verzogen nach –? Irgendwer weiß die Adresse, fragen Sie mal im zweiten Stock links, bei Meiermüllerschulze, die waren befreundet, die Kinder haben zusammen gespielt, sie waren immer so laut im Treppenhaus, nicht mal nach dem Essen konnte man –. Und dann drei Treppen hoch, Neubau, Kindergeschrei hinter den Wänden, eine Frauenstimme hinter der Wohnungstür: Dieter oder Peter! Peter! Hab ich dir nicht gesagt?! Etwas erschöpft schon die Stimme, neununddreißig, etwas zu laut geworden bei den zwei, drei Kindern, der Älteste ist neun – ja, wir mußten dann heiraten –, einer sieben, die Kleine vier, ganz die Mutter – lach nicht, Heinz-Dieter kommt gleich nach Hause, und tu mir einen Gefallen: kein Wort, er weiß von nichts, natürlich, und er soll auch nichts – Peter! Laß das endlich, ihr könnt ja mal mit der Eisenbahn –. Und das Gesicht schon wieder älter als neununddreißig – hast dich gar nicht verändert –, das Herz ist soweit in Ordnung, man gewöhnt sich, wir bauen jetzt, ziemlich weit draußen, auf dem Dorf, eigentlich etwas zu weit, aber die Grundstückspreise, das ist ja Wahnsinn, und die Kinder haben dann wenigstens – Dieter! Dieter, willst du wohl! Es ist schrecklich mit den Kindern, wir brauchen einfach mehr Platz, wenn die Wohnung auch nicht teuer ist – nein, laß das – bitte, laß den Unsinn, Sigi, du hörst doch, gleich kommt mein Mann, und die Kinder! Ach wo, er ist nicht fertig geworden, das ist ja das Leiden, neun Semester und kein Examen, damals hat er eine Stellung angenommen, und nachher – so geht das eben, wenn man erst raus ist, dann bleibt man draußen. Bleibst du zum Abendbrot? Da ist er ja schon, pünktlich halb sechs: Wollen Sie nicht zum Abendbrot bleiben, Herr Scherf – ach, Dieter, denk mal, Herr Doktor Scherf – wir haben uns damals im Sanatorium –.

Sie wußte mehr davon als ich. Sie hatte Spaß daran, Spaß am Probieren, Variieren, wußte immer Neues, immer noch mehr: Das kennst du nicht? Also paß auf, Dummerchen nein, wart doch erstmal, bis ich – daß du es immer so eilig hast, kannst du nicht warten?! Du legst dich über das Bett, also quer –. Ihre wiegenden Brüste. Ihr Rücken. Die Bewegung der Hüften. Nein, du mußt –. Wenn du dich hebst –. Dabei war sie zärtlich.

Ich sollte hierbleiben, eigentlich: Ich sollte schreiben, sollte wenigstens versuchen zu schreiben, trotzdem und immer wieder – oder aufhören zu schreiben, ein Ende machen, endgültig aufgeben: Si. Was soll das, wenn man die Fünfzig hinter sich hat: Hast du das nötig? Was soll das noch. Wem willst du noch etwas erzählen? Vielleicht hat Onkel Johannes recht – ich fürchte, er hat recht. Ich bin zweiundfünfzig, ein Narr, töricht, kein weiser Narr, stellvertretender Chefredakteur mit zweiacht, und in einem Jahr werde ich in den Landtag gewählt, Diäten, Tagegelder, steuerfrei, ist es uns eine besondere Ehre. Und vier Jahre später vielleicht Minister, weshalb nicht, Verjüngung des Kabinetts, ein neues Gesicht, bekannt als, eine Hoffnung. Was soll das andere noch, die hoffnungslosen Versuche, Übungen, Ansätze, verkrampft mit dem ersten Federstrich: Für wen schreibe ich? Wem bin ich – ich und nichts mehr – interessant?

Vielleicht für Johannes. Aber mein Sohn hat die Sicherheit seines Großvaters geerbt, seine Unbedenklichkeit: Was soll er sich kümmern um das, was sein Vater aufgezeichnet hat? Er würde sich darum kümmern, wenn es ein Buch wäre, ein Erfolg, Platz sieben auf der Bestsellerliste, gestiegen auf Platz sechs, seit drei Wochen auf der Bestsellerliste, ein Buch, das man liest, das man gelesen haben muß: Hätt ich dir gar nicht zugetraut, Paps –

Übersetzungen, Pocketbook, Film, Fernsehen, zehntausend Anzahlung, die literarische Überraschung, ein subtiles Kunstwerk, gleichzeitig aber geprägt von tiefem von unüberhörbar eigenem von erschütterndem wie es in unserer Gegenwartsliteratur bis heute noch ohne Beispiel, bewegend, ein großer Wurf, ab heute in Fortsetzungen in der –.

Träume, ausgeträumt. Skizzen, Etüden, Stilübungen: Punkte nur, farbige Tupfer, Bruchstücke einer Welt, der ich nicht gewachsen bin, verwischte Figuren. Ich bin nicht mehr jung genug. Ich bin nicht ehrlich genug, noch immer nicht, ich kann es nicht sein, und ich glaube nicht mehr, daß irgend jemand auf das wartet, was ich zu sagen habe.

Erinnerungen, pubertär. Erinnerungen an Brüste, eine Welt aus Brüsten, krankhaft: als ob ich als Kind, als Junge nicht, als ob ich als Mann nicht alles gehabt hätte, alles und mehr, Mutter, Margarete, hin und her auf dem Bohnerbesen, das stinkende Bohnerwachs, sie lachte und sang sang, und Gerda, Gerda und. Nicht einmal Pornographie wage ich zu schreiben; ich weiß, daß das alles geschrieben ist, immer das gleiche, eintönig, manisch, Schenkel, Brüste, Lippen, Fotze, Brüste – mein Gott, alles alles gesagt, und die amerikanischen Taschenbücher in Vaters Reisegepäck: thrusting like a female animal, her sharply nippled breasts, drawing him into her – alles immer wieder alles geschrieben, geträumt, phantasiert, kein Wort unausgesprochen, keine Möglichkeit ausgelassen, Fleisch, Fleisch und Peitsche und Marihuana, Sodom und Lesbos und –. Was soll das? Was soll das noch? Ich falle immer wieder auf ein Wort, warm, weich: Brüste. Kleine Brüste, volle Brüste, flache schwere feste spitze breite nackte Brüste, Fleisch nackt, Fülle nackt, Gier, nackt. Ich habe keine Sprache dafür.

Ich habe das auch versucht, in einem Aktendeckel gesammelt, 1953, 1955, 1957 – immer wieder, immer noch einmal: vergebens. Das kann ich nicht, nicht einmal das (oder nur ohne Namen: Erinnerungen eines Herseburgers – Privatdruck). Das ist auswechselbar, es zählt nur, was Fleisch ist, das ist eng und engt sich immer mehr ein, stumpft ab.

Zweiundfünfzig, graue Haare, etwas zu dick schon, stellvertretender Chefredakteur, in einem halben Jahr Witwer, spätestens in einem halben Jahr, in einem Jahr Abgeordneter: Das ist genug, das reicht, das ist ein Leben – wäre ein Leben, genug, wenn es nicht auch das andere gäbe: einmal ein Publikum gehabt, Sigurd Scherf und nicht Si, einmal die Hoffnung gehabt: einer, der etwas sagen kann, was noch keiner gesagt hat, keiner so. Das bleibt, ein Gift, bleibt zwanzig, dreißig, vierzig Jahre lang wirksam, zehrt, lähmt, putscht auf, tut weh.

Vielleicht wird es anders sein, alles, wenn Helma gestorben ist. Ihr verhohlener Spott, ihre nie ganz ausgesprochene Verachtung – weil ich ihre Hoffnungen nicht erfüllte – haben das Gift virulent gehalten. Vielleicht kann ich dann einen der vielen Anfänge wieder aufnehmen, weiterschreiben.

1959 (orange Aktendeckel) Skizze, Beschreibung, Roman: Pressefahrt.

Viertel vor acht schluckte der Motor an, röchelte seine ersten Zündungen, nagelte unregelmäßig, ehe er sein gewohntes Dröhnen fand. Der Blechleib des Busses zitterte, die grünen Polstersitze begannen zu vibrieren. Der Regierungsrat schob den Lodenärmel vom Handgelenk und sah wieder auf die Uhr.

Die Stadt sank zu niedrigen Siedlungshäusern zusammen. Ein Feld mit grüner Wintersaat drängte sich zwischen den Gärten an die Straße heran. Siebenundvierzig Kilometer bis Mühlau.

Der Regierungsrat zog den Mikrophonstöpsel aus dem Armaturenbrett und pochte mit dem Knöchel darauf. Kein Ton drang aus dem Lautsprecher. „Vielleicht erstmal einschalten?!“ meinte Terbrück. Dann kratzte es im Lautsprecher, der Knöchel schlug seinen Versuchston, der Regierungsrat hüstelte – dumpfer Laut aus der silbern verdrahteten Membrane –, dann kam seine Stimme: „Meine Damen und Herren. Wir haben jetzt etwas Zeit für ein paar notwendige Vorbemerkungen, die für das Verständnis dessen bedeutsam sind, was Sie nachher sehen sollen!“ Er blätterte in den Papieren auf seinem Schoß, das Mikrophon hielt er mit spitzen Fingern, vorsichtig, eine Kostbarkeit, ein Gift. „Mühlau ist eine Besitzung des Landes“, begann er und merkte beruhigt, daß er sofort den Fremdenführerton gefunden hatte.

„1805 wurde das Schloß –."

„Schloß 1805", schrieb Fergenbach hastig dem Lautsprecher nach, die Kritzel schlugen aus. „1817 Bettleranstalt. 1878 Gefängnis. 1905 Arbeitshaus. Neubau Altersheim. 1915 Lazarett. 1920 verwahrloste Jugendliche. 1927 Umbau. 1934 Wohlfahrtslager. Hilfsgefängnis."

Der Lautsprecher fistelte: „Derartige Gerüchte sind frei erfunden." Terbrück unterstrich: „Kein KZ."

„Ein reizender Frühlingstag", sagte Frau. Dr. Satsch und wies mit der Zigarette in die vorübergleitende Landschaft, ein vielgestaltiges Ding aus fettbraunen Schollen, grünüberzogenem Acker und windzerzausten Hecken, gehalten von blassen Bergen, belebt von winzigen Häuserkästen, einem fast unbewegten Pferdefuhrwerk in der Ferne und einem Traktor, der mit der Egge einen Schwarm flatternder Vögel hinter sich herzog. Das Licht strahlte, ließ rechts die Dächer der militärisch aufgereihten Siedlungshäuser aufglühen, strich über Beerensträucher in Bauerngärten, Stachelbeerbuschgrün wäre eine aparte Modefarbe, dachte Frau Dr. Satsch und beschloß, ihren Einfall auf dem nächsten Modetee zum besten zu geben, auch für sie selbst könnte ein Jackenkleid in diesem Ton noch recht vorteilhaft wirken.

Der Regierungsrat blies den Zigarettenqualm fort. „Sie wissen doch, worum es geht", sagte er. „Der Minister war sehr ungehalten. Es liegt uns daran, der Öffentlichkeit ein unverfälschtes Bild von Mühlau zu vermitteln."

Er starrte auf das blaue Straßenband, das unaufhaltsam auf ihn zulief – gerader, sandgesäumter, von dünnem Grün gefaßter Asphalt, der nach jeder Kurve wieder gerade wurde: glatt hingelegte Abschnitte eines unendlichen Straßenlineals, das Stetigkeit vortäuschte, Zielbewußtsein, Rückgrat – bis zur nächsten Kurve, die schon von weißgekalkten Stämmen gemeldet wurde. Die Straße war gefleckt von den Schatten laubloser Äste, zerschnitten von den dunklen Umrissen der Stämme, die einmal quer lagen, dann schräg dem Wagen entgegenzielten. Personenwagen überholten, blank unter ihren Schutzschild geduckte Insekten. Er spürte den schmerzenden Ring in seinem Kopf, der milchblaue Zigarettendunst waberte im Wagen hin und her, seine eigene Zigarette sengelte ihren Streifen hinein, er zog, und er wußte, daß jedes tiefe Einatmen den Schmerz verstärken, die Spitzen schärfer feilen würde; aber er rauchte. Im Rückspiegel konnte er Ria sehen, wenn sie sich nach vorn beugte, sie beugte sich häufig nach vorn, und er wußte –.

„Rosen“, notierte Straß, und er setzte ein entschiedenes Ausrufezeichen über die ganze Freitagspalte des Notizkalenders. Unter dem Schwanken des Wagens verrutschte der Strich zu einer Andeutung von Fragezeichen, und der Punkt schwamm tief im Sonnabend. Er schob das Buch in die Brusttasche zurück, überlegte, ob er neun oder elf Stiele bestellen sollte, und entschied sich schließlich für fünf, für jedes Ehejahr eine Rose, Prachtexemplare, blutrot. Er blätterte den Kalender noch einmal auf, malte eine Fünf in den Freitag. „Kleine Verabredung?“ rief Terbrück herüber. Straß nickte: „Man tut, was man kann!“

Der Wagen bremste, das Getriebe heulte auf, er wurde nach vorn gestoßen. Ein Radfahrer winkte herauf. Der Fahrer fluchte. „Einsperren müßte man so was!“ sagte Straß. Er ärgerte sich, und er wußte nicht einmal, weshalb. ‚Mißbrauchte Jugend klagt an!‘ fiel ihm eine Schlagzeile ein, Unterzeile: ‚Sadismus einer Mutter – Verbrechen aus Langeweile‘, ein Riemen für die Wochenendausgabe, irgend etwas würde sich finden müssen, wenn nicht Mühlau eine dicke Sensation lieferte oder wenigstens eine tränensatte Geschichte. Damit war allerdings nicht zu rechnen. Die Regierung zeigte nur amtliche Wohlanständigkeit, keine Flecken, und wenn sich in Mühlau doch etwas finden sollte: Die Redaktion des ‚Generalanzeigers‘ –.

Eng geschachtelte Hausdächer schoben sich rechts über einen Hügelrücken, gesprenkeltes Altrot, ein magerer Kirchturm, Entfernung tausenddreihundert, und dahinter wuchs der stumpfe Kegel eines Burgturms herauf. Der Bus holperte auf Kleinstadtpflaster, ein Kinderwagen sperrte den schulterbreiten Bürgersteig, Warntafeln riefen, und plötzlich drängten die Häuser ganz nahe heran, Terbrück hätte sie anfassen können, wäre die Glasscheibe nicht gewesen, ein Fenster war nach innen geöffnet, eine Höhle gab ihre Geheimnisse preis, ein unaufgeräumter Tisch, Marmeladengläser –.

Kinder müßte man haben, dachte Straß, ein Kind mindestens. Aber Inge wollte nicht zum Arzt gehen, sie hatte Angst vor dem Arzt, vielleicht auch Angst vor der Wahrheit, er wußte es nicht, in diesen Dingen war sie komisch, immer zuerst das Licht aus. Er griff nach den Zigaretten, sah flüchtig die Burgmauer vorübergleiten, stieß den Qualm von sich. Vielleicht konnte eine Kur helfen, oder eine Wallfahrt, Inge glaubte daran, man mußte nur daran glauben, seinetwegen auch eine Wallfahrt. An ihm lag es jedenfalls nicht, das wußte er.

Fünf Minuten nach neun. Terbrück sah die Zeiger der Tankstellenuhr im Vorüberfahren. Er hatte die Augen halb geschlossen, die Zeigerstriche prägten sich ihm ein, die Welt gewann in dem Augenspalt an Schärfe und Klarheit. Fünf Minuten nach neun. Als die Bremsen griffen, dachte er an die Zahl: neun Uhr fünf, Zeuge, ich frage Sie, der Angeklagte behauptet, Ihr Zeugnis, Zeuge, die Zeit, die genaue Zeit. Die Medow schrie auf, er wandte sich um, sie tastete ihr Kinn ab, ein roter Fleck, sie versuchte schon wieder zu lachen. Straß' Polizeistimme: „Einsperren müßte man so was!"

Terbrück mochte Straß nicht, eine Mischung von verkrampfter Härte und Weichem, Weibischem, so waren auch Straß' Reportagen, immer forsch und rührend zugleich, Mütterchen und Uns-kann-keiner. Jetzt malte Straß mit wichtiger Miene in seinem Notizbuch: „Kleine Verabredung?" fragte Terbrück.

Frau Dr. Satsch hob das Häkelzeug, aus ihrer linken Handmuschel baumelte ein langer rosa Zopf. „Die Zeit ist kostbar, Kindchen", sagte sie. „Sehn Sie: zuerst die Luftmaschenreihe, das ist ganz einfach, dann arbeite ich regelmäßig weiter." Sie nahm die kleinen, heftigen Bewegungen wieder auf, stach zu, holte den Faden durch, wandte die lange Nadel, stach und hakte und zog und wußte in Schlingen und kleinen Knoten immer wieder den rosa Faden zu finden. „Man muß nur immer dranbleiben",sagte sie. „Immer gleichmäßig, immer geduldig. Es ist so wundervoll, wenn man etwas Selbstgearbeitetes um die Schultern legen kann, so fraulich, und man vergeudet keine Zeit. Wie spät ist es eigentlich?"

Ria hob die Schultern. „Ich hab kein Glück mit Uhren. Entweder ich verliere sie, oder es bricht irgend etwas kaputt."

„Bis Mühlau habe ich mindestens noch dreißig Reihen gearbeitet", sagte Frau Dr. Satsch. „Sie sollten das auch versuchen, es beruhigt so, und Männer lieben –."

Das Bremsen warf das Mädchen nach vorn, ‚lieben', dachte sie, ihr Kinn schlug an, sie stieß einen Schrei aus – schämte sich, daß sie geschrien hatte, versuchte zu lächeln.

Die letzte Masche hatte sich festgezogen, vorsichtig löste Frau Dr. Satsch das Rosa, zog den Faden glatt, begann wieder: ein Stäbchen, eine Luftmasche, ein Stäbchen, ein betont schlichtes Muster, zwischen den Stäbchen blieb jeweils eine Luftmasche frei. Seit siebenundvierzig Jahren häkelte sie, ungemessene Wollmeter hatte sie mit Nadeln verknüpft, verknotet, ineinander verschlungen, Weiß und Rosa und Blau und Grün und Weiß, Weiß – Weiß war ihre Lieblingsfarbe: immer wieder durch Schlingen gezogen und immer wieder neue Schlingen geformt, immer wieder mit der Nadel hindurchgestoßen, den Faden herausgeholt und gewendet, gewechselt; mit dichten Maschen geschlossen, durchgezogen zum Zickzackstich, rumänische Stiche, tunesische Stiche, bosnische Stiche, nichts war ihr unbekannt, immer gezählt und immer gearbeitet, immer geduldig, keine Minute vergeudet. In schönem Gleichmaß fügten sich die kleinen rosa Quadrate aneinander, das wollte gelernt sein, die jungen Leute nahmen sich keine Zeit mehr, sie hatten den Kopf voll unnützer Dinge, sie hatten keine Geduld und waren nicht höflich, die Welt war anders geworden, die Stunden hatten nicht mehr dieselben Minuten wie damals, die Mädchen kannten nicht mehr das Entzücken über eine Häkelspitze, sie lachten laut – „Wie Sie sich das vorstellen!" sagte Fräulein Medow zu dem jungen Mann und lachte –, wie sie sich das Leben vorstellen, vier Luftmaschen am Ende der Reihe, und immer regelmäßig, sie hatten keine Geduld mehr und keine Scham mehr, das war es, sie konnten nicht mehr warten, das war es, und die spitzen Büstenhalter, schamlos, die ungesunde Unterwäsche, sie schämten sich nicht, es wurde von Jahr zu Jahr schwerer, darüber zu schreiben.

Der Wagen hielt, sie blickte auf, eine kleine Stadt, Fachwerkhäuser und blanke Scheiben, es wurde Frühling, die Menschen sahen zufrieden aus, hier konnte man noch in Ruhe leben, wenn auch die jungen Mädchen genauso gekleidet waren wie auf den Modeseiten, sie hatten keine Scham, sie konnten nicht mehr warten, sie fürchteten, sie würden das Leben versäumen, versäumen wie Frida Satsch, o versäumt versäumt, mit achtundvierzig hatte sie zu rauchen begonnen, als Mama gestorben war, mit achtundvierzig zu leben begonnen, versäumt und zu spät und allein, ein Wellensittich zu Hause und Häkeldecken, in denen die Jahre verknüpft und verschlungen waren, all die Abende sittsam verknotet, in vorgezeichneten Mustern: tags der Beruf, Mama war dagegen, aber sie duldete das, nur abends mußte sie pünktlich zu Hause sein, und eine Dame raucht nicht, mein Kind, bis Mama gestorben war, nun lebte sie pünktlich wie je, sparsam, geduldig, Luftmasche, Stäbchen, und tags in der Redaktion: locker und lebenskundig, schreiben Sie bitte, einen ganzen Bogen, wie war das noch mit der neuen Linie, reizender Schulterabfall, in der Taille ganz weiblich gerafft, alles war reizend, bezaubernd, fraulich, vollkommen, wenn es die Werkstatt des Modeschöpfers verließ, alles war Plunder ein kleines Jahr später, es blieb nur das Selbstgearbeitete, die alten Formen, die Rosenstäbchen, der große Sternstich, die Büschelmasche, die Zwillingsstäbchen, Reliefs und Pikots: unübertreffliche Muster, wenn auch die jungen Mädchen sie nicht mehr lernen wollten, sie würden sie lernen müssen, einmal, Geduld, die Zeit nicht vergeuden, warten, zählen, Reihe für Reihe, das Leben war viel zu kurz, vier Luftmaschen am Ende der Reihe. Was war mit dem Bus?

Zuerst schien das Tackern wie spielerisch eingestreut in das regelmäßige Brummen des Motors, harmlose Variationen der Maschine. Dann wiederholten sich die warnenden Schläge häufiger, der Fahrer schüttelte den Kopf, drosselte den Motor, so daß er mit weniger als den angezeigten vierzig Stundenkilometern in die eingleisige Strecke einbog, die von dem Blinklicht gerade freigegeben wurde. Die rechte Straßenseite war aufgerissen, in der Mitte des Aufbruchs wummerte schwerfällig eine Dampfwalze über schimmernden Teerbelag, gebückte Männer karrten Schotter, spritzten fette Schwärze über die graublauen Steine, das Feuer unter dem Teerkessel glühte in starkem Orange. Vorn, wo die Straße hinter einer Sperre aus rotweißen Tonnen wieder die volle Breite gewann, wartete ein niedriger Lieferwagen. Da setzte der Motor aus. Der Bus rollte weiter, stumm plötzlich, die Räder mahlten über den Schotter. Vergebens drückte der Fahrer auf den Anlasser, wieder und wieder die bohrende Aufforderung: Das Dröhnen kam nicht zurück. Der Bus wiegte sich schwerfällig weiter, er wurde langsamer, und wenige Meter vor der Tonnensperre blieb er stehen. „Aussteigen!" sagte der Fahrer.

Fergenbach fror. Tief sog er die kühle Luft ein, befreite sich von dem Zigarettendunst, den er widerwillig hatte einatmen müssen. Von den Knöcheln kroch die Kälte die Beine herauf, der Wind faßte unter den Mantel, zerrte am Hut. Er machte einige steife Schritte hin und her, fand hinter dem Bus einen Platz, der vom Wind ausgespart zu werden schien, und zog den Zettel aus der Tasche. Zwei Zahlen waren verkrakelt, Daten, die vielleicht wichtig waren, er erinnerte sich nicht mehr daran. „Könnten Sie mir vielleicht sagen", wandte er sich an Terbrück, der um den Bus herumkam, „wann Mühlau in Landesbesitz –?"

Terbrück zog die Augenbrauen hoch. „Hee, Doktor!" rief er dem Regierungsrat zu. „Sie dürfen dem Kollegen hier was erzählen!" Der Regierungsrat trat zu Fergenbach, der Mantel blähte sich. „1805", sagte er. „Übrigens war das Schloß eigentlich eine Art Kloster, vielleicht können Sie das erwähnen, irgendeine Sekte, glaube ich. Es ist um 1770 gebaut worden."

Fergenbach schrieb die Zahlen in die Notizen hinein. „Und wann wurde Mühlau Arbeitshaus?"

„49 zuletzt", sagte der Regierungsrat. „Grade vier Jahre her. Vorher war es beschlagnahmt für Polen und ähnliches Volk. Sie bekommen die Daten nachher noch schriftlich."

Terbrück starrte den Mann an, wie hieß er noch, Fährmann oder so ähnlich, freier Mitarbeiter, den hatte die ‚Rundschau' geschickt, armes Luder, ängstlich und grau und unglücklich. Mühlau in Landesbesitz, 1805 oder wann, ein Schloß, eine Bettleranstalt, Armenhaus, Gefängnis, was weiß ich: die Armen, die Bettler und Diebe und Landstreicher und Säufer, die Huren, die Ausgestoßenen der Gesellschaft waren hier zu Hause, Vetter Villon, Nécessité faits gens méprendre: Die Not sitzt ihnen im Nacken, der Vogel Not, er hackt ihnen die Falten in die Visage, der Galgenvogel, Rabe Not. Terbrück machte sich keine Notizen, sein Gedächtnis war gut, es verließ ihn nicht, manchmal fühlte er sich bedrückt von seinem Gedächtnis: ein Safe, das jede billige Erinnerung verwahrte wie Kostbarkeiten, Daten, Gesichter, Namen, das spiegelnde Schwarz des Regenasphalts, damals, der Kohlgeruch auf der zweiten Etage, Schreie, Worte, Geflüstertes, Schweigen – nichts ging ihm verloren, keine Vergangenheit blieb ihm erspart, er konnte sich nicht betrügen.

„Das hört man", sagte er. „Schlesien irgendwo."

„Ich bin aus Glogau", sagte sie.

Er nickte. „Glogau oder Gurau, Sprottau oder Steinau, das liegt nicht weit voneinander. Das ist der Klang."

‚Verrückt!' dachte sie. ‚Der spinnt. Der sagt Glogau, als wäre das irgendein Nummernkanal auf dem Mars, als wäre da nichts gewesen, Glogau und Gurau und Steinau sagt er, als wäre sie da nicht gestorben.' Sie verzog den Mund: „Sonst noch was?"

„Bißchen kalt", sagte er. „Ich hol mir den Mantel!"

Der Fahrer arbeitete immer noch unter der aufgerissenen Kühlerhaube, Straß und der Regierungsrat standen dabei.

Sie sah auf den frischen Asphalt hinter den Sperrtonnen. Wen ging das was an? Niemand sprach noch davon, niemand riß das Vergangene auf, und das war gut, das mußte so sein. Niemand sagte leichtfertig Glogau und Sprottau wie dieser Junge, Volontär, der wußte noch nicht mal, wie er seine Arme halten sollte – ‚Anfänger', dachte sie, ‚kleiner Anfänger', der hatte noch alles zu lernen und meinte, er könnte andere was lehren. Leichtfertig hatte er daran gerührt, eine verbotene Berührung, die Gräber brauchten Ruhe, auf dem Asphalt spiegelte sich der graue Tag, der letzte Tag, das Zetern der Milchfrau, die immer noch Marken verlangte, sie müsse doch abrechnen, und das rote Plakat *Wer den Tod in Ehren fürchtet, stirbt ihn in Schande*, das Pressen einer Gasmaskenbüchse auf ihre Brüste in dem Zug, der letzte Zug aus der Stadt - sie schüttelte das Bild ab, atmete den vollen Wind ein, sah den glatten, gerundeten Bus, ‚Sonnenreisen', aus dem jetzt der Junge kam, flatternde Mantelspur. Er beugte sich zu dem Fahrer, fragte den Regierungsrat, hob die Schultern. „Kann noch was dauern", sagte er.

Sie schüttelte den Kopf: „Ich will das nicht – merken Sie sich das: Ich will nicht!"

Er sah sie ungläubig an, verständnislos.

„Das alles", sagte sie. „Ich will nichts mehr davon hören, nichts wissen, verstehen Sie? Hier bin ich, hier auf der Straße nach Mühlau, zufällig hier liegengeblieben, und nachher bin ich woanders und morgen bin ich ich weiß nicht wo, und genau das will ich, verstehen Sie, nicht das, was gestern war, auch nicht die Träume von gestern, das hat mir genug verdorben."

„Na ja", sagte er. „Das macht der Beruf. Heute Mühlau und morgen Krawattenwerbung und Heimatfilm."

„Genau!" sagte sie. „Was denn sonst? Soll ich vielleicht denken, daß meine Mutter in der Festung Glogau – bitte sehr, das war eine richtige Festung! –, daß sie da verscharrt ist, irgendwo, und niemand stellt ihr Blumen hin, und es ist nicht mal ein Kreuz auf dem Grab? Daß wir vielleicht nur noch bis Sagan hätten weiterfahren müssen, ein paar Stationen mit der Bahn, dann wäre das nicht passiert? Aber wir sind schon in Sprottau ausgestiegen, Gertrud und ich, dahin kamen die Russen ja nicht, dahin kamen sie nie, das wußten wir sicher, das sagten sie alle, der deutsche Soldat war nämlich unüberwindlich, der Gegenschlag mußte bald kommen, das wußten wir alle – und in der Nacht waren sie dann da, in unserer Klasse, stellen Sie sich das vor, eine richtige deutsche Schulklasse mit kreidegrauer Tafel, mit einem Schwamm, der noch ein bißchen feucht war, der Unterricht geht natürlich weiter, mit steifen deutschen Schulbänken, die in einer Ecke aufgetürmt waren, da lagen wir auf Stroh, Frauen und Mädchen und Mütter mit kleinen Kindern, die schrien die ganze Nacht, und Gertrud lag neben mir, wissen Sie, als Journalist muß man neugierig sein, so ein hageres Ding von dreizehn Jahren, sie hatte noch ihre Kinderpuppe bei sich, und da kamen sie, stinkende Uniformen –."

„Bitte", sagte er. „Ich wollte nicht –."

„Natürlich", sagte sie. „Natürlich, kein Mensch will das wissen, das interessiert ja auch niemanden mehr, das ist lange her und vergangen, daß sie schrie und schrie, und mich würgte der Schmerz, und ich konnte ihr nicht helfen, aber ich hörte sie schreien, und am Morgen war sie nicht mehr da und ihre Puppe war auch nicht mehr da – das gibt es, das gab es damals, sie war verschwunden, und ich habe sie dann gesucht, jahrelang habe ich sie gesucht, drüben und hier und überall, aber niemand wußte etwas von ihr, niemand wollte etwas wissen davon, und jetzt, jetzt will ich nichts mehr davon hören, verstehen Sie, Glogau und Sprottau und Gurau, das ist mir gleich, ich krieg keine Rente für meine Erinnerungen, und wo ich herkomme, ist gleich, und niemand geht das was an, und wo ich hingehe und was ich tue, das ist auch meine Sache, verstehen Sie?"

abends

Mittags mit Helma gesprochen: Ja, gut, der Arzt ist zufrieden – ja, sicher, ich fühle mich – wieso denn? Habe ich nicht –? Dann hab ich's vergessen, du kümmerst dich sonst doch auch nicht um mich. – Meine ich gar nicht, nein. – Meinetwegen, bitte. Und was macht die Schreiberei? – Na ja, vielleicht ist das das beste. Du kannst ja vielleicht mal in Braunschweig –. – Natürlich, wenn du magst, meinetwegen tu, was du magst. – Wieso? Du weißt doch, daß du von mir aus immer tun kannst, was du –. – Ja, viel Vergnügen. – Nein, nein, ich sage dir doch, es geht mir gut, viel besser jedenfalls, ich bin täglich drei Stunden draußen. – Ja, ganz schön. – Ach wo, was willst du denn hier? Das ist nichts für dich! – Nein, bitte nicht, bloß nicht! – Nein. – Wohin du willst, aber hier laß mich in Ruhe. – Nein.

Nur eine Stunde gefahren, nicht auf der purpurnen Doppellinie: dem dünnen Gelb nach, Wälderbuckel hinauf, Wiesenhügel hinunter, die krakelige Ausflugsstraße zum Sonntagnachmittagskaffeetrinken, still am Dienstag, nur ein paar Kastentransporter: Eis, Bäcker, Sprudel, Kaffee, ein Tankwagen, Heizöl, zwei schaukelnde Radrennfahrer bergan, ein Traktor, rollerfahrende Kinder vor Schieferwänden, hockende Alte in bunten Gärten, gegen die Sonne blinzelnd, blaugrüne Hügelferne, Schattenwald.

Es fiel mir plötzlich ein. Ich hatte die Sachen zusammengepackt, genug für drei vier Tage, viel brauche ich nicht, erstmal vielleicht zu Hermine, die freut sich bestimmt. Ein Zettel auf dem Küchentisch, für Frau Hückerath, Rolläden halb heruntergelassen, die Waschküchentür abgeschlossen, Liegestühle in die Garage – was noch? Oder nach Herseburg, gleich nach Herseburg, dreieinhalb Stunden, zum Abendbrot kann ich dasein. Oder in Detmold Station gemacht, die Adresse hab ich nicht mehr, aber sie hatte Telefon, das ist auch besser, als wenn man einfach so vor der Tür steht – Hallo!, nach sieben Jahren.

Ich fuhr den Wagen aus der Garage, zwei Wochen nicht gefahren, muß noch mal Öl nachsehen lassen, er läuft nicht ganz rund. Ich ließ die Garagentür einschnappen, müßte mal wieder gestrichen werden, das ist die Regenseite. Da fiel mir Herrenrath ein, Herrenrath im Bergischen Land. Warum nicht nach Herrenrath, erstmal, dann kann ich immer noch weiterfahren – wir waren lange nicht mehr in Herrenrath, achtzehn, fast neunzehn Jahre, komisch: nie mehr in Herrenrath seitdem.

Enge Fenster, ein Flügel geöffnet, in den Scheibenquadraten sechs mal Pfirsichgewölk, Gardinenschleier im Abendwind: Zwanzig Uhr zweiundfünfzig. Noch immer das grüne Ofenungetüm in der Ecke, gutmütige Schüsselkacheln, noch immer knarrende Dielen, Geruch von Fachwerk, Duft von Quittengelee, scharf gebackenem Brot. Aber die steilen Betten sind nicht mehr da, keine gedrechselten Knäufe, keine Nachttischsäulen, nichts mehr von Großväterwürde, Altväterenge: Einheitsbetten, breit, niedrig, praktisch, Limba furniert, flache Steppdecken, und neben der Tür das neue Waschbecken, Chromglanz, Kachelumrahmung, blau, auf dem Spiegel ein rotes Oval *Echt Kristall.* Von der Straße her – hin und her – das angestrengte Lärmen von Mopeds, Rufe, irgendwo Fernsehgeräusche, verzerrt, bis plötzlich die Kirchturmuhr unüberhörbar anschlägt: neun Uhr. Ich wußte den Klang noch.

Den Kirchturm sieht man von überall her, die Schieferhaube. Damals sind wir hinaufgestiegen, Staub auf den Balken, zuletzt nur noch eine Leiter, lose an die oberste Plattform gelehnt, die schnarrende Uhr neben uns, aus den Luken, durch die Bretter der Läden hindurch der Blick auf die Winkeldächer, über die Dächer hin, das Schattenspiel von Kindern auf dem Kopfsteinpflaster des Marktplatzes. Jetzt war die Turmtür verschlossen, ein buckliger Mann, der die Büsche neben dem Eingang beschnitt, sah mißtrauisch zu mir hin, als ich an der Klinke rüttelte. Ist geschlossen, sagte er, es klang unabänderlich, als würde es nie wieder Sonntage, Hochzeiten, Beerdigungen in Herrenrath geben.

Vielleicht habe ich Helma Unrecht getan. Ich bin glücklich, sagte sie, glücklich! Vielleicht war sie wirklich glücklich und nicht nur froh, einen Mann zu haben mit sechsundzwanzig, beinahe siebenundzwanzig Jahren. Damals habe ich ihr nicht geglaubt, nicht ganz. Daß wir zuletzt doch noch geheiratet hatten, das war geschehen. Später, hatte ich sie vertröstet, sicher, aber in dieser Zeit, verstehst du, ich will doch nicht ewig hier bleiben, das ist nichts für mich, auf die Dauer, ich muß meine Freiheit haben, ich will schreiben, dieser ganze Verwaltungskram macht mich –. Und hatten dann doch geheiratet: Na ja, also gut, wenn du wirklich das Kind, wir müssen dann eben versuchen, wie wir zurechtkommen. Ich war geheiratet worden. Helma hatte mich geheiratet. Sie sagte: Ich bin glücklich. Wenn wir durch Herrenrath gingen, nahm sie meine Hand, hängte sich bei mir ein. Wenn wir abends in der Gaststube saßen, rieb sie sich gegen mich – ach, laß doch die Leute, du, ich bin glücklich. Sie konnte plötzlich die Arme mir um den Hals werfen, oder sie lief einen Waldweg davon: Fang mich doch! Oder sie suchte im Dickicht einen sonnigen Platz, Büsche ringsum, gar nicht sehr feucht: Hier, ja? Komm!

Beinahe siebenundzwanzig war sie, der Junge war unterwegs; aber sie lachte und sprang und küßte wie achtzehn, als ob es das erste Mal wäre, immer wieder das erste Mal. Ich versuchte, sie zu dämpfen, vergeblich: Sie spielte Hochzeitsreise, spielte glücklich, mir war das unangenehm, peinlich manchmal – sie kümmerte sich nicht darum: Aber ich bin doch glücklich, du, glücklich! Komm – nun komm doch! Liebst du – sag mir: Liebst du mich?

Aus allem, was ich sagte, was ich nicht sagte, hörte sie nur: Ja – jaja, ich liebe dich – natürlich liebe ich dich – aber Kleines, aber Helma, aber bitte du bitte, Helma, ich bitte dich, Kind, die Leute, mußt du denn grade hier. Manchmal spielte ich das Spiel auch mit, das Spiel ‚glücklich'. Aber ich war schon dreiunddreißig damals, fast vierunddreißig; ich sah mir beim Spielen selber zu, fand mich komisch, geschmacklos, fand uns lächerlich – das hatte ich vor zehn Jahren gespielt, so lange, noch länger her: Betty, Bibi, Lisa, Li – das war vorbei, für immer, gab es nicht mehr, nicht wieder.

Ich begann andere Spiele. Komm, leg dich anders herum – nein, so, ja: Fühlst du mich? Sie gehorchte, spielte mein Spiel mit, meine Spiele: die Hand an dem gedrechselten Knauf, halb über das Fußende gebeugt, ein zitternder Rücken, du, ja, aber warum denn, in meinen Händen das warme Fleisch, du. Ich spielte mit kühlem Kopf, spielte um nichts, kein Einsatz, kein Gewinn, spielte Wunschträume aus, Phantasien, Schreckbilder, Tante Hermine, abstrakte Figuren: Setz dich, leg dich, laß mich, stell dich, jetzt. Ich spielte blind, offenen Auges, ich kümmerte mich nicht darum, daß das Stumme sich ausbreitete zwischen uns, so nah wir uns waren, hörte nur ihrer Lust zu, aufmerksam, unserer Lust.

Einmal, das war in der vierten oder fünften Nacht, kam sie zu mir, weckte mich: Du?

Was denn?

Ich kann nicht schlafen.

Ach schlaf doch schlaf doch.

Ich kann nicht mehr – hörst du, hörst du nicht?

Ja, ja, schlaf nur.

Du?

Ja!

Sigurd?

Sie nannte mich immer Sigi, alle nennen mich Sigi, seit meiner Kindheit: Ich bin Sigi.

Was ist denn?

In der Nacht erzählte sie, alles, erzählte viel mehr, als ich wissen wollte, lag neben mir, drängte sich an mich: Hörst du? Hörst du auch zu? – erzählte, gestand. Es muß gegen drei gewesen sein, als sie mich weckte. Ich war müde, erschöpft: Schlaf doch, nun schlaf doch erstmal, morgen ist alles –.

Sie war nicht zu halten, ich hielt sie nicht. Verstehst du?

Ja, sicher, aber das ist doch lange vorbei, nicht mehr zu ändern, was regst du dich denn so auf?

Ich weiß nicht mehr alles, das meiste vergaß ich wieder, müde, die alten Geschichten von einer, die an die Liebe glaubte, kitschig kleine Geschichten – er sagte: Ich liebe dich, und weil ich dich liebe, und weil du mich liebst –, wie das so ist: und er – und ich – und wir – und dann, ich wußte doch auch nicht, verstehst du, ich konnte doch damals nicht wissen!

Natürlich, so geht das. So geht das immer. Aber das ist doch schon so lange –.

Die ausgeleierte Moritat von einem, der untreu wurde, der schwor und lachte sie aus, von einem zweiten, der die Treue nicht hielt, von einem, der dann nicht wiederkam, in stolzer Trauer – das stand auf der Traueranzeige: In stolzer Trauer, stell dir das vor, das haben die Eltern geschrieben, das haben sie drucken lassen und rundum verschickt: in stolzer Trauer! Aber er war weg und fort und kam nie nie wieder, niemals: weggerissen, fortgerissen, eine Höhlung, die sog mich an, ohne Stimme, ohne Augen, keine Hand, die mich hielt – ich wollte nicht mehr leben, verstehst du?

Vielleicht hätte ich sie hören müssen, in dieser Nacht. Sie zitterte.

Ja, ja, der Krieg, ich weiß, ich weiß Bescheid.

Aber das war es nicht, nicht das allein. Sie haben mich dann zur Flak geholt, Flakhelferin, am Scheinwerfer, jede Nacht, hurra, hurra, wenn wir einen im Lichtkreuz hatten, wenn einer aufglühte, brannte, stürzte, diese winzigen bösen Käfer, jede Nacht jede Nacht. Aber das nicht allein, obwohl das allein genügt hätte, sondern die Männer, alte Männer, vierzig waren sie, fünfundvierzig, Väter, Großväter vielleicht schon, widerlich, wenn ich denke, du könntest einmal so werden – jede Nacht, immer wieder, fast jede Nacht, und als dann die Russen nahe heran waren, ein kalter Morgen Mitte April, da waren sie nicht mehr da, keiner mehr: Wo sollten wir hin, es gab keine Züge mehr, die LKWs waren fortgefahren und nicht mehr wiedergekommen – Männer, kann ich dir sagen! Einige von uns machten sich auf, in die Wälder, quer durch die Wälder, die anderen blieben zurück, vor allem die, die im Osten zu Hause waren: Was sollten sie in den Wäldern, da finden sie euch doch, da könnt ihr's mit allen machen, ich bleib lieber in der Baracke, wenn die Front erst vorbei ist, und das geht schnell, das kann nicht mehr lange dauern, das geht auch noch vorbei, dann geh ich nach Hause – bleib bloß hier! Eine Freundin hatte ich, Ursula, die war anders als die anderen, anders als wir, ja, die hatte niemand angerührt, verstehst du – hörst du?

Ja, sicher, das gibt's, meistens sind sie frigide.

Verstehst du denn nicht? Sie haben uns alle zusammengetrieben, alle, und es dauerte nur zwei Stunden, dann waren plötzlich wieder Deutsche da, deutsche Soldaten, die luden uns auf Schützenpanzerwagen, das rasselte rasselte, o du das rasselte, schüttelte mich, und weißt du, wie kalt Panzerplatten sind, sie hätten uns genausogut gleich dort lassen können, danach, was wollten wir noch, und Ursula hockte neben mir, sah mich nicht an, sah niemanden an, weinte nicht – wenn sie wenigstens noch geweint hätte, verstehst du? Und der Wagen rasselte über die Straße, Lärm, Lärm, Lärm, fraß die Straße, man verstand nicht sein eigenes Wort, man verstand nichts mehr.

Vielleicht, wenn ich nicht so müde gewesen wäre, wenn ich ihr zugehört hätte, dieses: verstand nichts mehr – wenn ich das verstanden hätte. Aber ich schlief wieder ein, ja ja, ich weiß – ich weiß schon, und als ich aufwachte, es war zu eng für uns beide in dem schmalen Großväterbett, da schlief Helma, und ich dachte, das wäre alles und wäre gewesen.

Am anderen Tage war sie wieder wie vorher, vielleicht nicht ganz so lustig und glücklich, glücklich und leicht; aber ich wußte ja, daß sie zu wenig geschlafen hatte, und außerdem war sie im dritten Monat, dann schlägt bei Frauen die Stimmung leicht um.

Laß nur, sagte sie, laß mich nur. Danke, es geht mir gut. Es ist nichts.

In der Gaststube die lokale Ausgabe des ‚Volksblatts'. Kupferhammer schlug für zwölf Generationen. Trotz des Regens wurde zünftig Kirmes gefeiert. Tüllenbürsten, gebogener Griff: -,24.

Einmachhaut, 3 Bogen: -,32. Bonn: Wir wollen keine Atomwaffen erwerben. Washington: Eine Gräbereinheit der US-Armee ist in Vietnam eingetroffen. Die ‚Nachrichten' hätten anders aufgemacht, natürlich.

nachts

Nicht schlafen können. Nichts können. Nichts wissen. Was soll ich tun, wenn Helma gestorben ist? Wie wieder anfangen, wie weitermachen? Oder nur weitermachen?

14. Juli

Lange geschlafen. Gegen zehn kam das Zimmermädchen herein ohne anzuklopfen - oh, ich wußte nicht, ich dachte. Vierfruchtmarmelade zum Frühstück. Fünfzehn Prozent Bedienung. Abfahrt kurz nach elf.

Ich kam nur langsam voran, obwohl ich Zeit zu schinden versuchte. Mein Rekord, Baujahr 63, liegt in schnell gefahrenen Kurven nicht sicher genug, die starre Hinterachse. Einmal rutschte ich nur mit Not an einem Unfall vorbei, das Heck drehte weg, glücklicherweise bremste der andere rechtzeitig; dann fuhr ich im Trotteltempo weiter. Mittagessen in Werdohl, scharf gewürzt, in Arnsberg noch einen Kaffee. Dann wurden die Straßen schneller, und ich hätte gegen fünf in Bielefeld sein können, Ingelore. Zuletzt nahm ich doch die Autobahn, Bielefeld – Bielefeld links vorbei, was soll das noch, Herford, Bad Oeynhausen, weiter, wohin, irgendwohin, und ich hatte die Ausfahrt Bad Eilsen schon hinter mir, als mir Jochen einfiel, Jochen Jahnke: ne halbe Stunde bloß von der Autobahn, Ausfahrt Bad Eilsen, wenn du rauffährst, du kommst da doch immer mal längs, komm doch mal, wenn du Zeit hast, ne Inspektion kriegst du gratis. Warum eigentlich nicht? Ich hielt, sah mir die Karte an, von der Abfahrt Kehren kaum weiter, kaum ein Umweg. ARAL hatte er gesagt: Bei meinen Augen gibt es doch gar keine andere Marke für mich, und ich brauchte nicht lange zu suchen: blauweißblauweiß, strahlend, um sieben schon die Lichter an, sauber, ARAL, Opel verkauft er auch, einer im Overall kehrt die Garageneinfahrt, abends um sieben, ländliche Zustände, aber Jochen war schon immer für Ordnung, allein seine Handschrift: unvergeßlich das scharfe Zickzackzick, Linien wie gedruckt, wie gestochen, und in Mathe hatte er eine Eins, noch im Abiturzeugnis: Sehr gut.

Geruch nach Benzin. Vielleicht ist es Einbildung, das Haus steht hundertfünfzig Meter von der Tankstelle entfernt, eine Pappelreihe schützt es, dämpft das Straßengeräusch. Er brachte mich herauf, vorhin, seine Frau sagte: Zeig Herrn Dr. Scherf das Fremdenzimmer! Er wurde nicht mit seiner Verlegenheit fertig. Hast du sonst alles? Klo ist die zweite Tür rechts.

Einbauschränke in Teak, echt, schönes Holz. Ja, weißt du, wenn man heute schon baut, nicht, dann will man schließlich auch, daß es hält, es geht nichts über solide, und billig ist teuer, das ist immer dasselbe, man soll nicht auf den Groschen sehn, wenn es drauf ankommt.

Schön hast du's – schöner Betrieb!

Er ließ die Rolläden herunter – sonst kommst du vielleicht nicht zur Ruhe, wir machen Tag und Nacht durch, besonders die Fernfahrer, man muß sehn, wie man zurechtkommt. Im Flur die Schritte seiner Frau. Magst du noch was zu trinken? Ich darf ja nicht, meine Galle, aber im Keller haben wir – wenn du magst?!

Nee, laß man, danke. Ich bin auch müde, hab letzte Nacht nicht besonders.

Jochen Jahnke, der blonde Jahnke, der so hinreißend Tango tanzte: Glatze unter grauen Strähnen, sorgfältig gekämmt, die Augen kaum noch blau, eingetrocknete Augen, fast farblos, ein Gesicht nach Magen und Galle, fast wie sein Vater damals, der war kriegsbeschädigt und im Reichsbanner, olivgrüne Windjakke – Junge, Junge, wie die Jahre rumgehen, was?! Und keine Kinder. Blauweißblauweiß, hell, sauber, ordentlich, Tag und Nacht geöffnet – ich kann nicht klagen, wir klagen auch nicht, bestimmt nicht, was, Schätzchen?! Obwohl es nicht immer leicht ist, das kannst du mir glauben, man muß sich ranhalten, wenn man was will. Aber wir klagen nicht, unter dem Strich bleibt bis jetzt noch immer genug, letztes Jahr die Kreuzfahrt nach Westindien, das war schon einmalig, nicht, Schätzchen, es war doch wirklich –.

Ihr war es zu heiß gewesen, einfach zu heiß, und die Passagiere –. Und in den Häfen, also so was von Schmutz. Und aufdringlich die Leute. Und überhaupt.

Sie saß und strickte, Wurstfinger, zu eng das geblümte Seidenkleid, zu kurz für diese Schenkel, ich wußte nicht, wo ich hinsehen sollte.

Sicher, Schätzchen, das schon. Aber es war doch ein Erlebnis, ehrlich, Sigi, das hätte ich mir nicht träumen lassen damals in Herseburg, kein Gedanke, ich als der Dritte von Schrankenwärter Jahnke – na ja, das war doch so, Schätzchen, das weißt du doch, und Sigi und ich, wir brauchen uns nichts vormachen, nicht?! Aber dieses Jahr fliegen wir nach Teneriffa, wahrscheinlich erst Ende Oktober, vielleicht noch später, vielleicht auch nach Tunis, wenn es zu spät im Jahr wird, man muß sich nach dem Geschäft richten, wenn die neuen Modelle ankommen, haben wir bis in den November rein alle Hände voll zu tun – nicht, Schätzchen? Und dann wieder der Ärger mit den Gebrauchtwagen, das ist gar nicht so leicht heute, Sigi, die besten Zeiten haben wir hinter uns, man muß schon was tun und muß sich was einfallen lassen, damit die Rechnung am Ende stimmt, ich kann dir sagen. Aber die neuen Modelle – willst du nicht auch umsteigen? Jetzt ist es günstig, und der neue 1,9-Liter – also das wird was, wirklich Klasse, besonders natürlich in der L-Ausführung, damit holen wir ganz bestimmt auf, und ob du nun ein paar Pfennige Steuern mehr zahlst oder nicht, das merkst du doch gar nicht, und Hubraum ist einfach mehr Sicherheit. Wenn du schon nicht den Kapitän willst, obwohl da ja eigentlich erst das Auto anfängt – als Freund, Sigi, du weißt, ich hab das wirklich nicht nötig, ich darf auch offiziell keinen Rabatt geben, aber ich würde deinen natürlich zu einem Freundschaftspreis in Zahlung nehmen, Lieferung allerdings nicht vor Oktober, du kommst doch bestimmt mal wieder vorbei, über den Preis können wir dann immer noch reden.

Bei Scheffers wird nicht gehandelt! Seine Frau sprach leise, aus den Mundwinkeln, ohne die Stricknadeln anzuheben. Bei Scheffers wurde noch nie gehandelt!

Aber Schätzchen, ich werde doch einem Schulfreund noch einen Preis machen dürfen, das ist doch drin – wir reden ja bloß mal so, ich sage ja nur, nicht, Sigi? Wir handeln überhaupt nicht, und außerdem, also der 63er Rekord war ein guter Wagen, und gut gepflegt, deine Erfahrungen sind doch bestimmt auch – nicht, Sigi? Der geht als Gebrauchtwagen sofort weg!

Er sah sich im Zimmer um. Ja, also – wenn du alles hast – ach so, Handtücher sind oben im Schrank! Und sag nicht, daß ich dir die Inspektion umsonst mache – das Öl mußt du natürlich bezahlen, das ist ja klar. Meine Frau ist in der Beziehung ein bißchen komisch, mein Schwiegervater war auch so – na ja, man kann sich sein Leben nicht aussuchen, einmal ist jeder dran. Man muß eben sehn, was man daraus macht. Nicht?

Immer noch der Benzingeruch, Dieselgeruch. Hinter den Rolläden das Rauschen der Fernlaster.

nachts

Die Rolläden hochgezogen, das Fenster geöffnet. Drüben das Singen der Benzinuhren, dumpfes Grollen von Dieselmaschinen, Schattengestalten unter kaltem Licht, blauweißblau, Mondlicht, Totenlicht, weiß.

Er sah so aus, damals, wie junge Götter aussehen mußten, damals: blond und schlank und groß, schmal und kühn und heiter. Wenn man ihn sah, vergaß man – man dachte nicht mehr daran, hatte es nie gewußt, daß sein Vater im Bahnwärterhäuschen hinter dem Friedhof saß, jeden Tag, rotweiße Schranken sein Leben, und seine Mutter ging als Waschfrau, und seine Schwester verkaufte im Konsum, und sein älterer Bruder war Anführer der ‚Falken'. Ich träumte damals ein paarmal von ihm: der Körper eines Gottes, eines Halbgotts, ich träumte von diesem Körper, lag neben ihm, nackt, wachte auf, schämte mich, wußte nicht weiter.

Es war dann ganz anders. Dreizehn waren wir oder vierzehn, vierzehn Jahre alt, wir waren weiter als sonst am Fluß entlanggefahren, vier Freunde – Freunde? Wir waren gleich alt, gleich jung, wußten gleich wenig, versuchten die Welt gleichermaßen, versuchten auch dieses, nackt. Aber plötzlich war es ganz anders. So hatte ich es nicht gewußt, bis dahin, nicht geträumt: Einer für sich war er, einer allein mit sich, seinem Fleisch – rotes Fleisch, ich wagte nicht hinzusehen, nun tu doch nicht so: sah hin, seine Hand, sah es, hatte es nie geträumt, Jochen Jahnke, auch Jochen Jahnke: Wir waren alle so, heißes Fleisch, rot, kein Gott, und dann war nicht er es, der es tat: Er ließ es tun, ließ es mit sich tun, kein Gott, kein Halbgott war der, der im Sand lag, der unten lag, und ich riß mich los, was hast du denn, ich konnte nicht ansehn, wie das ihm, wie mir das geschah in ihm, ich stürzte fort, jagte allein nach Hause zurück, allein, allein sein, am Fluß entlang. Jochen Jahnke. Wir haben nie wieder darüber gesprochen.

Damals war er blond. Damals war noch alles möglich, und ich wartete darauf, ich träumte, wir wollen zu Land ausfahren, leuchtend die Welt und weit, Lieder ins Land hinein.

15. Juli

Herseburg

Baumann, Becker, Ellermann, Hempel. Baumann ist tot. Becker ist tot. Ellermann immer der Alte, jedes Jahr drei Pfund mehr, dabei esse ich gar nichts, das waren noch Zeiten, was, als wir jung, damals, wißt ihr noch, als, da gab es noch, alles auf meine Rechnung: nicht zu Ellermann.

Hempel ist auch tot.

Und das zweite Quartett: Jahnke, Mannemann, Niebuhr, Poll. Jahnke mit einer Tankstelle verheiratet. Mannemann unverändert, Sohn seines Vaters, was soll ich bei dem: Mir kann keiner, uns kann keiner, Umsatz 3,6 Millionen, ganz nett, Sohn und Erbe, Mercedes 220 SE, geheiratet hat er in der gleichen Hubraumklasse – was soll ich bei Manfred Mannemann?

Niebuhr vielleicht, Paul Niebuhr, der immer fragte – ich habe das nicht verstanden! –, bei dem alles etwas länger dauerte, der dann nichts vergaß. Nach fünf Jahren konnte man ihn noch fragen, nach fünfundzwanzig Jahren: Warum das, wieso der, weshalb wir – er wußte Bescheid: Was, das weißt du nicht mehr? Also hör mal zu, das war nämlich so. Und Niebuhr ließ Lehrer sprechen, die lange begraben waren – Setzen, Niebuhr, fünf! Dabei wußte ich alles. Herrn Schütz zitierte er: Bodenlos, Schrader, ich werde Sie zur Verantwortung ziehen, glauben Sie nur nicht, daß Sie in unserem neuen Staat mit dieser Haltung – obwohl Herr Schütz dabei war, damals beim fünfundzwanzigsten Jahrestag unseres Abiturs, und Herr Schütz wußte nichts mehr, er erinnerte sich nicht, keineswegs: Aber mein lieber Niebuhr, das geht mir wirklich ein bißchen weit, ich habe ja nichts gegen einen kleinen Scherz, das wissen Sie alle, meine Herren, aber man kann doch nicht einfach behaupten –. Niebuhr grinste, Niebuhr zitierte aus seinem Gedächtnis – dokumentenecht, sagte er –, er wußte noch alles, er hatte Zeit, sich zu erinnern, und er nahm sich Zeit. Maler war er, Anstreicher, weshalb sollte er vergessen? Er malte Küchenschränke und Bücherborde und Hausfassaden in Herseburg, schwang die Weißbürste an Wohnzimmerdecken über sich, in Treppenhäusern und Heizungskellern, immer schön gleichmäßig, klebte Tapetenbahnen mit sauberem Stoß – den darf man nicht sehen, gerade noch ahnen! –, gab dem Lehrling eins hinter die Ohren, der die Makulatur vergessen hatte: Vergessen! höhnte er, die Welt fiel ihm ein: Vergessen! Immer hatte er Zeit.

Ich ging in die Hahnengasse, Paul Niebuhr, Malermeister, gegründet 1792 – vom 12. bis 26. Juli wegen Betriebsferien geschlossen. Rolläden herabgelassen, Klingel abgestellt, der Rasen im Vorgarten schon etwas zu hoch.

Mannemann, Niebuhr, Poll, Oberstaatsanwalt Poll. Und dann das Doppelquartett, die toten Rosner, und Scherf, Schrader, Hinrich Schrader – und der kleine Timpe, soll Volksschullehrer sein, zum Jubiläum war er nicht gekommen, damals, keiner wußte seine Adresse, und Franz Trinkler, wahrscheinlich immer noch in der Zweieinhalb-Zimmer-Wohnung, nicht auszudenken, Waltraud, mach schnell, nicht daran denken, Franz Trinkler, mit Ostermärschen beschäftigt und Vietnam-Demonstrationen, was soll das – und Waterpuhl, tot, Zänk, tot. Aus.

Verrückt, nach Herseburg zu fahren, eine Schnapsidee.

Was soll ich in Herseburg! Das Schulhaus am Kamp ist neu verputzt, Volksbücherei, Ausleihe 10 bis 12, 14 bis 17 Uhr, mittwochs bis 20 Uhr, samstags geschlossen. Zum Schulhof weist ein blaues P, die Asphaltdecke mit schrägem Parkmuster, und unser Hof: kein Kopfsteinweg mehr, keine Ziegelspur, kein Hortensiendunkel, sondern ein graues Plattenmuster, und wo der Garten war, Johannisbeerbüsche, Gerda, Dahlien, Rosen, der Spilkenbaum: ein roter Garagenblock. *Einfahrt freihalten!* Was soll ich hier noch?

Wieder im ‚Stern', in der ersten Etage diesmal, Übernachtung 13 DM. Wenn das Frühstück nicht im Hause eingenommen wird –. Damals kostete es sieben oder acht Mark, höchstens acht Mark. Stille. Keine Liedertafel. Ein neuer Besitzer, höflich, neutral: Wollen Sie sich, bitte, eintragen? Wie lange werden Sie bleiben? Sonst könnte ich Sie nicht in der ersten Etage unterbringen, das Zimmer ist für das Wochenende bestellt.

Der Blick über den Markt, St. Petri, der Konsum plötzlich drei Stockwerke hoch in Glas und Stahl, Selbstbedienung, auch

Zimmermanns haben aufgestockt, ein Bauzaun vor Bäcker Weicht, wo wir die Hefeschnecken kauften, drei Stück für fünfundzwanzig, dick von Rosinen und Marzipan.

Baumann, Becker, Hempel. Was aus ihnen geworden wäre. Jahnke, Mannemann, Niebuhr, Poll: Was aus ihnen geworden ist. Sie sind noch immer wie damals, keine Veränderung, wir bleiben die Alten, nichts mehr ist zu erwarten. Nur von Timpe weiß ich nichts, Hanswerner Timpe, ich weiß nicht, wo ich ihn suchen soll, Niebuhr ist verreist Timpe, das wäre noch eine Hoffnung, aber warum – warum ausgerechnet er? Was soll ich in Herseburg?

Gewiß, sagte sie und sah mich aufmerksam durch ihr Lorgnon an. Wie sollte ich Sie vergessen haben? Mein Sohn meinte damals, es könnte etwas aus Ihnen werden. Seltsam, nicht wahr?

Ich war auf dem Friedhof gewesen, Mutters Grab, Vaters Grab, der Gärtner hielt die Stelle in Ordnung, Buchsbaum, Efeu, Liguster, die Rechnung kam regelmäßig zwischen Weihnachten und Neujahr. Dann begann es wieder zu nieseln, ich schlug den Mantelkragen hoch, ging durch die Spitalgasse, die Reepergasse – der Dichterin und Künderin vaterstädtischer Geschichte – an Burgtor und Graben entlang, die dunklen Giebel, gebündelte Ziegelsteinsäulen, der Messingklopfer, und immer noch *Dr. Schrader Medizinalrat*, blank geputzt, immer noch.

Halb acht. Wenn sie noch lebt, müßte sie neunzig sein, über neunzig schon. Halb acht ist keine gute Zeit für einen Besuch, aber.

Ein fremdes Gesicht, streng, weiße Schürze, Pflegerin: Bitte?

Ich weiß nicht, ob Frau Doktor Schrader jetzt noch –.

Warten. Die ernste Diele, noch dunkler, die Göttin am Treppenaufgang lächelt nicht, kein Hauch mehr von Medizin, nur noch das alte Holz, der schwache Laut der Stufen.

Bitte, Sie möchten eintreten!

Die Treppe, hinauf. Die Stiege zum Boden durch eine weiße Tür abgeschlossen.

Bringen Sie uns ein Glas Malaga, Schwester – oder ziehen Sie Sherry vor, Herr Scherf?

Sehr freundlich, gnädige Frau, aber bitte, ich wollte nur ganz kurz – weil ich, eigentlich mehr zufällig – ich bin auf der Durchreise, und da dachte ich – Sie haben mir damals so freundlich geholfen.

Habe ich das? Ich bin nicht ganz sicher, Herr Doktor. Ich hatte allerdings damals den Eindruck, Sie wüßten noch nicht so recht, wohin Sie sich wenden sollten. Aber mein Sohn Hinrich hielt viel auf Sie.

Er war weitaus begabter als ich, gnädige Frau, das wußte ich damals schon, das wußten wir alle.

Ach, sagen Sie das nicht. Die Toten haben es immer leichter als wir, ich weiß das – ich habe sieben Kinder gehabt, drei sind schon gestorben.

Das tut mir leid, gnädige –.

Sie wehrte ab, eine Handbewegung: Sie sind gut aufgehoben, besser als ich – danke, Schwester, es ist gut. – Nein, ich werde mir nicht zuviel zumuten, Sie können unbesorgt sein.

Die Pflegerin ging hinaus.

Ist es nicht närrisch, soviel Gehabe um eine alte Frau, die nur noch sterben kann, sonst nichts? – Nein, sagen Sie nichts, ich weiß das besser.

Sie saß in ihrem Sessel aufgerichtet, die weißen Hände auf den Holzlehnen, ein schwarzes Kleid, als wäre schon kein Körper mehr darunter. Nur die Augen waren unverändert, sie sprach mit den Augen.

Und wohin hat es Sie verschlagen?

Ich erzählte ihr, was sollte ich sagen, wo anfangen – drei Reiter. Nein, das waren mehr Jugendsünden, gnädige Frau, ich hatte zu wenig Talent, um mehr als ein durchschnittlicher Journalist zu werden – Si –, ich schreibe nur für den Tag. – Gewiß, selbstverständlich, gnädige Frau, auch in diesem Beruf – ich unterschätze das keineswegs.

Und Ihre Frau? Sie haben Kinder?

Was sollte ich ihr erzählen?

Das tut mir leid, Herr Scherf.

Was sagen?

Ich erinnere mich noch, unsere Annemarie, nicht wahr? Sie ist recht gut verheiratet, vielleicht darf man glücklich sagen.

Ach ja, das freut mich.

Regendämmerung. Die Pflegerin kam und schaltete eine Tischlampe an.

Darf ich daran erinnern –?

Schon gut, Schwester, Herr Doktor Scherf wollte sich gerade verabschieden. Bitte, holen Sie mir doch aus dem Sekretär, die zweite Schublade rechts – ja, die grüne Mappe. – Ich glaube, ich habe noch etwas für Sie. – Danke.

Sie blätterte, Briefe, alte Zeitungen, Kalender – Sehen Sie hier, Hinrich hat mir das Blatt geschickt, kurz vor seinem Tode, Dezember 1944. Er hatte diesen Artikel gefunden – wollen Sie ihn mitnehmen?

Von Kriegsberichter Sigurd Scherf.

Danke, gnädige Frau, wirklich, es ist sehr freundlich von Ihnen. Aber ich möchte Ihnen nichts –.

Nehmen Sie nur, das ist für Sie – hier ist auch noch sein Brief, vielleicht interessiert Sie das? – Nein, nein, ich habe meine Erinnerungen, ich brauche keine Briefe mehr.

Sie hob ihr Lorgnon, sah mich an. Ich danke Ihnen, daß Sie sich meiner erinnert haben. Ich wünsche Ihnen Gutes, Herr Scherf, viel Gutes.

Lies mal, was Sigi Scherf hier geschrieben hat, ich fand es zufällig in der Frontzeitung. Ich meine, so darf man nicht schreiben, unter gar keinen Umständen! Wahrscheinlich hast Du damals doch recht gehabt.

Ich habe mir Mühe gegeben, wirklich, auch damals, Ende 1944. Im Grunde sind es nur Kleinigkeiten, Geringfügigkeiten: ein Wort zuviel, ein Satz zu wenig, eine peinliche Folge von Pünktchen, die scheinbar alles erklärten, was nicht gesagt wurde, in Wirklichkeit alles verwischten – Unklarheiten, Unzulänglichkeiten, leicht überlesbar, es klang wie gewohnt, vielleicht auch ein bißchen entschuldbar: in zugigen Bauernkaten niedergeschrieben, nachts eilig getippt, der Melder zum Divisionsstab stand schon unter der Tür, müde waren wir, alle, erschöpft, mir fiel nichts mehr ein: Was sollte ich sagen? Aber ich habe geschrieben, und was ich schrieb, wurde gedruckt, steht da auf graugelbem Papier. Kriegsberichter Sigurd Scherf, viele haben es damals gelesen, und Hinrich Schrader hat es gelesen, und ich lese es heute, jetzt, und ich schäme mich. Nicht der Irrsinn ist meine Schuld, nicht so sehr, auch nicht der krampfhaft aufgebaute Optimismus am Schluß des Berichts: Das war schon nur noch Frontzeitungsjargon, war kaum noch Lüge – aber der deutsche Soldat hält –, so offensichtlich falsch war es. Der deutsche Soldat hält: Es gab da nichts mehr zu halten, es gab nur noch Verzögerung, es kam kein Ersatz mehr, die Artillerie zählte ihre Granaten, an Luftherrschaft nicht zu denken, im Nachbarabschnitt verzog sich ein ungarisches Bataillon, die hatten nicht einmal Mäntel, die Schützenlöcher am Damm lagen über Rufweite voneinander entfernt: jeder wußte, hier war nichts zu halten, wenn die Feuerwalze plötzlich ins Hinterland wanderte, von vorn das heisere Hurrä, schon links, von hinten, schon von überall her Hurrä, und nur Punktfeuer unserer Artillerie ins Dickicht vor uns. Der deutsche Soldat hält: Das war so gemein wie jede Unwahrheit, aber es war noch nicht einmal das Schlimmste, obwohl es immer geglaubt wurde, und viermal wurde der Angriff zurückgeschlagen, viermal, gegen jede Rechnung, die Feuerwalze kam zurück, wenn die braunen Gestalten sich wieder ins Sumpfdickicht verkrochen hatten, das Feuer lag auf dem Damm, lag über uns, riß Schlamm in die Luft, Dreck, Äste, Mantelärmel – Sanitäter, Sanitäter! Jeder wußte, der Damm mußte gehalten werden, und jeder wußte, der Damm konnte nicht gehalten werden, und so versuchte jeder, an das Unmögliche zu glauben, Wunder, Wunderwaffen, das Reich, der Führer, das Schicksal. Aber der deutsche Soldat hält: Einmal muß es zu Ende sein, wir stehn mit dem Rücken gegen die Wand, wir dürfen nicht dürfen nicht müssen doch, bloß überleben, einmal wieder ausschlafen, wie viele Zigaretten heute? Verpflegung war reichlich, die täglichen Ausfälle waren so groß, daß wir oft doppelte Rationen hatten, wenigstens das.

Aber die falschen Wörter, der Klingklang der Sprache, ungenaue Erinnerungen an Liliencron, Rilke, Flaischlen: Regen, Regen und Regen. Tagelang. Dumpf und bleiern lastet der Himmel. Das Vage, Verschwommene, Gefühlige, Provinzfeuilleton – Si.

„Wieder seit Stunden strömt es aus dem grauen Himmel herab, der wie eine ständige Drohung über dem flachen Land hängt und sich bis auf das Weidengestrüpp herabsenkt."

Es regnete, wirklich, tagelang, ununterbrochen regnete es, es nieselte, rieselte, pladderte, rann und goß und prasselte nieder, es fisselte, plätscherte, regnete Bindfäden und junge Hunde, mal so, mal so, mit Eimern, Kübeln und Kannen goß es vom Himmel herab, verhielt eine Stunde als Nebelregen, kam dann als Schauer zurück, tröpfelte sich zu einem Landregen ein, alles war naß, feucht, spakig, grün, der Schlamm stand uns in den Stiefeln, den Himmel sahen wir nicht – nicht als ständige Drohung, sahn ihn nicht hängen: Es regnete ohne Vergleiche, der Himmel war Regen, alles war Regen, und wenn der Wind eine halbe Stunde lang den Himmel klarfegte, waren die Schlachtflieger da, zwangen uns in die morastigen Deckungslöcher, bleckende Mündungsfeuer an den Tragflächen, volle Deckung!

„Männer hasten den Weg entlang nach vorn, die schlürfenden Laute der tiefen Fußstapfen hinter sich. Sie springen geduckt von Baum zu Baum, schlanke Pappeln in zitternder Unberührtheit."

Dieser Dreck, dieses saugende Ungetüm Straße, schmatzender, schlürfender Schlamm, und wir allein, ich allein, keuchend, ich will will ich muß, tief hinab, sie können einsehen, allein ich, tiefer, keuchend, als wenn du jetzt jetzt, tiefer, kann nicht mehr, laß mich, ich will will, Schlamm, Scheiße, schlappmachen nicht schlappmachen jetzt nicht jetzt weiter weiter, zum nächsten, dünne Stämme, zu dünn viel zu dünn, keine Deckung, du mußt, einen Augenblick, mußt jetzt ich muß jetzt weiter ich darf nicht ich kann nicht, noch zweimal Sprung auf auf, Sprung, kann nicht mehr muß ich ich muß jetzt, Dreck, Schleim, Schlamm, noch einmal auf, auf, was willst du was sagst du was – was?

Vielleicht waren es wirklich Pappeln, vielleicht haben sie tatsächlich gezittert im Regenwind. Habe ich das gesehen? Wer hat das gesehen? Und sie waren nicht unberührt, nichts war unberührt da, hinter dem Damm, November 44 an der Donau. Zu viele falsche Wörter, zu wenige Wörter. Es gab keinen Platz: Kurze Berichte, meine Herren, kurz und prägnant, die Zeiten sind nicht mehr so, und bitte nicht grau in grau, wir müssen der Heimat der Front.

Und ich habe geschrieben, Wörter, Worte. So darf man nicht schreiben. Wenn man einmal so schreibt, Wörter, dann schreibt man nie mehr.

Abends um zehn noch einmal im ‚Sonnenhof' angerufen. Jawohl, Herr Doktor – bitte? – Helmas Stimme? Radiomusik, aber sie kann es gewesen sein: Nein, ich bin nicht mehr hier! – Bedaure, Herr Doktor, Ihre Frau Gemahlin ist schon auf ihr Zimmer gegangen. Aber es geht ihr – ja, gut, sehr gut. Kann ich etwas ausrichten, Herr Doktor? – Jawohl, wirklich gut.

Die Zeitung von gestern: Alte Abgeordnete des Landtags erhalten Pension, zur Vorsorge für das Alter, durch Eigenleistung der Abgeordneten, durch Zuschüsse des Landes, Anspruch auf eine Altersversorgung.

Wenn ich wieder heirate. Ich bin noch nicht alt.

Aktienkurse schwächer. Nach der Wahl wird das anders. Zu Gast bei Luise Erhard. Pack den Tiger in den Tank. Modelinie Madame l'Europe.

STILÜBUNG

Zu Gast bei Luise Erhard

Luise Erhard, die Gattin des Bundeskanzlers, lud eine Gruppe des Deutschen Akademikerinnenbundes zu einem gemütlichen Beisammensein in ihr vielumstrittenes und -beschriebenes Bonner Heim ein. Es war an einem dieser ungemütlichen naßkalten Sommerabende, doch die Wärme, die die Gastgeberin ausstrahlte, ließ es vergessen. Beim Betreten des Parks –

Mit fränkischer Herzlichkeit –

Beim gemütlichen Plausch –

Von jedem der gedeckten runden Tische strahlte milder Kerzenschein aus schmiedeeisernen Leuchtern, die von einem Blumengesteck umgeben waren, aus denen sich die Kerzen wie Blütenstiele emporreckten. Serviert wurde ein fränkisches Mahl: delikate Bratwürste.

In bester Stimmung –

– munter ein Holzfeuer –

Ehe sich die Gäste am Kamin niederließen, konnten sie auf der Terrasse die in der Abenddämmerung ihre Schatten verbreitende Nacht in sich aufnehmen. Zu Füßen der plätschernde Rhein, im Hintergrund die Umrisse des Siebengebirges.

Noch lange hielt Frau Erhard den Kreis, zu dessen Mitgliedern sie zählt, beisammen. Bewacht von einer bronzenen Madonna, die auf ihren Knien ihr Kind wiegt. Diese Plastik ist eine Zierde des Kamins.

Assoziationen

Die Gattin, die teure, die züchtige, ehrsame, sparsame, sittsame, kluge:

gemütlich, behaglich, lauschig, beschaulich, sauber, bescheiden, zufrieden:

Wärme, Tiefe, Geborgenheit, Innigkeit, Herzlichkeit, Seelenregung, Gefühl:

deutsch:

schmiedeeisern:

Kerzen wie Blütenstiele: empor: wie Ständer, wie Stangen, wie steif. empor (Akademikerinnen):

delikate Bratwürste: würzig, fränkisch, geschmackvoll, heiß, gar nicht steif.

Akademikerinnen nehmen die Nacht in sich auf, nehmen das Dunkel auf, Schatten auf, nehmen die Dämmerung in sich auf, und ruhig plätschert der plätschert der (Heine, aber):

bewacht von einer Madonna: Mutter, Tiefe, Geborgenheit, Innigkeit, Schoß:

das Deutsche (Freud, aber):

eine Zierde des Kamins.

17. Juli

Mutters Geburtstag, sie wäre siebzig geworden, kein Alter. Aber sie bleibt immer achtundvierzig, bleibt immer weiter zurück, ich bin schon älter als sie, beginne schon, sie zu verstehen. Sie war still, sie konnte zuhören. Ich möchte wissen, was sie gesagt hätte.

Als ich vorhin in den Briefkasten sah, Frau Hückerath hatte ihn wieder nicht geleert: Drucksachen von vier Tagen zusammengepreßt, geknickt, nichts, nur ein Brief von Hildegunde – da war auch Helmas Karte gekommen, tatsächlich, abgestempelt am 13.7.65: Viel besser, der Arzt meint, Regen, aber sonst, vielleicht noch acht Tage länger, viele Grüße, H.

Was willst du – was willst du eigentlich? fragte sie. Was willst du hier? Laß mich in Frieden, bitte.

Die Sonne leuchtete über dem Kurpark, warmes Sommergrün, gedämpfte Kleiderfarben.

Ich muß jetzt gehn, ich habe eine Verabredung.

Helma, bitte –.

Was ist denn?

Beinahe wäre ich noch in Kassel geblieben. Ich tankte an der Ausfahrt Söhre, obwohl ich noch gut hundert Kilometer im Tank hatte. Bei Kassel-Ost war ich vorübergefahren, aber dann: Eigentlich könnte ich doch bei Suse, wenn sie Zeit hat, bestimmt hat sie Zeit für mich, und sie freut sich sicher, mal anrufen. Ich hatte den Hörer schon in der Hand, hatte die ersten drei Zahlen gewählt, ließ es dann doch. Lieber noch warten, abwarten, in zwei drei Monaten ist alles anders, es hat keinen Zweck.

Was Helma wohl hat? Ihre Stimme gestern abend, ganz bestimmt ihre Stimme, sie ließ sich verleugnen.

Suse ist anders, eine zum Heiraten, vielleicht, wenn sie auch schon bald vierzig ist – oder deshalb vielleicht: nicht nur eine zum Gutentagsagen, Gutenachtsagen. Irgendwie war es ihr ernst, damals schon: Keine Nacht waren wir zusammen, obwohl wir drei Tage von morgens bis spät beieinander waren, bis an ihre Tür – liebst du mich gar nicht, nun hab dich doch nicht, ich, nur einen Augenblick, eine Zigarettenlänge, du, ich verspreche dir auch: bis an die Tür – nein, lächelnd, bestimmt: Gute Nacht, schlaf gut. Dabei war sie geschieden. Aber deshalb vielleicht: Nein, nicht, bitte, ich will das nicht, bitte. Drei Tage Berlin, auf Einladung von, im Namen des, freuen wir uns besonders, die Mauer, die alte Reichshauptstadt, unauslöschlicher Lebenswille, besonders der kulturelle Sektor, Gedächtniskirche, blau blau, Kongreßhalle, Hansaviertel, die Mauer, die freie Uni – natürlich, aber Manager muß es auch, die Fordfoundation, die ‚Stachelschweine' sind in, statt dessen, zum Abschluß noch einmal, tiefer Eindruck, vorsichtig, bitte, von hier aus, bitte nicht provozieren, erst letzten Mittwoch, sehen Sie drüben, und bitte rechtzeitig zum Empfang durch den stellvertretenden, Schinkenröllchen mit Spargel, hoffe ich, daß Ihr Besuch in der alten deutschen Hauptstadt. Und drei Tage Suse. Die letzte Nacht bis zum Morgen getanzt, Kerzen auf schwarzen Tischen, Spätlese, du, mir wird wirklich – nein, bitte, laß das. Bis dann die anderen einfielen: Mensch, ausgerechnet hier sind die beiden, rückt mal zusammen, stören doch nicht, was, war wirklich ein tolles Erlebnis, irgendwie sage ich immer, es geht nichts über, allein die Luft, was trinkt ihr denn? Suse. Sagte nichts mehr zuletzt. Schreib mal, ja? Schreibst du mir? Als der Bericht erschienen war – haut noch ein Bild mehr in die Seite, mir fällt nichts mehr ein! –, schickte ich ihr die Ausgabe hin, und ein paar Tage später kam, sorgfältig aufgezogen, ihr Aufsatz, farbiger, reicher an kleinen Beobachtungen, gut gemacht, wenn auch ein bißchen melancholisch, erinnere ich mich. Seitdem nichts mehr von Suse; aber ich glaube, sie hätte sich gefreut.

Kurz vor drei kam ich an, ‚Sonnenhof': Frau Scherf? Sie wird sicher bald runterkommen. – Ach so, ja, selbstverständlich, Herr Doktor, wenn Sie so lange hier Platz nehmen möchten? Ich schikke sofort ein Mädchen rauf – Anni, sag mal auf Nummer zwölf Bescheid, Besuch, Herr Dr. Scherf ist da!

Na, nun wird's aber mit dem Wetter, Herr Doktor – endlich wird es, war ja auch wirklich zum –.– Sicher, nein, sehr gut, Sie werden bestimmt überrascht sein, unser Klima ist nämlich gerade für Rekonvaleszenten, da haben wir immer die besten Erfolge, wir sind bis Oktober hin ausgebucht, unsere Gäste kommen immer wieder, und gerade im Herbst, Herbstkuren werden heute von vielen Ärzten besonders empfohlen. – Nein, das ist leider nicht möglich, wir sind bis zum letzten Bett – höchstens, also notfalls, wenn Sie nirgendwo unterkommen, wir könnten im Zimmer Ihrer Frau Gemahlin ein Notbett aufstellen, wenn das auch nicht so bequem ist. – Ja, ich frage gleich beim Verkehrsamt nach, ob nicht irgendwo noch – wie lange wollen Sie denn bleiben? – Ja, also zum Wochenende ist meistens die Bettenfrage – hast du Bescheid gesagt, Anni?

Der Kaffee stark, dunkel, fast bitter. Was ist, was wird sein? Abwarten. Gleich.

Schmeckt es, Herr Doktor?

Gut, danke, sehr gut.

Darf ich Ihnen die Zeitung – ?

Danke, ich denke, meine Frau wird gleich –. Danke sehr!

Strauß gewinnt den Spiegel-Prozeß. Erstes Marsbild. Kursanstieg an der Börse, VW 511, nach der Wahl wird es besser werden, dann kann ich noch immer verkaufen, wahrscheinlich ist es vernünftiger, jetzt noch zu warten, für die Beerdigung gibt es einen Zuschuß vom Sozialfonds der ‚Nachrichten', VW bleibt ein gutes Papier.

Plötzlich stand sie vor dem Tisch, das helle Sommerkostüm vom vorigen Jahr saß nicht mehr, war in den Schultern zu weit geworden. Na? sagte sie. Was ist denn?

Wir standen voreinander, ihre Hand war kühl, sie setzte sich, strich sich den Rock über die Knie.

Wieso? Ich habe dir doch geschrieben, gestern noch – oder vorgestern.

Nein, eine Karte, was soll ich denn schreiben? Du siehst doch, es geht mir gut.

Ich war in Herseburg.

Ach? Und was willst du hier? Ich hatte dich doch gebeten, nicht herzukommen.

Sie hatte sich verändert in diesen Wochen – ja, fünf Tage noch, am Donnerstag sind vier Wochen rum, der Arzt meint aber, ich sollte vielleicht noch eine Woche zulegen.

Sie sah jünger aus, leichter, irgendwie durchsichtiger, obwohl ihr Gesicht gebräunt war, und es war nicht auszumachen, ob das Rot aufgelegt war: Gut sah sie aus, viel besser als seit langem, obwohl die Falten über den Mundwinkeln deutlicher, härter geworden waren, und ihre skeptische Kühle: Und du? Was macht die Dichtung?

Wir tasteten uns ab, vorsichtig, auf der Hut. Ich spürte, daß sie etwas verbarg, daß noch mehr zwischen uns war. Sie sah auf die Uhr: Oh, schon Viertel nach – ich muß jetzt gehn.

Ich stand auf.

Was willst du?

Na ja, wir könnten doch – das Wetter ist schön, vielleicht ein kleiner Spaziergang?

Sie schüttelte den Kopf. Danke – nicht mehr. Enttäusche ich dich? Sie hob die Schultern. Tut mir leid, ich bin verabredet.

Der Wirt kam. Sieht schlecht aus, Herr Doktor. Alles besetzt. Vielleicht kann die Kurverwaltung noch ein Privatzimmer finden, sie wollen es versuchen. Sonst müßten Sie wirklich mit unserern Notbett vorlieb – ich bekomme Bescheid.

Sie sah mich an. Bei mir? Bei mir nicht, mein Lieber. Wann fährst du?

Helma, bitte – was ist? Willst du nicht wenigstens sagen, was –.

Ein paar Tage, dachte ich, hätten wir noch Zeit. Aber wenn du unbedingt willst –. Sie schob den Ärmel zurück, sah auf die Uhr: In anderthalb Stunden bin ich zurück, wir wollen zum ‚Eremiten' gehen, auf halber Höhe. Walter wartet auf mich, ich lasse ihn nicht gern warten.

Walter.

Als sie hinausging, sah sie jung aus, leicht, der tändelnde rote Schirm mit der langen Spitze. Ich hätte mich nicht gewundert, wenn sie sich noch einmal umgewandt und mir zugewinkt hätte. Aber sie stieg die Stufen zur Straße hinab, winkte jetzt, aber nicht mir: winkte übermütig, wie ein Mädchen, lächerlich, wie in Herrenrath, damals, zum Kurpark hin.

Ich war versucht aufzustehen, zu sehen – blieb sitzen. Der Wirt räumte das Kaffeegeschirr ab. Haben Sie noch einen Wunsch, Herr Doktor?

Es war verrückt, idiotisch, lächerlich: Walter! Zwei Monate noch, höchstens drei Monate, wir müssen mit allem rechnen, die

Metastasen, es kann sich nur noch darum handeln. Und sie, sie winkte, wie eine von achtzehn, winkte wie in Herrenrath, glücklich, völlig verrückt. Die Wechseljahre, wahrscheinlich.

– im ‚Adler' mal fragen?

Bitte?

Der Inhaber ist mein Freund, wir helfen uns schon mal aus, vielleicht, daß er Sie noch unterbringt, Herr Doktor, ich glaube, er hat gerade ein Mädchenzimmer frei, nicht so bequem, aber dann wären Sie erstmal –.

Meinetwegen – ja, danke, sehr nett von Ihnen. Bekomme ich noch einen Korn? Einen doppelten, bitte!

Geschwätz von Frauen, Handtaschen, Kichern – ach nein, denken Sie mal! –, abschätzende Blicke zu mir hin – auch nichts vergessen? –, onduliertes Haargrau,Witwenbrillen – herrlich heute, da wollen wir aber mal tüchtig – Doktor Schade hat auch gesagt –.

Später im Kurpark, Schwäne, Kinder, alte Frauen, das gedämpfte Schmettern der Kurkapelle, Beifall. Warum soll sie eigentlich nicht? Zwei oder drei Monate noch: Weshalb nicht leben, zum letztenmal leben? Meinetwegen. Soll sie. Will ich ihr gönnen. Meinetwegen auch Walter, das ist egal, Walter oder Fritz oder Gottfried, meinetwegen, wenn sie noch jemanden findet, soll sie doch. Ich war damals zweiundvierzig, Sanatorium Dr. Viebach, aber ein Mann Anfang vierzig ist noch nicht alt. Ingelore war neunundzwanzig. Man soll so etwas nicht zu ernst nehmen. Soll sie.

Dann stand sie wieder da, Fünfuhrsonne im Haar: Da sind wir – Herr Behrwald – mein Mann!

Lächerlich, und noch lächerlicher, als ich gefürchtet hatte: Ein junger Mann, ein Männchen, fast noch ein Jüngling, dreißig höchstens, schmal, blaß, leidend, wer geht schon mit dreißig zur Kur?

Nehmen Sie Platz, Herr Behrwald, freut mich, daß Sie meiner Frau Gesellschaft leisten, ich weiß, wie das ist, habe auch schon eine Kur hinter mir, kleine Herzgeschichte, sogar in einem Sanatorium – bitte!

Eine weiche, dunkle Stimme, manche Frauen fallen darauf herein, süddeutscher Klang, nervöse Hände – danke, ich rauche nicht mehr –, Helma öffnet die Handtasche, zieht sich die Lippen nach, prüft die Ränder im Spiegel, ihre Hände sind nicht so sicher wie sonst, sie lächelt ihm zu – der Lippenstift schamlos entblößt, rot, zu rot –, sie könnte fast seine Mutter sein, oder die sehr viel ältere Schwester. Inzest.

Herr Behrwald bleibt noch zehn Tage – aha, ah ja –, wir wollen dann anschließend in München eine Wohnung suchen, Walter hat jetzt nur ein Appartement.

Bitte?

(Sie ist verrückt)

Wenn ich erklären darf, Herr Dr. Scherf –.

Die Scheidung ist doch nur noch eine Formalität, nicht wahr, Sigurd?

Sie sagt Sigurd.

Die Voraussetzungen – du weißt ja, nicht wahr?

Der sieht mich an, die sehen mich an: Die Welt ist übergedreht, übergeschnappt. Sie läßt sich die Hand von ihm streicheln. Bin ich verrückt? Zwei Monate noch, höchstens drei Monate. Weiß sie denn wirklich nichts?

Mir bitte eine Orange, Herr Werdemann. – Mir auch, bitte.

Noch einen Korn – ja, einen doppelten, bitte!

Helma, vielleicht sollten wir erst einmal - ich meine, wir sind fast neunzehn Jahre verheiratet, Herr Behrwald, und der Junge - Sie sehen, ich bin überrascht, wirklich, ich habe niemals vermutet, habe auch nicht vermuten können –.

Er sagt, daß er sechsunddreißig ist. Helma stellt keine Ansprüche für sich. Ich will nur, daß Klarheit. Johannes kann meinetwegen bei dir bleiben, er ist ja doch bald erwachsen, und Frau Hückerath –.

Sie hat schon einen Rechtsanwalt.

Er ist zu einem Gespräch unter Männern jederzeit – selbstverständlich, Sie können über mich verfügen.

Es war nicht mit ihr zu reden.

Natürlich ist dir das unangenehm, kann ich mir denken, das paßt nicht in deine Pläne, kann ich mir vorstellen, ein geschiedener Abgeordneter, in deiner Partei, das ist natürlich ein bißchen ärgerlich.

Aber das – das ist es doch nicht, Helma, wirklich, das ist Unsinn, ich denke gar nicht an mich, sondern –.

Danke, an mich denke ich selbst. Und wenn es nur noch drei Jahre wären – ich weiß schon, was du meinst! –, und wenn es ein Jahr wäre, ein halbes Jahr! Wir machen uns beide nichts vor.

Der andere war gegangen, Abendessen. Walter. Wir saßen uns gegenüber – ich decke hier extra für Sie, Herr Doktor, Frau Doktor! –, Rühreier, Schnittlauch, Reisplatte, Salat. Wenn Ihnen meine Frau ein Schnitzel braten soll, Herr Doktor?

Danke, ich habe keinen Appetit.

Laß dich nicht stören!

Aber du bist doch noch gar nicht gesund, Helma – ich meine, noch nicht wieder so kräftig, daß du –.

Es war nicht mit ihr zu reden. Sie wollte nicht hören. Wir lieben uns – ach, das verstehst du eben nicht, er ist mit seinen sechsunddreißig viel reifer als du mit zweiundfünfzig, was weißt denn du, du wirst eben nie erwachsen, du hast mich niemals – nein, nie hast du mich geliebt.

Um halb neun ging sie schlafen – ich bin etwas müde, es hat sowieso keinen Zweck, du kannst dir dein Reden sparen.

Plötzlich sah sie erschöpft aus, verfallen. Ein Auge – das rechte Auge, mir war schon nachmittags so gewesen, als sei das Lid etwas geschwollen: Jetzt schien es sich langsam zu schließen.

Hat es geschmeckt, Herr Doktor?

Das freut mich, meine Frau kocht alles selbst, letztes Jahr hat sie noch einen Diätkursus –.

Das freut mich. Die Quittung mit dem Datum von heute? – Ganz wie Sie wünschen, Herr Doktor. Danke – danke schön.

Der Arzt meinte, heute morgen, man könne nicht wissen. Er, ganz persönlich befragt und selbstverständlich ohne jede Gewähr, soweit man bei solchen Erkrankungen überhaupt von Erfahrungen ausgehen könne, man dürfe gewiß auch den Lebenswillen der Patientin nicht unterschätzen, sie habe sich in der Tat und eigentlich unvermutet in diesen Wochen recht gut erholt, erstaunlich, könne man sagen, und insofern sei es natürlich besonders schwierig, eine halbwegs zuverlässige Prognose zu stellen, nur ungern äußere er sich bei derartigen Erkrankungen, gerade hier stoße auch die moderne Medizin immer wieder an ihre Grenzen.

Also wenn Sie mich so fragen, und ich verstehe natürlich, daß Ihnen an Klarheit gelegen ist, ich darf ja wohl darauf vertrauen, daß Sie Ihrer Frau Gemahlin gegenüber äußerstes Stillschweigen bewahren werden, ich muß Sie sehr dringend bitten, die Folgen einer plötzlichen Konfrontation mit dem wahren Zustand können bisweilen für den Patienten verheerend sein.

Unter diesen Voraussetzungen glaube ich sagen zu dürfen, daß wir kaum mehr als eine Zeit von etwa acht bis zehn Wochen, allerhöchstens drei Monate ansetzen können – es tut mir leid, aber ich kann Ihnen keinen günstigeren Bescheid geben, das wäre nicht zu verantworten, wenn auch die Medizin hin und wieder vor Wundern steht – bitte, ich gebe Ihnen nur eine Prognose nach dem derzeitigen Stand unserer Wissenschaft.

So, das freut mich – vielmehr, das beruhigt mich, daß der Kollege etwa die gleiche Ansicht – zur gleichen Vorhersage neigte.

Aber bitte, ganz selbstverständlich – und wie gesagt: Auch wir Ärzte können aus unserem begrenzten.

Helmas Karte, auch wieder ein Brief von Hildegunde: Hartmut kann Dienstag mit dem Lieferwagen vorbeikommen, wenn es Dir paßt, bei Euch steht die Kommode ja doch nur herum, wenn es Dir recht ist, kann er sie gleich, auch wegen dem Grabstein besprechen, Hartmut meint, und viele Grüße. NB. Wie geht es eigentlich Helma?

Frau Hückeraths Schrift: Kann Montag nicht kommen.

Drucksachen, Ketteler Wacht, Schonbezüge, unfallversichert? Und eine bunte Karte von Johannes: How are you, Paps?

Wie bin ich? Was bin ich, wer?

Das Wort zum Sonntag. Lasset uns essen und trinken, denn morgen sind wir tot.

Ich muß Helma das ausreden. Das ist Unsinn, einfach verrückt. Das letzte Aufflackern. Ich muß mit Onkel Johannes sprechen: Krankhaft, Onkel Johannes, der Arzt meint, das hat man manchmal im Endstadium, insofern soll man das gar nicht so ernst nehmen, sie weiß das natürlich nicht, das sind Einbildungen, wir haben immer eine gute Ehe, das weißt du doch auch, sonst hätte Helma ja längst was gesagt, natürlich bin ich kein Engel, das bestreite ich gar nicht, aber wenn eine Frau krank ist, schließlich bin ich ein Mann, was willst du machen, ich bin auch nur aus Fleisch und Blut, das ist noch lange kein Scheidungsgrund, verstehst du, das Ganze ist durch und durch krankhaft, es hat keinen Sinn, mit Helma darüber zu reden, ich habe es ja versucht, ich war wie vor den Kopf geschlagen, ich wollte dir deshalb gleich sagen, was los ist, Helma war doch immer ein sauberer Mensch, du kennst sie länger als ich, eine echte Mulius, ich habe nie was mit ihr gehabt, sie ist ein wertvoller Mensch, und wenn du jetzt diesen Laffen sehn würdest, wirklich, so etwas Weiches, also ausgesprochen unangenehm, verstehst du, allein schon die Tatsache, daß er sich mit einer zehn Jahre älteren Frau einläßt und macht ihr was vor, das sagt ja schon alles. Selbstverständlich, die Ärzte geben ihr nicht mehr als höchstens sechs bis acht Wochen, allerhöchstens, es kann auch viel schneller gehen, obwohl sie sich jetzt ganz gut erholt hat, aber das ist das letzte Aufflackern, jedenfalls können wir die Geschichte so lange hinauszögern, am besten werde ich wohl Rechtsanwalt Torsten nehmen –. Meinetwegen auch Dr. Sahrig, wenn du meinst, es ist ja nur eine Formsache, wenn Dr. Sahrig dir lieber ist, mir ist das gleich, es kommt ja jetzt vor allem darauf an, daß wir den Skandal.

Wenn ich mir vorstelle, sie küssen sich. Seine nervösen Hände auf ihren Schultern. Sich vorstellen, sie lieben sich. Die Narben unter seinen Händen.

Wer ist er: Walter? Ich nenne ihn schon wie sie. Kunsthändler kann sich jeder nennen, der zwei gerahmte Bilder verkauft hat. Die sind alle pervers, das ist ja bekannt, und man sieht es ihm an, diese weißen Hände: Das ist kein Mann, und so einen nimmt sie sich. Das muß krankhaft sein. Ich muß das Onkel Johannes ausführlich erklären. Wenn sie die Scheidung noch erreicht, bin ich erledigt, politisch jedenfalls und auch bei den ‚Nachrichten', da brauche ich mir nichts vorzumachen. Ich müßte mal wieder etwas Besonderes schreiben, Aufsehen erregen, geschliffener Stil, vielleicht über die Bundesprüfstelle, gerade jetzt vor den Wahlen, das ist ein dankbares Thema: Verantwortung für die Jugend, Geschäfte mit dem Obszönen, Grass, Wahlhelfer, Goethe zitieren, Sowie der Dichter politisch wirken will, muß er sich einer Partei hingeben, und sowie er dieses tut, ist er als Poet verloren.

Ich werde schon durchkommen, irgendwie, Si.

Aber sich vorstellen: Sie küssen sich. Diese weichen Hände. Diese Narben. Und nennen es Liebe, vielleicht.

19. Juli

Die Tür war nicht abgeschlossen.

Der Wecker, hartnäckig, immer wieder, laß mich doch: Wecker, was soll das, dunkel, Schmerz, Kopfschmerz: Warum macht niemand die Tür auf, laß mich, der Wecker, ich will – Wer ist denn da? Komme ja schon – ja doch!

Hartmut stand unter der Tür, mein Schwager, den Hut in den Nacken geschoben, immer auf Draht, grinsend, gesund: Hättst du wohl nicht gedacht, was? Beinahe wär Gundel auch mitgekommen, aber wegen den Kindern, du weißt ja. Wie geht es denn so allein, ohne Aufsicht?! Na, gesteh mal, du hast doch bestimmt schon jemand zum Trösten gefunden!

Montag morgen halb neun, dunstig, schwül. Ich hatte unruhig geschlafen, wieder, hinter den Augen der Schmerz, klopfend gegen die Stirn, wieder wieder allein. Den Sonntag verbummelt, vertan, nichts, gar nichts, die liegengebliebenen Zeitungen durchgeblättert, Donnerstag, Freitag, erstes Bild vom Mars auf der Erde empfangen, die gewittrigen Störungsfronten über Mitteleuropa, Bildungsnotstand, eine halbe Stunde auf der Terrasse gelegen, bis es wieder zu nieseln begann, hinter dem Aussichtsfenster gesessen, einzelne Wanderfamilien im Tal, Loden, Regenumhänge, Köpfe gesenkt ein roter Schirm, Helmas Schirm, wie sie winkte, verrückt, winkt und winkt und ist fast schon tot, lohnt keine Aufregung mehr, lohnt nicht, verrückt, kann man nichts machen. Es war kühl, ich stellte die Ölheizung an, und Glas für Glas sank ich hinein ins Leichte, Helle, Heitere, sank ein bis ins Schwarze: allein zu Hause, Sonntag, du sollst den Feiertag – was soll ich, was soll. Nachmittags las ich in dem, was ich geschrieben habe: alles umsonst, alles verrückt, was soll das noch, soll ich noch, alles egal, alles. Und dann der Wecker, die Klingel, laut, immer noch einmal, entschlossen, hartnäckig.

Da stand Hartmut: Mensch, so möchte ich's auch mal haben!

Komm rein, bitte – ich bin noch gar nicht – wolltest du nicht erst morgen –.

Ja, eigentlich, aber es traf sich grad so. Laß dich nicht stören.

Wo habt ihr das Ding denn?

Was? Ach so – oben!

Hildegunde ließ einfach nicht locker, du kennst deine Schwester ja auch. Meinetwegen hättet ihr die Kommode behalten können, mit Kußhand, die alten Sachen stehen nachher nur rum und keiner will sie haben, also ich bin für neu, grundsätzlich, und weg damit, was nichts mehr taugt.

Trinkst du einen Kaffee mit mir?

Eigentlich sollte ich jetzt schon – aber wenn's schnell geht, für mich bitte zwei Löffel, gehäuft. – Nee, danke, nur noch mit Filter, aus Prinzip. Wo steht sie denn?

In Helmas Zimmer, oben, im Gästezimmer. Ich weiß aber gar nicht – ich glaube, Frau Hückerath hat den Schlüssel, und die kommt heute nicht.

Ja, und, was ist?

Vielleicht paßt ein anderer Schlüssel, wir müssen mal sehn. Nimmst du Sahne?

Immer. Auch Zucker. Ein Leben hast du!

Es paßte kein Schlüssel, wir versuchten vier oder fünf, bis Hartmut den Griff anfaßte: Die Tür war gar nicht abgeschlossen. Zusammen trugen wir die Kommode hinunter, Mutters Kommode, das war ihr Ort: Alles gehörte allen, nichts hielt sie für sich, nichts behielt sie; aber die Kommode, drei schlichte Schubladen übereinander, gefaßt von zwei plumpen Holzsäulen: Das war Mutters Kommode mit alten Briefen und Schleierfetzen und der Kassette mit dem Ersparten, sauber geschichtete Wäsche, Eingewickeltes in der Vorweihnachtszeit, Jungmädchenbücher von dazumal, Nesthäkchens Brautzeit, getrocknete Blumen, Rosen oder, Waldmeisterduft, Gesangbuch, Sparbuch, Bibel, der dunkelgraue Seidenstoff, aus dem – wenn ich's mal brauche, das hat noch Zeit – ein gutes Kleid genäht werden sollte, vielleicht für die Goldene Hochzeit, Helma ließ später ein Cocktailkleid daraus arbeiten, trug es aber nur wenige Male, die Farbe machte sie alt.

Mensch, Vorsicht – Vorsicht!

Der Bademantelärmel verhakte sich hinter dem Türgriff, die Kommode schlug an den Türrahmen, kippte.

Na, nicht so schlimm, das macht Gundel wieder in Ordnung,

bißchen Spucke und Politur, sie ist ja geschickt.

Auf dem leeren Ladedeck des Kastenwagens, blau, Firmenanschrift links und rechts und hinten groß *Seidemanns Edelknacker*, war die Kommode nur noch alt, klein, überflüssig, ein bißchen komisch.

Finde ich eigentlich auch! Aber Gundel wollte sie gern, und wenn ihr sie doch nicht braucht. Hast du in den Schubladen nachgesehen, ob noch irgendwas –?

Leer, leer. leer. Aber ein Bündel Papier, was ist das, ein Bündel Briefe: Nicht von Mutter, das ist verbrannt und vorbei, keiner wollte damals etwas haben davon, auch die Kassette nicht – steht doch nur rum! –, sondern Briefe von mir, Briefe an Helma, von damals, irgendwann damals.

Mensch, die Sondermarke von Sankt Marien! Dafür muß man heute glatt einen Hunderter anlegen, Willi sammelt nämlich – wenn du sie nicht haben willst?

Meinetwegen – bitte.

Ja, also dann. Und schönen Dank auch.

Schon gut. Und grüß Hildegunde.

Mach ich. Also der Junge, der wird sich freuen. Kriegt er aber erst zum Geburtstag, die Marke ist ziemlich wertvoll, natürlich nur für Sammler, und wo du sowieso nicht sammelst –.

Noch einen Augenblick in der Kurve, blau, holpernd, vielleicht hätten wir die Kommode doch festbinden sollen – egal, alles egal. Immer diese Kopfschmerzen, wenn ich zu viel getrunken habe, wahrscheinlich ist das die Leber, damit soll man vorsichtig sein, ich muß mal Dr. Hammerstein fragen, gelegentlich.

– nur diese ersten Jahre, Helma, bis wir etwas besser dastehen, auch finanziell. Man muß einfach wissen, was man will. Man muß ehrlich sein. Wenn man schreiben will, kann man sich keine Täuschungen leisten, nicht über sich, nicht über die Welt, sonst kommt man zu nichts. Das mußt Du verstehen, bitte. Ich will dann –

Geschrieben am 9. August 1949, Helma war mit dem Kleinen zu ihrer Mutter gefahren, wir hatten gerade die neue Kücheneinrichtung auf Abzahlung gekauft – wenigstens eine anständige

Küche möchte ich haben, das ist doch kein Leben so! –, geschrieben und gewußt, damals schon: Man muß ehrlich sein. Man muß wissen, was man will. Gewußt und geschrieben: Worte auf grauem, holzigem Papier, die Tinte hier und da in den Unterzügen etwas ausgelaufen, meine Handschrift, die gefälligen Girlanden, die runden Oberzüge, eine angenehme Schrift, ein bißchen auf alte Zeit stilisiert – wie lange schreibe ich jetzt schon nur noch mit der Maschine? –, alles gewußt und geschrieben, vor sechzehn Jahren schon, und sechzehn Jahre dahin –: die Küche bezahlt, das Schlafzimmer, Esche furniert, das Wohnzimmer, Teak, später die Anbauküche in Stahl, und der Volkswagen, Standard zuerst, Sonnendach dann und Export, der Rekord, die ersten Pfandbriefe dann, Farben Bayer, Siemens, Mallorca endlich, Rhodos, Palermo, und zuletzt das Haus, Baudarlehen zu fünf Prozent, in knapp elf Jahren getilgt, und zum Arzt, und zur Kur, und den Anzug kann ich nun nicht mehr anziehn, die Beine sind viel zu weit, zu eng, zu weit, zu kurz, zu lang, und im Herbst, und im Frühjahr, und zu Weihnachten: dies und das und immer noch Neues, immer noch mehr, sechzehn Jahre lang, immer gewußt, aber nicht mehr geschrieben, niemals mehr –: Man muß ehrlich sein.

Ich sitze an Helmas Sekretär, in Helmas Zimmer: rechts ihr Bett, flach, schmal, links der weiße Schrank mit dem ovalen Spiegel, der unser erster Schrank war, damals, vor mir die Dachschräge mit dem Fenster: keine Mansarde, wie wir es wünschten, nicht einmal eine niedrige Gaube gestand der Architekt uns zu – ein glattes Dachflächenfenster, Stahl, Ganzglasdoppelscheibe, gut isolierend, Einsteckrahmen, ein Loch zum Himmel hin, nur Wolken und Sonne und Grau: Hier bin ich, allein mit dem Himmelsfenster, mit mir allein.

Hinter mir, neben der Tür, etwas zu nahe neben der Tür, stand bis vorhin Mutters Kommode. Zuerst wollten wir sie in den Keller stellen, für Weihnachtspapier und Bindfadenknäuel, Wellpappenhüllen, nicht mehr verwendete Butterbrotdosen, Vasen, Notkerzen – während der Kubakrise kaufte Helma zwanzig mal fünfzig Stück –, der Raum ist trocken, die Heizung liegt nebenan, und das Fenster zum Hang hin ist groß, manchmal bügelte

Helma hier. Aber im Gästezimmer fand sich dann doch ein Platz – immerhin ist sie antik! –, und obgleich der Schrank für unsere seltenen Schlafgäste ausgereicht hätte: Manchmal erwiesen sich auch die drei Schubladen als nützlich, vor allem natürlich für Helma, sie tat ihr Schreibzeug und Nähzeug und Stopfzeug hinein, und die dicklichen Säulen vor dem altersbraunen Holz gaben dem Raum etwas von ihrer bescheidenen Würde ab: Väterhausrat, Erbe, Biedermeiergeruch.

Natürlich kann sie sie haben, sagte Helma. Wenn es dir nichts ausmacht. Ich hänge bestimmt nicht daran. Ich wollte oben schon immer einen Einbauschrank haben, in Birke natürlich, passend zum Sekretär. Die Kommode hat keine Form, keine Farbe.

Jetzt ist der Platz neben der Tür leer. Ich muß mich daran gewöhnen.

Es war so: Ich ging über den Hof. Der Hof war sauber, wie gefegt. Die blasse Morgensonne gab dem Kopfsteinpflaster eine nüchterne, farblose Helle, Februarsonne, die Fenster des Wohnhauses spiegelten wie eben geputzt, der Durchlaß im Scheunentor stand offen, Spuren von Spreu, in den Ställen wurde das Vieh gefüttert, gedämpftes Kettenklirren, undeutliche Stimmen. Die beiden Treckwagen waren im Winkel zwischen Scheune und Stallgebäude abgestellt, hohe Leiterwagen, gefrorener Straßendreck an den Speichenrädern, die grauen Planen halb zurückgeschlagen, das kralle Rot von Inletts bot sich an, darunter zerdrücktes Stroh, feucht, dunkel, braun. Die Pferde waren abgeschirrt. Ein altes Paar, Mann und Frau oder Frau und Knecht oder Herr und Magd, die Gesichter waren einander ähnlich geworden, ähnlich grau, ähnlich müde, die Mäntel und Tücher gleich dunkel und staubig, so lange schon seit dem Aufbruch von irgendwo: Sie waren Gleiche, beide gleich fremd in dem sauberen Viereck des Hofes, Boten einer sehr fernen Welt, deren Botschaft hier noch nicht gehört worden war – und wenn sie einer gehört hatte, war sie noch nicht verstanden, nicht begriffen worden –, sie räumten den Wagen auf, zurrten das Stroh zurecht, wendeten die Betten zur Sonne hin, öffneten Kisten und Kasten, und die Frau nahm das schwarze Kopftuch ab und rief dem Mädchen etwas zu, das vor der Scheune hockte: unverständliche Worte, hart, schwer, fremd.

Ich ging über den Hof, es war kühl, die Sonne wärmte noch nicht. Ich war müde und leer und hungrig auf irgend etwas. Seit sechs oder sieben Tagen war ich bei diesem Divisionsstab, Kriegsberichter – bitte, sehen Sie sich um, der Ic weist Sie ein: Es gab nichts zu berichten als Rückzug, Elend, Zerfall, Unordnung, Unsicherheit, Ende: Wie lange noch, was wird, was kann noch werden, dann, was sein? Dreimal in diesen Tagen hatten wir neue Quartiere bezogen, ein Dorf, nachts, ein Forsthaus, zu eng, ein kleines Schloß mit einer verstaubten Sammlung indianischer Schilde und Speere und Leder, rot, Totempfähle, grinsend und drohend, in der Halle gerahmt ein Handschreiben Seiner Majestät, *Wir Wilhelm von Gottes Gnaden*, hatten in der vergangenen Nacht zwei stumpfe Stunden an einer Straßenkreuzung gewartet, Sagan 26 km – ist Sagan noch frei? –, morgens um fünf in einem Straßenwärterhaus, die großen erschreckten Augen der jungen Frau, schlafend zwei Kinder in Sonntagskleidern: Müssen wir jetzt auch weg? Die Kinder begannen zu weinen, zu wimmern, der Leutnant sagte: Beruhigen Sie sich – nun beruhigen Sie sich doch! Immer wieder: Bitte, beruhigen Sie sich doch erstmal!

Ich fuhr in einem I-Wagen mit, der Instandsetzungstrupp rollte Kabel auf, legte Kabel aus, flickte, prüfte, putzte Stecker, und immer wieder spielten wir Skat, stundenlang, nächtelang: achtzehn, zwanzig, dreiundzwanzig, du hast's aber dicke, siebenundzwanzig halt ich, hab ich, passe, der mauert wieder, mit so einer Flöte, wer gibt? He, unser Schlachtenlügner – du bist dran! Was willst du denn morgen bejubeln?

Der Tag war kühl. Das Mädchen saß an der Scheune, sie hockte gegen die Wand und hielt die Puppe auf ihrem Schoß, kämmte das rötliche Wollhaar mit ihren dünnen Fingern, streichelte über die plumpen Arme, schmutziges Rosa, wiegte ihr Kind.

Ich war zweiunddreißig Jahre alt, Unteroffizier, Kriegsberichter, und ich wußte, daß es aus war, zu Ende, es gab keine Hoffnung mehr, nur noch Wochen, nur noch Tage vielleicht. Im Mai 1939 war ich einberufen worden zu einer dreimonatigen Übung – ich gehörte zu einem glücklichen Jahrgang, der nicht die vollen zwei Jahre dienen mußte –, war im August nicht entlassen worden, war nicht entlassen worden bis hin zu diesem

Tage im Februar 45: In Polen war ich gewesen, im Stabe, in Brüssel, Spreizfuß, im Stabe, in Brest, g. v. Feld, in Kiew, in Herseburg, g. v. H., in Saloniki, Turin, im Stabe, im Stabe des – hatte den Krieg aus Schreibstubenfenstern gesehen, in Stabsfeldwebelgesichtern, hatte mit dem Löscher, höflich, schließlich Vollakademiker, von rechts her die Unterschriften von Oberleutnants und Hauptleuten, von Obersten und einmal die tintige Pranke des Generals überwiegt, und abends dann in die Stadt, in das Dorf, in den Puff, Lilly und Betty und Mary und ich weiß nicht wer, keine Namen, nur Namen, keine Gesichter, nur Lachen, Brüste, Bezahlen, wie willst du's haben? Nacktes in Brüssel, in Brest, in Herseburg, Jahr und Jahre, keine Hoffnung, in Saloniki, für ein Pfund Brot, und dann in Potsdam – sie hatte ein Engelsgesicht, zart, sprach wie ein Mädchen aus sehr gutem Hause, dieses kühle Klingen: Berlin-Lichterfelde, Berlin-Dahlem, Berlin-Grunewald, wo man wohnte, damals, wenn man in Berlin wohnte, sie sagte mit dem klaren, zurückhaltenden Klang: Tu's doch, du –, und in Prag, in Breslau, Lowice, Jula, die es mit allen machte, breit, warm, gurrend, zufrieden, und schließlich dann diese Woche im Januar 45: zurück, weiter, Einbruch, Durchbruch, Reserven, Abriegeln, weiter zurück, wir halten, verlegen, müssen zurück, und die Trecks auf den knirschenden Straßen, der Schnee: zur Seite!, wir müssen hier, können wir keine Rücksicht, die Front, wir müssen, Sie müssen, die grauen Gesichter unter den Planen, die Toten im Straßengraben, die abwesenden Augen der Frau, Rosi hieß sie, sag Rosi zu mir, wir lagen zusammen auf dem Kohlenwaggon in der Nacht, und wir wärmten uns, und das Kind schrie und schrie und wimmerte und war still, und am anderen Morgen nahm sie das Kind auf den Arm und konnte nicht sehen und wollte nicht fühlen, daß es kalt war, ganz kalt – Das siehst du doch, Rosi!, ich rüttelte sie: Fühlst du das nicht? – Was? Was denn? Sie ging in jeden Hof, ging das ganze Dorf ab, bettelte um Milch, für mein Kind, für mein Kind.

Als ich vorbeiging, sah sie auf. Sie war ungekämmt, vielleicht war der kleine Treck erst in der letzten Nacht gekommen, sie sah mich groß und erstaunt an, aus dunklen Augen. Die Puppe hielt sie in ihrem Schoß. Ich fragte: Wie heißt sie denn? Sie sagte: Ich weiß nicht – weiß nicht mehr, du.

Sie war schon lange über das Puppenalter hinaus, ein schmales Mädchen von sechzehn oder siebzehn, kein Kind mehr, gewiß nicht, ich war nicht der erste, und sie spielte mit, als ich die Puppe nahm: Gehn wir wohin?

Sie kam mit mir. Die beiden Alten waren in die Küche hinübergegangen, wo die Bauersfrau Kaffee ausschenkte. Sie sagte: Du bist schön, du – schön! Wir lagen im Heu vom vergangenen Jahr, sie küßte mich, du, wir küßten uns, sie war kein Kind mehr, sie sagte: Bitte, du, aber kein Kind bitte. Du tust mir weh du.

So war das. Das ist mir nicht aus dem Gedächtnis gegangen – kein Name, aber dieses. Ich weiß nicht – ich weiß nicht mehr, du. Sie lebte nur noch an diesem Ort, an diesem fremden Punkt einer Welt, die ihr verschlossen war, zugeschlossen: ein Mädchen, eine junge Frau, die nicht mehr Gestern wußte – ich weiß nichts, gar nichts mehr. Die Alte rief sie, nachher: Wo bist du?, rief sie bei einem Namen, den ich vergessen habe. Sie horchte auf, nickte, ein Kind und kein Kind mehr, alt, uralt, verloren.

Die Puppe hielt sie in ihrem Arm, ließ sie nicht los, sah mich an mit großen Augen, kam mir entgegen, kein Kind mehr, preßte die Puppe an sich, das schmutzige Wollhaar unter ihrem Kinn, die schlaffen Holzwolle-Arme gegen den mageren Hals gespreizt, gegen die kleinen Brüste, da war ein rotes Mal – von wem geschlagen? –, und die Puppe sah mich mit schielenden Holzaugen an, zerkratztes Blau, zerschabtes Rosa. Gib mir die Puppe, du! Nein. Gib sie mir! Nein, nein, ich darf nicht. Ich nahm ihr die Puppe fort, streichelte die dicken Holzwolleglieder. Sie weinte: Bitte, du sollst ihr nichts tun.

Im Hof rief es: Unteroffizier Scherf! He – Scherf!!

Wir wurden wieder verlegt. Später spielten wir drei Stunden lang Skat in unserem I-Wagen, ich gewann und gewann: Mensch, was hast du heute fürn Sott!

Was sehe ich?

Das Fenster, neunundvierzig mal siebenundachtzig Zentimeter halb über mir, hart aus dem Himmel geschnitten, in den Himmel geschnitten: ein Loch, eine geahnte Landschaft, blau, blaugrau, diesig, verlorenes Weiß.

Siehe, der Himmel und aller Himmel Himmel, mein Zeuge.

Wolken sehe ich, dunstiges Grau, noch nicht da, noch nicht ausgeformt aus dem halben Weiß: kein neuer Himmel, keine neue Erde - Mars wahrscheinlich eine einzige Einöde –, ein Durchschnittshimmel, der sich noch nicht entschieden hat zwischen Hoch und Tief und Wirbel und Stille und Wind: Dunst, Schleier, Trübung, Opal.

Vielleicht wird die Sonne durchkommen, später. Vielleicht füllt das Blau dann das Loch über mir, neunundvierzig mal siebenundachtzig. Ich muß abwarten. Vielleicht fällt mir später ein, wie ich das sagen kann.

Nachwort

Nur ein Jahr nach seinem Erstling *Bödelstedt oder Würstchen bürgerlich* erschien 1967 Kay Hoffs zweiter Roman *Ein ehrlicher Mensch*, wieder im Verlag Hoffmann und Campe in Hamburg. Aber weder das Politische noch das Gesellschaftliche steht diesmal im Mittelpunkt, sondern die persönliche, beinahe private Misere des Journalisten Dr. Sigurd Scherf, der nach einer gescheiterten, aber nicht geschiedenen Ehe und einer mäßigen Laufbahn als Zeitungsschreiber im Alter von 52 Jahren ein letztes Mal den Versuch unternimmt, sich poetisch auszudrücken, was ihm bisher – von einer mehr als dreißig Jahre zuvor erschienenen, den Nazis genehmen Erzählung abgesehen – stets mißlungen ist. Zwar spielen Kriegserlebnisse und Kriegsereignisse eine gewisse Rolle, da Scherf als Kriegsberichterstatter tätig war; aber den thematischen Schwerpunkt bildet eine Art Rechenschaftsbericht, der ihn innerlich frei machen soll, damit er überhaupt, nämlich als „ehrlicher Mensch", einen Neuanfang wagen kann.

Der in Ich-Form stehende Roman stellt daher einen inneren Monolog bzw. eine Art Tagebuch dar, in dem Scherf über sein Leben reflektiert. Diese Passagen werden dadurch aufgebrochen, daß das Ich frühere Aufzeichnungen, auch jeweils als „Stilübung" bezeichnete neue Versuche einmontiert, so daß Hoff – wenn auch recht behutsam – Elemente des in den 50er und 60er Jahren schnell zur herrschenden epischen Darbietungsform gelangenden Collage- und Montageromans aufgreift und sich insofern ebenso wie bei *Bödelstedt* tektonisch durchaus auf der Höhe der Zeit bewegt. Auch der Blick in das Innere, die Selbstbeobachtung und Selbsterkundung, wurde in den 50er und 60er Jahren zu einem bevorzugten Thema in der deutschen Literatur, denkt man an die sogenannte Identitätsproblematik im Werk Max Frischs, etwa in seinen Romanen *Stiller* von 1954, *Homo faber* von 1957 und *Mein Name sei Gantenbein* von 1964; aber auch Wolfgang Hildesheimers *Tynset* (1965) oder Christa Wolfs schmaler Roman *Nachdenken über Christa T.* aus dem Jahr 1968 zeigen diese Tendenz deutlich. In Kay Hoffs *Ein ehrlicher Mensch* begegnet eine Verknüpfung unterschiedlicher Aspekte inneren Lebens und inneren Erlebens, die am Ende die Blockierung Scherfs, seine Unfähigkeit, Dichtung hervorzubringen, plausibel macht.

Von gravierender Bedeutung ist jene Lebensschuld, die der Ich-Erzähler vor allem auf dem Feld erotischer Beziehungen auf sich geladen hat. Dabei spielen weniger seine häufig wechselnden „Verhältnisse" eine Rolle als die Tatsache, daß Scherf die Ehe mit einer im Grunde ungeliebten Frau einging. Die Ursache dafür findet man in seinem Charakter, dem Selbstdisziplin und Selbstkontrolle fehlen und dem das Konventionelle ebenso entgegenkommt wie der Weg des geringsten Widerstandes. Typisch wirkt, daß Scherf – für sechs Wochen allein im Haus, da seine Frau ihre Krebserkrankung durch einen Kuraufenthalt zu heilen oder doch wenigstens die Folgen ihrer Operation zu mildern sucht – nicht ohne Zuversicht über sein Leben nach dem zu erwartenden Tod seiner Frau nachdenkt, aber völlig außer sich gerät, als er erfahren muß, daß diese die Trennung fest beschlossen hat, um mit einem weitaus jüngeren Mann zusammenzuleben, wenn auch nur für die kurze Zeitspanne, die ihr noch bleibt. Die größte Lebensschuld aber hat er während des Krieges auf sich geladen, als er ein fünfzehnjähriges Mädchen verführte, eher noch: mißbrauchte, zumal nicht einmal auch nur der Anflug von Zuneigung im Spiel war. Darüber kommt Scherf auch nicht wirklich hinweg. Immer wieder, in immer neuen sprachlichen Fassungen versucht er sich das Geschehene verfügbar zu machen, es zu klären, abzumildern, dann wieder rückhaltlos zu offenbaren. Aber da er sich die Schuld nicht ein für allemal eingesteht, entgeht er seiner psychischen Blockade letztlich nicht.

Von größerer Bedeutung jedoch ist sein literarischer, ja sein geradezu sprachlicher Opportunismus. Denn seitdem er mit der erwähnten Erzählung als blutjunger Autor Erfolg hatte, träumt er weniger davon, sich wirklich als Dichter zu erweisen, sondern eher von Selbstbestätigung, von Zuspruch, Resonanz und Ruhm: „Schreiben können, mir selbst und der Welt beweisen, daß ich es doch noch könnte, trotz allem, auch noch mit zweiundfünfzig." (S. 83) Denn: „einmal ein Publikum gehabt, [...] einmal die Hoffnung gehabt: einer, der etwas sagen kann, was noch keiner gesagt hat, keiner so. Das bleibt, ein Gift, bleibt zwanzig, dreißig, vierzig Jahre lang wirksam, zehrt, lähmt, putscht auf, tut weh." (S. 157) Aber Scherf bringt weder die Kraft noch die Disziplin auf, alles an diesen Versuch zu wenden, sondern geht wie immer den Weg des geringsten Widerstandes, indem er zunächst Kriegsberichterstatter und dann Journalist bei der Zeitung eines Onkels seiner Frau wird. Und auch in diesen Berufen erweist er sich als Opportunist, als das ganze Gegenteil eines wirklich ehrlichen, selbstkritischen Menschen.

Er weiß durchaus, wie es um ihn steht. Als Zeitungsschreiber, der seine Artikel mit Si (für Sigurd) zeichnet, hat er es sich bequem gemacht, alle Kontroversen gescheut und ist deswegen immer ungenau geblieben:

> In Wirklichkeit stimmen die Worte nie, bei mir, haben nie ganz gestimmt. Ich habe die Sprache immer nur benutzt. Ich habe die Worte niemals auf ihre ganze, ihre ganz genaue Bedeutung befragt und festgelegt, habe sie nie auf den äußersten Punkt zu treiben versucht, wo ein Buchstabe mehr, ein Atemzug weniger die Welt verändert. [...] Si – nichts genau, nichts ganz genau gesehen, geschrieben, gesagt, immer im Ungefähren geblieben, was jeder versteht, was keiner versteht, weil keiner und jeder und nichts gemeint ist. Ich kann es jetzt nicht mehr ändern, kann nichts mehr korrigieren von dem, was ich zu achtlos, zu sorglos geschrieben habe [...] Es war nicht die Zeitung, die mich verdarb. Ich war so. Ich war nicht ehrlich. (S. 132f.)

Und er ist es noch immer nicht. Das Wesen dieses selbstquälerischen, aber stets auch selbstverliebten Menschen widerspricht dem Titel des Romans – gelegentlich gesteht er das durchaus ein: „Ich bin nicht ehrlich genug, noch immer nicht, ich kann es nicht sein, und ich glaube nicht mehr, daß irgend jemand auf das wartet, was ich zu sagen habe." (S. 156) Aber immer wieder erliegt Scherf auch der Neigung zum Selbstbetrug. Am deutlichsten geht dies aus der Art seiner Kriegsberichterstattung hervor. Trotz der sich abzeichnenden, sich dann immer rasanter vollziehenden Niederlage der deutschen Truppen berichtet er von Frontbegradigungen, taktischen und vorübergehenden Rückzügen, von Verlusten des Gegners, kaum von denen der „Wehrmacht". Ein Jugendfreund hat damals seine Mutter brieflich davon in Kenntnis gesetzt: „Lies mal, was Sigi hier geschrieben hat, ich fand es zufällig in der Frontzeitung. Ich meine, so darf man nicht schreiben, unter gar keinen Umständen." (S. 182) Scherf schämt sich später: „Nicht der Irrsinn ist meine Schuld, nicht so sehr, auch nicht der krampfhaft aufgebaute Optimismus am Schluß des Berichts: Das war schon nur noch Frontzeitungsjargon, [...] so offensichtlich falsch war es." (S. 183) Scherf hat sich angepaßt, mit den Wölfen geheult und jede Verfälschung in Kauf genommen. Er weiß, daß man so nicht schreiben darf, und fühlt, daß er mit dieser Schuld nicht mehr wird glaubhaft schreiben können: „Und ich habe geschrieben, Wörter, Worte. So darf man nicht schreiben. Wenn man einmal so schreibt, Wörter, dann schreibt man nie mehr." (S. 185) In gewissem Sinn ist Scherf wohl auch ein Opfer der Massenmedien geworden, der Zwänge, denen er politisch als Kriegsberichterstatter ausgesetzt war, und denen, die der Zeitungsleser mit seinen Bedürfnissen und Erwartungen, seinem Verlangen nach Unterhaltung und seiner Ablehnung aller aufregenden und bestürzenden Berichte ausübt. Und zudem hat er auch die politischen Erwartungen seines Verlegers zu erfüllen, des Onkels seiner Frau, von dem er beruflich abhängig ist.

Es scheint also so, daß der Versuch, einen gültigen poetischen Text zu schreiben, daran scheitert, daß Scherf einerseits nicht über die zureichende Disziplin und den erforderlichen Mut und andererseits nicht über die Unschuld, ja Unbefangenheit verfügt, die dazu nötig sind. Indes hat Hoff noch einen anderen, weniger subjektiven und individuellen Tatbestand ins Spiel gebracht und seinen Roman dadurch mit einem fundamentalen literarischen Zeitproblem verknüpft, mit dem poetischer Sprachskepsis in der Moderne. Sie beginnt mit den *Ein Brief* überschriebenen Einlassungen Hugo von Hofmannsthals aus dem Jahr 1902 oder findet zumindest in diesem Brief ihren authentischen Ausdruck. Hofmannsthal läßt darin Lord Chandos berichten, daß er früher, als er noch bekannte, ja berühmte Werke schreiben konnte, „das ganze Dasein als eine große Einheit" erfahren habe, während ihm nun „völlig die Fähigkeit abhanden gekommen" sei, „über irgend etwas zusammenhängend zu denken oder zu sprechen." Denn: „Es zerfiel mir alles in Teile, die Teile wieder in

Teile, und nichts mehr ließ sich mit einem Begriff umspannen." Der Verlust eines einheitlichen Weltbildes führt offensichtlich zur Sprachkrise, der Zerfall von Sinneinheit und Weltkohärenz erzwingt das Schweigen, weil die Sprache nicht mehr zu fassen vermag, was sie ausdrücken soll: „die Worte lassen mich [...] im Stich." Auch wenn der Lord sich durch ein Geschehen, ein Bild, eine Erzählung bis ins Mark getroffen und ergriffen fühlt, hat die Sprache zu schweigen: „Es sind gleichfalls Wirbel, aber solche, die nicht wie die Wirbel der Sprache ins Bodenlose zu führen scheinen, sondern irgendwie in mich selber und in den tiefsten Schoß des Friedens."

Man hat diesen Brief-Essay Hofmannsthals in alle Richtungen interpretiert, hat die Herrschaft der Technik, den Wertezerfall durch die Heraufkunft des abendländischen Nihilismus im Anschluß an die Philosophie Nietzsches für diese Sprachskepsis verantwortlich gemacht und damit gewiß manch Zutreffendes hervorgehoben. In dem Brief des Lord Chandos selbst ist hingegen von alledem nicht die Rede. Hier handelt es sich vielmehr um eine weiter nicht begründete, auf Sinnverlust und Weltverlust beruhende Lebens- und Sprachkrise eines 26jährigen Schriftstellers. Das ist in *Ein ehrlicher Mensch* anders, wie zu sehen war. Und doch geht es auch in diesem Roman nicht allein um persönliche Schuld und die von ihr ausgelöste Kreativitätsblockierung, sondern außerdem ebenfalls um eine allgemeine Sprachskepsis, um den Verlust der Ausdrucksfähigkeit überhaupt. „Hoffnungslos, es schreiben, beschreiben zu wollen. Es gibt nur Umschreibungen. Die Wörter treffen nicht, greifen nicht" (S. 29), heißt es beispielsweise. Beginnt Scherf mit seinen Versuchen, so kommt er nicht weit: „Nach zwei, drei Seiten holt die Skepsis mich ein, spätestens gegen Abend bin ich soweit, daß ich die Seiten zerreißen möchte, daß ich sie zerreiße" (S. 51). Da kommt eine allgemeine Sprachunsicherheit zum Ausdruck, die auf der Abnutzung des von uns allen benutzten Vokabulars beruht, das im Zeitalter der Massenmedien erst recht schnell verbraucht wirkt: „ich weiß, daß das alles geschrieben ist, immer das gleiche, eintönig, [...] – mein Gott, alles alles gesagt" (S. 156). So gesehen, kann man Hoffs Roman auch als die Darstellung moderner Ausdruckshemmung lesen, als Beschreibung eines individuellen Spezialfalls generellen Welt- und Sprachverlustes in der Moderne, bei dem sich die allgemeine Zerstörung unserer Ausdrucksfähigkeit im Zeitalter der Undurchschaubarkeit der Welt mit der Kreativitätseinschränkung zufolge persönlicher Lebensschuld und fehlender Selbstkontrolle verbindet. Die folgende Passage jedenfalls legt ein solches komplexes Textverständnis nahe:

> Man muß sicher sein. Man muß glauben, man wüßte die Welt, sonst scheitert man an der Welt. Das ist wahrscheinlich der Grund – weil ich meiner nicht sicher war, niemals ganz sicher –, weshalb ich nicht weitergekommen bin, nicht mehr weiterkomme. Immer wieder ein Anfang: Das steht dann da, drei oder zehn oder dreiundfünzig Seiten; aber ich wage dann nicht zu wissen, wie es weitergeht. Ich traue Lösungen nicht. (S. 95)

Jürgen H. Petersen